タイの僧院にて

新版

青木 保

青土社

タイの僧院にて（新版）　目次

タイの僧院にて（新版）

托鉢の途々、施しを受ける（バンコク市内にて）

1

はじめに

いま思うとずいぶん大胆で、ある意味無謀なことをしたのかとも思うのだが、その後のことを思えば、あの当時の自分であったからこそ出来た得難い貴重な経験であった。この本で述べたタイの僧院での僧修行のことである。

いま改めて当時のことを思うと、修行をして本当によかったと思うし、そうすることによって「救われた」との思いが強い。いまここに『タイの僧院にて』新版を出すにあたって深い感慨にとらわれている。私も様々な本を書いてきたが、この本には特別な気持ちが籠っている。

僧院修行をして以来も何かとタイを訪れてきたが、近年のタイ仏教と僧院とのつながりについて少し述べてみよう。

聖と俗。バンコクを訪ねるとなると、いつも心が弾む。それは二つのものがあの都市で待っていると期待するからだ。私にとっての聖と俗の二つの世界である。二つの世界とは、ひとつは言うまでもなくかつて私が仏教修行をした僧院、もうひとつは僧院の本堂と道路を隔てた反対側にあるタイ料理店である。前者を聖、後者を俗と称するわけである。私自身はまったく俗なる人間で生活するのも完全に世俗の生活である。しかし、バンコクではひとときではあるが、聖と俗との際立つ世界を経験することが出来る。

バンコクに着くのは午後も遅くなってからのことが多いが、ホテルで一息つくと夜の八時には何をおいてもお寺に行かなくてはならない。プラ・スメル通りのワット・ボヴォニベー（パヴォーン）である。もちろん、食事は摂らない。お寺の界隈は半世紀近い時が流れているというのに、あの頃とほとんど変わらない。

道路はほの暗く木立の深い寺院のなかは静まり返っている。しかし、本堂のあるあたりの塀の外の道路の反対側には明るく剝き出しの電球が外を照らしている。寺院の中に入る時その灯りを確かめておく。この確かめておくことこそまさに世俗人たる私の聖のあとの俗を確かめる一瞥なのである。まあ、このことはいずれ後ほど。

さて、これから私にとっての聖の世界が開ける。

本堂の中ではまだ僧侶たちは集まっておらず、その前に中に入って祭壇に向かって跪いて中央に鎮座する仏像に向かって額両手両肘両膝を床につけて参拝する。僧侶たちが集まれば本堂はいっぱいになって一般人が入る余地はなくなる。

それにしても、あの高揚感は何なのであろう。本堂の中で正面の仏像を見て、その前に跪いて拝礼する。目の前で金色に光輝くのは、プラ・ブッダ・ジナシーハであり、その背後にあってより大きくこちらを見下ろすように鎮座するのがルアン・ポー・トゥ。この二つの仏像の前で拝礼し、その後しばし仏像を見上げながら過ごす。しかもその二つの仏像の背後には全体を見守るように静かに存在する大きな半ば陰に隠れるように鎮座する仏様の像がある。この仏像の名前は知らない。祭壇を見上げていると、それだけで私という存在の全体が自らを忘れ去り一瞬の空白に満たされる。矛盾するようであるが、空白に満たされる、そうとしか言いようがない。ほんのわずかな時には違いないのであるが、いつもいつでもこの感じに満たされる。

この空白に満たされる感じは昨日今日の話ではない。本書に書かれた僧修行は一九七二年七月から七三年一月にかけての半年ほどに過ぎないのだが、その後もバンコクにはこの年月断続的に行ってきた。長期的に滞在したことはないが五年も十年も行かなかった時はない。数年に一度は必ず訪れてきた。そして、行けば必ず夜八時の読経に間に合うように僧院を訪れた。僧たちが集まる前にジナシーハの前に跪き拝礼した

そして、いつも拝礼の後この空白に満たされる感じを持った。何故かわからない。ほんの暫しの間に過ぎないのだが、いつの間にかそれは私にとってある絶対的な時のようになった。他のどこでも決して経験できないごく短いが絶対的な時としか言いようがない。目の前に光輝くブッダ像を見つめ上げるほんのわずかの時でしかないのに、この空白に満たされる

感覚は確かな経験として心身に残り、それがまた来ようという強い気持ちとなる。

やがて本堂は僧侶たちでいっぱいとなり読経が始まる。私たち俗人は僧侶たちの占める内陣の外側の狭い通路のようなところに座って読経を聴くことになるが、いつもほかに数人のタイ人がいるだけである。パーリ語経文による僧侶たちの読経は独特の音調で美しいが、読経は先ずもって僧侶たち自身のためのものである。しかし、その声調が創りだす独特の雰囲気の中にいることは、短くても貴重な聖なる時間と空間の経験に他ならない。だが、縁は無いことはないが私のような衆生が長居するところではない。そう思って小一時間続く読経の途中で適当に切り上げて外へ出る。

俗なる時間と空間。本堂に鳴り響く僧侶たちの読経の声を背にして僧院を囲む塀の外は、バンコクの夜がある。私にとっての俗なる世界が広がる。俗なる世界といっても、大袈裟なものではない。僧院の外、道路を隔てたところにはごく普通のタイ料理の店がある。入口には屋台のように食材を前に並べながらその場で煮炊きをしている。気さくなおばさんおじさんが料理をしていて陽気に声をかけてくれる。タイのごく庶民料理であるが、これまで日本の多くの友人知人を、この僧院の僧侶の唱えるお経を聴いてから道路を渡ってこのお店に連れてきている。彼らはバンコクの立派なレストランでも食べているのだが、ここで食べた料理が本当に一番良かったとみんなが言う。ごく一般の庶民が食べるタイ料理店である。

さて、おじさんおばさんがにぎやかに料理をしている間を抜けて奥に入って行くと屋内にはテーブルと椅子の座席がある。そこで注文するのだが、料理場へ戻って食材をあれこれ指で示しながら料理してもらう楽しみもある。ここの気の置けない明るい食事空間で好きなだけ食べて楽しい時間を過ごすのはまさに私にとっての特別な俗なる時間と空間を意味する。通りの向こう側は今や読経の時間も終わって静まりかえる僧院がある。その存在をどこかで意識しながら、俗なる世界を生きる。そこに少し大袈裟に言えば、嬉しくも強い生きる喜びが出てくる。

これが私にとっての聖と俗、バンコクでしか体験できない聖と俗の世界なのである。断続的にではあっても、この半世紀近くこの喜びを必ず経験できるように生きてきた。私のようなものに修行の機会を与えてくれたタイの僧院とご支援を受けた方々に心から改めて感謝の意を表明したい。

いまこの『タイの僧院にて』の復刊に当たって、この本は一人の日本人が、一人の人間がタイで仏教修行をした経験を綴った文章であり、あくまでもその経験の範囲のことではあるが、このような世界があったことを知っていただければ幸いである。そして本書を手にされた方は、なるべく楽しんでお読みくださいますよう。これが著者の唯一の希望です。

2

ピンタバート——托鉢《たくはつ》

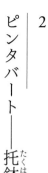

はっと眼が覚める。枕元の時計をみると、薄ぼんやりとした光の中で五時半になりかかっていることがわかった。

いそいで起き上がる。蚊帳《かや》をたたみ、ござを丸めてスヴォン（僧の下衣）のまま小さな金だらいをもって水浴びをしにゆく。

熱帯の八月といっても、早朝は肌寒く、水は冷たい。大きな土のかめから金だらいに水をすくっては体にかけ、それから身体全体に石鹸《せっけん》をぬりたくっておいて水で流す。身体が引き締まって、ようやく眠気がとび気持が落ちついた。口をすすぐのも用便をするのも同じところですませている。よく水を流し、身体を黄色いタオルでしっかりと拭《ふ》いてから自分の部屋に戻る。扉の前の小さなヴェランダにデク（僧の身のまわりの世話をする小僧）が蚊帳の中で横たわって眠り込んでいるのがみえる。

チーオン（黄衣）を二つ合わせて着て、黒いバアツ（鉢）を胸にだくようにしてもって、裸足のままクティ（庫裡《くり》）を二階から下へ降り、外へ出る。地面は濡《ぬ》れたような湿《しめ》った感じがする。ところどころにある犬の糞をさけ、ガラスの破片に注意しながら歩いてゆく。

すっきりと澄んだ朝の冷気の中にバンコクの街はしーんと静まりかえっている。しかし、あちこちの街路の上にはもう人々が出て来て待っているのがみえる。ゆっくりと頭を高くもち上げて姿勢を正して黒いバアツをかかえた黄衣の姿が二人、三人と音もなくあらわれてくる。

すっと横町の路地から若い男が出て来て、小さな盆の上に、一碗の御飯とバナナを一本ひざまずいて差し出した。顔の前で両手を合わせてワイ（タイ式の両掌を顔の前で合わせて深く頭を下げる拝礼）を深々としながら口の中で何ごとかを唱え終ると、立ち上がってバアツの中へ食物を差し入れる。入れおわるのを待って、無言のまま蓋をして先へ進んでゆく。道を横切って舗装のある街路へ出る。アスファルトの歩道の上も湿っていて生臭い感じがする。

一軒のかなり立派な構えの家の前で、老婦人が板の脚台を出してその上に大きな櫃《ひつ》を置いている。その脇には十人分ほどの小皿に盛ったおかずが並べてあるのが眼に入った。すでにその前には三、四人の僧が一列に立って並んでいる。彼女が用意を終えてサイ・バート（施し）するのを待っているのだ。私もその後に続くことにする。やがて準備が整って老婦人がワイをしはじめ、僧は互いに無言のまま一人ずつ前に進んでサイ・バートを受ける。やがて私の番が来て、銀髪の小柄な老婦人の手で食物が差し入れられる。

いつものようにその先で左の路地へ曲がり、泥にぬかったところを二十メートルほどで橋に出た。湾曲した小さな橋で幅十メートルぐらいの川に掛っていて、その向こう側に川に沿った長屋が軒を並べている。

川は濁ってどんよりと動かず、さまざまな生屑《なまくず》が投げ込まれたまま浮かんでいる。この辺りは地面がいつも濡れていて、裸足で歩くには気持が悪いところだ。朝だというのに空気が淀んでいる。人々はもう起きていて、家の前に半裸の姿で立ったり、軒先に並べた板の台に坐ったりして、僧が通るのをみている。ときたまサイ・バートに出会うことはあるが、ほとんど僧に食物を与える余裕もなさそうにみえる。

橋を渡ってから川に沿って五十メートルほどゆくと今度はもっと大きな橋があり、かなり広い道路が通っている。その道路へ上がり橋は渡らずに向う側へ降りてゆくと、いつもの母娘の家の前に出る。

私のおきまりのコースである。

この母娘は、四十歳ぐらいの眼の大きな豊かな感じのする母親と十四、五歳の美しい娘で、父親の姿はついにみかけることはなかったのだが、とても感じがよくて、ピンタバートをはじめてから一週間ぐらい経ってから知りあい（といっても、偶然前を通りかかったら母親が出て来て、「日本人の僧《プラ》はあなたですか。」というので、無言のままうなずくと、奥へ引っ込んで食物をもってきて、サイ・バートしてくれたのだった。それからいつも通りかかると、家の前か奥にいて私を見つけると中に置いておいた食物をもち出してくれる。サイ・バートはもっぱら私だけのようだった）、それ以後必ず待っていてくれる「おとくい」なのである。

母親か娘か、どちらがサイ・バートしてくれるのかと思って降りてゆくと、今朝は娘の方だった。私の姿をみとめると、いったん家の中へ引っ込んで食物をもってあらわれる。頭を深々と下げワイをしてひざまずいた後で、御飯と小さなビニール袋に入れた肉とインゲンのいためもの、それにオレンジを二個、私のバアッへ入れてくれる。

入れおわるとこちらを見てぱっと笑う。まったく屈託のないはじけるような笑いだ。黒いぱっちりと開いた眼が快い。ついこちらも顔がほころびてしまう。今朝は母親の姿はみえない。しかし、この笑顔をみて何となく心が軽くなった。

この頃になると狭い道は行きかう僧でかなり一杯になる。知った顔が向うからやって来てすれちがってゆく。それでもなお前へ進んでゆくと家の中から老婆が出て来て紙袋に入れた駄菓子を入れたりする。

やがて川沿いの道はおわってもう一本の広い道路へ出る。そこを曲がると、バス停や売店などが並ぶ広場に入る。広場の入口から左へと続く街路には大きな市場があり、また道の片側はお参り用のお供え物を売る店が並んでいる。お寺に関係するものなら何でも売っている。お寺用品店がある側と反対側には繊維問屋が何軒かある。その中の一軒は、北部タイの民芸品なども置いてある古い商店で、タイ・シルクやタイ・コットンの美しい布地が店一杯に広げてある。だが、内部は薄暗く、軒先からでは中に人がいるのかどうか分からない。家の前には誰も出ていない。躊躇《ちゅうちょ》せずに中へ入ってゆく。中は広く、いろいろな織物が置いてあるが、奥の土間の板台に僧のための食物が四人分用意してあり、おばあさんが一人坐って待っているのがみえる。私をみるとにっこりと笑ってワイをし、サイ・バートをする。私のバアッの中を覗き込んで、七分目ほど入っているのをみとめると、大きなお櫃から何杯も御飯をよそって入れてくれる。たちまちバアッの中は一杯になる。白い御飯だけでなく、野菜と肉の炒めものも小さなビニール袋に入れたのを入れてくれる。

小さな女の子が出て来てワイをして恥かしそうに笑う。おばあさんはその子を招き寄せ、台の上にまだのせてある食物、カルメル焼のような菓子とココナツのミルクで固めたかんてん菓子とを私のバアツの中へ入れるようにすすめる。女の子はもじもじしていたが、意を決したように進み出て、それらの菓子類を小さな手でとり上げて、スリッパを脱ぎ、ひざまずいて深いワイをしたあとで、バアツに入れる。私は低くかがんでそれらが入れやすくしてやる。それらの菓子が入ると、もう私のバアツは一杯で、はみ出そうになっている。

私は無言のまま感謝の気持をこめて二人を眺め、そして戸口へと向う。

私が出るのと入れちがいにネパール人僧の同僚スソーバナとアビロンドが入って来た。お互いににっこりと笑いあう。スソーバナは私のバアツが一杯になっているのをみて、「おっ」というように眼を輝かせて喜ぶ。

街路はもう仕事へ出る人々でかなりの賑わいをみせている。大体このあたりはバンコク市の旧市街で、古い城壁の一部も遺《のこ》っており、市場もあって人の混み合うところなのだ。バスや車も動き出している。ワット（タイ式の仏教寺院）の横は大きなバスのターミナルである。

いまや通りかかる人々の間を縫うようにしてワットへ急ぐ。私と同じく帰りを急ぐ僧たちの姿がみえる。ワットの門をくぐると、ここだけはさすがに街路の賑わいは遠く、静かな境内《けいだい》をクティへと歩く。

いつも朝食は私の師であるチャオクン・テープのクティで一緒に食べるのだが、今朝は自分のクティで一人で食べることにする。クティの前のむき出した水道の洗い場でよく足を洗い、階段を上ってゆくと、デクのムックが飛び出してきてバアツを受けとる。今朝はここで食べるというと、うれしそうにして、早速皿に食物を分けはじめる。

バアツの中にはさまざまな食物がごっちゃに詰まっているから、デクが用心深く御飯その他をより分けて皿にとる。今朝はかなりの量があり、果物も菓子類も入っている。ムックがとり分けた皿を部屋の床の上に並べている。

チーオンの二枚合せを脱いで、一枚だけ着けて半身を露わにし床の上にあぐらをかいて坐る。ムックがとり分けた皿を一枚ずつ捧げて渡すのを受けとって並べる。

ピンタバートで自分のもつバアツにいくら沢山食物をもらってきても、それを自分で勝手にとり出して食べることは許されない。必ず俗人であるデクがそれをいったん受けとって、とり皿に分けたものをまた捧げ渡した後でないと、食物に触れることはできないのである。

いまこうして小さないくつかの皿に盛られた食物を前にして、ピンタバートをおえた後の、何ともいえないすがすがしい快感が身体をよぎるのを感じる。この気持は充足感をあたえてくれる。タバコが吸えたら、ほっと一服というところかもしれない。だが、この僧に許された唯一の快楽を私はたしなまないのだから残念だ。

今日一日のはじまりはまずうまくいった。時として早起きができず、ピンタバートを怠ったときの何ともやり切れない気持を考えると、いつものこととはいえ、よかったと思う。ピンタバートを満足におえると、もう一日が始まったというよりも終ったという気持にすらなる。これも、日本的な意味からいうと、にわか僧の精一杯のお勤めぶりからくることというべきかもしれない。

それにしても、私はいまやテラワーダ（小乗）仏僧として修行生活を送っている身である。僧修行に甘えは許されない。タイの仏教僧集団の一員であることに誇りを感じている毎日なのである。気持を引き締めてやってゆかねばならないと思う。それにしても、自分ながら大した変り方だとつくづく感じながら日が経ってゆく。

3 僧院の日常

僧院の日常生活は、単調なものである。早朝のピンタバートから一日が始まるが、ピンタバートから帰って来て、遅くとも七時すぎには朝食をとる。それをながくとも三十分ぐらいですませ、自分のクティに戻って暫《しばら》く休憩の後、やがて鐘の音が朝のスワットモンが始まるのを告げだすと、タムナク堂へと集まることになる。

スワットモン、つまり読経は八時から小一時間続く。

読経の長さは、先導僧の気持が大きく作用する。朝の読経文はタイのサンガ（仏教の僧組織）による定まったものがあるが、実際にはワットによってかなり異なるやり方をとっていて、一定の読経をおえた後、いくつそれに付け加えるかは、先導僧の裁量に任されている。もちろん、特別の祝祭日の場合は別である。

ようやく僧生活にも慣れはじめ朝の読経に参列して少しずつ経文を誦《そら》んじていた一ヵ月目くらいになると、どの僧が先導をつとめるかが気になり出した。というのは、タイ式の僧の正坐の形は、およそ肉体の圧迫や苦痛を伴わずにはいないもので、十分も坐っていると、脚は棒の如くになり、痛さをとっくに通り越して麻痺《まひ》状態に達する。

私は他のことはたいてい平気でいたが、この正坐だけは容易に馴染めず、読経の長さはまさに死活の問題と感じられたのであった。タイには畳《たたみ》というものがない。タムナク堂は堅い板の間に薄い敷物を敷いただけで、その上にじかに坐るわけである。

この坐り方が苦痛というのは、日本の正坐とかなりちがうからである。タイ式の坐り方は正坐して膝をそろえたまま右の脚を動かして膝を正した左脚の下に置く。左膝が右足首を下に敷く形となる。左脚は正坐と同じく膝を正したままである。こういう形で坐って、正面をみながら両手を前で合掌（ワイ）しようとすると、まず身体の平衡を保つことができなくなる。上体が右に傾いてしまって、倒れてしまうのが普通である。それを何とか左に重心を移してバランスを保つ努力が大変なのである。これにはどうにも手を焼いたが、タイ人僧はものともせず平気のへいざである。口惜しいので、一所懸命頑張るのだが、しまいには脚がくじけたようになって、おまけに私は巨体なものだから体重が重しのように脚にかかってきて、泣きたくなる。タイ人僧はぺしゃんと坐って、左足首はほとんど平らになったまま左尻の下にある。これにどうにか慣れるまで三ヵ月かかった。三ヵ月経つと何とも思わなくなってしまったが、その頃には十数キロ体重も減ってしまっていて、身体は軽くもなっていた。

さて、そういうわけで、はじめの頃はこの朝の読経が苦しくてしようがなかったし、ともかく少しでもながくお経をとなえることは耐えられなくて、ながく先導する先輩僧の後姿をにらんでうらめしい気で一杯だった。

それにお経もわけが解らず、順序も何も解らず、前後左右のタイ人僧の一挙一動を真似るのが関の山でまったく辛かった。そうした場合、誰も手助けはしてくれないのである。ただ自分だけの行ないを守るのに精一杯なのか、とみるとそういうわけでもなく、ちらりちらりと横眼でこちらの難儀を見てはいるのだが、こちらの救いを求める視線にあうと慌てて眼を閉じて一心不乱の姿勢に戻ってしまって、およそ素気なく冷たいのである。勝手にやれというわけなのか、誰も手をかしてはくれないので、これが自力本願ということかと、最初の朝の読経の時に早くも「小乗仏教」の奥義を悟った気持に一瞬なったのであった。

しかし、日が経つにつれて、実はそう冷たいものでもなく、何しろ彼らみんなが僧院生活をはじめて間もない頃であったので、他人の窮地をみても土台救けたり功善をする余裕などなかったことがわかった。これはずっと後に、みんなと打ち解けた仲となってから、なかばうらめしげに友人僧に話した時にわかったことである。

スワットモンは九時には終る。ほっとした表情でそれぞれお喋りをしながら自分のクティへと帰る。これから十時四十分頃までは仏典の勉強の時間である。タイ人僧の新入り組は高僧による仏典講義に出席するためワットに隣接したマハマクート仏教大学の講堂へ行く。私の方は一、二度講義をのぞいてはみたが、とうていついてはゆけないので、自分のクティで指導僧のマハー・ニベー師から『ナーワコワーダ』(新入り僧への仏典と戒律の手引き書) の手ほどきをしてもらうことになった。英語とタイ語のチャンポンで教えてもらう。マハー・ニベー師の教え方は、質問はゆるさず、徹底した暗記主義である。自分が説明したことを逐一繰り返させて、覚えよと命ずる。こちらは言われたことを繰り返すだけである。詳しい内容の説明はない。

「僧にとっての基本的規律は、木の下に寝ることであって……」などとやっているうちに、一時間半程はすぐ過ぎていってしまう。十時四十分になると、マハー・ニベー師はどんなに中途半端なところであろうと、さっと止めてしまう。その止め方は実に見事で感心した。いささかのためらいもない。

マハー・ニベー師が忙しくて面倒をみてもらえない時には、サマネーラ（二十歳未満の見習い修行僧）からお経を教わった。テープに吹き込んでもらい、それを聴きながら片っ端から暗記してゆく。繰り返し繰り返し、たどたどしいながらも節を覚えてゆく。傍でサマネーラが一語一語なおしてくれる。

このサマネーラは、十六歳、高校をやめてドラマーになってキャバレーでバンド演奏をしていたとのことで、なかなかすばしこいところもあるが気の良い青年だった。父親が有力な中国系の商人で有名なレストランの所有者であり、かなりの資産家だとのことだったが、ドラ息子が勉強はせずキャバレーでアルバイトしたりしているのを心配して、父親がチャオクン（タイの高位僧の階位名。僧正というところか）に頼んでサマネーラにしてもらって、いわば鍛《きた》え直す修練のために僧院で生活していたわけであった。

しかし、彼のスワットモンは抜群に上手で美しく、お経の練習のための先生としては最高であった。それに彼の方も特別の教課もこの時間にはなく、またあったとしてもあまりやる気はなくて、勝手に過ごしているようだったから、私のような外国人相手に話すことは暇つぶしとしては絶好なわけであった。

パーリ語によるスワットモンはわが国のお経と較べると、音節の区切りがながく、節まわしにはあまり変化がないが、ゆっくりと流れてゆくような悠揚せまらぬ美しさがある。はじめはまったくちんぷんかんぷんであったものの、やがて次第に節まわしも身体にたたき込まれてきて、自然になってくる。意味は不明のまま何よりもまず糞暗記をすることが大切なのである。最初の一節を先導僧が唱えると、すぐさまそれに続けて和してゆかなければならない。

私はすぐにこのスワットモンを唱えるのが好きになった。これは僧修行を了えたいまでも時としてスワットモンを唱えることがあり、唱えていると、何かほっとした気持になる。

さて、十時四十分でお経の練習が一段落すると、クティで身を整え、夕食を摂ることになる。夕食とはわれわれ新僧たちがその日最後の食事だからと冗談にいっていたことだが、十一時から正午までの間に第二回目の食事をするのである。もちろん、この食物も朝のピンタバートで得たものである。

夕食のあと、一時間ほど休憩する。一時から四時頃まで仏典の学習である。私は主として先輩僧の指導の下にマハマクート仏教大学で出している外人用のテラワーダ・テクストを用いて学習した。他のタイ人僧たちはマハマクート仏教大学での講義に出席する。私も二ヵ月ほどしたら、マハマクート仏教大学での講義に出席できるようになった。

午後四時から六時半までは自由な談笑の時間である。私たちはクティの裏を流れる用水溝の橋上に集まって泳ぎまわる魚や亀をみながら談笑した。何という魚か、巨大な一メートルは優にある真黒な魚がいて、水面に顔を出してぱくぱくする。僧たちはデクにパンを買いにやらせ、魚に与えてぱくつくのを眺めて興じた。亀も大きいのばかりで面白かったが、とくに興味深かったのはスッポンである。これは甲羅の直径が七、八十センチメートルはある大きなものだが、なかなか臆病なものでめったに水面に浮かび上がってはこない。しかし、気のつかない間に岸の近くの水際に口先だけ突き出していることがあり、そっと近よってみることができた。このほか用水路にはいく種類もの魚、とくにうなぎがいた。

また実物を本当に眼にしたのはもう俗身に戻ってからだったが、全身四、五メートルはある大蛇が棲んでいた。この蛇は南部タイで獲れたもののことだったたが、誰かがワットにもってきて放し、日中はいつも用水路の両側にそびえ立つ巨木のはるかてっぺん辺りに住んでいて、夜になると、下に降りてきて水の中の魚を食べるとの話であった。私は木の下を通るときはいつも見上げて蛇の姿をさがしたのだが、ついぞ見つけることはできなかった。で、そんな話はいい加減なものだと決めつけてしまっていたのだが、僧院を出て二、三ヵ月してから、ある夜、友人の僧のところへ話に行っていたら、用水のあたりが騒がしい。何だと思ってかけつけてみると、何と大きなかごが置いてあり、そのまわりに人だかりがしている。きいてみると、実は今朝例の大蛇が捕まったので、大きなかごに入れて動物園へもっていったところ動物園ではそんなもの珍しくもない、要らないという話でまたもち帰ってきたところなのだという。どうするのだときくと、しようがないからまた用水に放すことにしたというのであった。かごの蓋が開けられ、かごは口を用水に向けて横倒しにされたが、一向に主人は出てこない。

果して本物の大蛇なのかなどと思っていると、あっと、出た！　直径十センチはある大きな褐色の蛇がそれこそあっという間に出てきて用水の中へ入ってしまった。まことにすばやい。あれでは追っかけられたらたまったものではないだろう。一瞬ぞくっとした。

しかし、正真正銘の大蛇であることは間違いなかったのである。この蛇はいまもゆっくりとお経など木の上で聞きながら暮していることであろう。だけど、それ以来、夜などあまり用水路近くは歩かない方がよいと思った。

さて、それにしてもこの頃の時間は、空腹が一段と身に沁みるときで、パンの塊をぱくつく大魚が羨《うらや》ましくみえたことであった。パンを引きちぎっては水面へ投げるのだが、つい口にもってゆきそうになったこともあった。しかし、不思議とそれも六時半になるとなくなってしまい、空腹とも思わなくなった。

パンサーの期間（七月中旬から十月下旬にかけての雨期の約三ヵ月間ワットにこもって修行する。日本でいう雨安居《あめあんきょ》に相当）の六時半から七時半までは、とくにバンコクのあちこちのワットの高僧が特別講師として招かれて講演をした。インドや日本の仏教についての話があったり、アビダンマ（仏教哲学・宇宙論）の解釈についての話であったりした。

この特別講演がおわると、クティへ戻って小憩の後、タムナク堂での夕べの読経へと向う。八時から一時間のスワットモンのおわりには出欠がとられる。その後クティに帰るとはじめてまったくの自分の時間となる。隣室の僧などと集まりお茶を飲みショウガを齧《かじ》って暫《しば》しの談笑が続く。この時間は各々の僧が自由に自分の意見などを聞かせてくれるので、タイ人のもののとらえ方や社会のありさまについての大変よい勉学の場となった。反日学生運動が大デモンストレーションを計画しているとの話もここで明らかにされた。私はその動きを知ったおそらく最初の日本人であったろう。この談笑の場で、多くの友人ができた。ここで私は、タイ人の友人の中でも最も親しくなった人々と出会ったのである。

こうして僧院の一日は過ぎてゆく。熱帯のもの憂い暑さが静まりかえった僧院の闇の中を満たしている。堅い床を背中に感じながら眠りにいつしか入ってしまうのであった。

4

僧になるまで

僧としての午後の活動が一段落ついて、そろそろ夕方に向かう頃になると、一人でクティの外廊下の端に立ってぼんやりとすることがあった。

熱帯の午後も遅いこの頃合には、けだるい時の流れが動いたり止まったり不規則な動きを繰り返す。そんな時には私も落着かない所在ない気持の中で、いつしか心が弱くなってくる。思いは内へ向かって沈んでゆく。

一体、どうしていまこのような姿でタイの僧院にいるのだろうか。黄衣に身を包み、頭を剃り眉毛も剃り落したこのような姿になるとは。

一瞬、自分というものがよく解らなくなった。自己の存在のアイデンティティーが溶解してしまったような錯乱した思いに捉われてしまう。

夕方の暑さは肌にまつわりつくような粘っこさがある。その暑さの中に身体の芯まで浸り切っていると、ある種のいやしがたいやり切れなさが心を一杯に満たしてしまうのだ。自分はとんでもない間違いをおかしているのではないのか、こんなことまでする必要があるのだろうかと自問するうちに、だんだんと哀れな気持に傾いてしまうのだった。

これは僧になってから二ヵ月ほど経ってから起ってきた心の動きである。

それにしても、何といったらよいか、とうとう僧《プラ》になってしまったという気持は強く、こういうときは僧であることの昂揚した気持の反動が生じてしまい、めったに感傷的になってこれまでのことを振り返ってみたりはしないことにしている私も、それまでの自分について反省的に考えることを避けることができなかった。

タイ国へ初めて来たのは、一九六五年、二十六歳の時だった。大学院の修士課程二年目の夏のことで、まったくの偶然のチャンスに恵まれたのである。当時、社会学の方で社会階層の国際比較に関するプロジェクトがあり、国際シンポジウムが開かれたりしていたが、ユネスコ東アジア・センターの活動の一環として海外調査が可能となって、東南アジアのどこか一国を採り上げて調査を行なおうという計画が進んでいたらしい。

このプロジェクト全体の主宰者であった尾高邦雄教授は、誰か若い社会学者をその下調べに派遣しようとしたが、なかなか適当な人間がいなくて、当時やはり大学院修士課程の駒井洋君は決まったが、ユネスコの枠は二人分あり、もう一人が社会学の方では見つからない。社会学は先進国研究の学問であって、「後進国」ばかりの開発途上国の東南アジアなどには眼もくれないというのが実状であった。そんな地域を研究するなど二流以下の社会学者がやることなのだろう。他の社会学領域で通用しない奴がすることというわけらしかった。駒井氏は例外中の例外であった。

社会学者はいまや本を読み考えれば、社会の実相は自ずから明らかになるのであろうか、と私は少々ひがみっぽく思ったものである。尾高先生も人選に困り、文化人類学の泉靖一先生のところへ誰か行く奴がいないか、という話がきたのである。

こういう話は文化人類学志望の若輩学徒にとっては、棚からボタ餅のような話で、社会学者の残飯整理であろうが、何であろうが構やしない。いつもハングリーなことに変わりはないのだから。それで、泉先生も誰かを捜すことになったが、もちろんそこですぐ私を、と考えられたわけではない。他にも候補はいくつかあって、文化人類学にも二流の秀才ならいないこともない。だが、生憎と、目ぼしい人が留学を控えていたりしてうまくゆかず、東南アジアを専攻地域として額面だけは掲げていた私のところに、上級の院生を経由して、この話がついに届いた。これは私の人生にとって記念すべき出来事である。

どのような経路を辿ったことであろうと、私の前に出現したのは東南アジアにユネスコの研究員として半年間行けるという話であり、まさに小躍りして飛びつかずにいられなかった。そして、下宿に電話でなかば冷やかすように伝えられた上級生の話に、行かして下さいと即答したのであった。まだ本決まりになったとはとてもいえなかったし、というよりこういう話があるけど、という電話が来ただけのことだったが、ともかく軽々しくお目出度いのが特性の私は、もう新しい世界が展けたような気持になっていた。それに、こういうときによく感ずる第六感の働きが、どうもこの話はうまく実現しそうだと心のどこかで私に告げていた。

それに何といっても当時の私の精神生活である。ぐうたらな、といっても、これほどぐうたらな生活もないほど、にっちもさっちもゆかない鬱状態のどん詰りの生活で、酒を飲まない私は乱れることはなかったが、人類学の新世界はまだ展けておらず、すべてが薄ぼやけた壁の中に塗り込められてしまっているようにみえていた。折角、お情けで大学院へは入れてもらえたというものの、これまた学問的目標ははっきりせず、学業にはのることができず、やたらに知的関心だけは旺盛に拡散していたのだが、二十六歳にしてまだ焦点は定まらぬまま、乱読にひたすら耽った生活であった。主任の泉教授も、このうさん臭い奴、と思われていたようだが、そこは大人物の太っ腹、少なくとも表に出されることはなく、私の存在を黙認して下さっていたようだ。こういう大人物の存在なくしては、私のようなタイプは育たない。周囲のそんな雰囲気は自ら招いたことなので、しようがなかったけれども、実をいうと、自分を一番もてあましていたのは私自身であった。鈍も極まれりというか、万事後から来る者であり、遅れてくるのもよいところの私は、二十代も後半になるというのに、まだ十代後半の惑いが消えず、思春期の不安をそのまま曳きずっている有様で、青春初期の動揺から脱け出せずにいたといっても嘘ではなかろう。

そんな自分に対して、いささか焦りも覚えてきた頃であり、躁と鬱の間を往き来する状態が続いてきて、やたらと読みまくる乱雑な多岐にわたる書物の世界が唯一の慰めとなっていた。ホイジンガやアンリ・ピレンヌの壮大にして整然たる史的世界や、ウェーバーの禁欲的に描きすぎた伝記が、私の混乱をきわめた世界の支え棒となっていた。しかし、文化人類学の世界ではまだこれという書物に出会っていなかった。書物から離れて、いったん、現実に戻ると、苛立った方向性の定かでない自分があった。いうならば、外的に内的に、ふさがれた状態にある、特徴といえば、背が高いことと大食らいだけの、平凡な精神の発達の遅れた青年であるというのが自分の偽らぬ姿であった。

そして、悪いことには徐々に何よりもそんな自分が嫌になり始めていたのであった。すべてを放棄して、どこかへ姿を消してしまいたい、そんな願望にいつしか日夜さいなまれるようになってきていた。何もかも新天地で出直したい。ともかく、こうした閉塞的な状況からは脱け出さなければならないのだ。ようやくこのような衝動が湧き上がってきはじめていた。

客観的にみれば実に甘ったれた、いい加減な考え方であり生き方ではあったのであるが、自分ではいわれのないデーモンと格闘しているような気持になってもいたのだ。いずれその決着は外から来る。ああ、時よ来い！

そういう状況での東南アジア行きの話は、まさに救世主の出現のように思えた。元来、いくつかのもっともらしい理由はつけられないことはないが、どこかへ行きたいといった未知の世界への関心が文化人類学を勉強する私の動機の最たるものであった。あまり人の行ったことのない未知の地域で生活してみたいという気持が強くあった。けれども、当時、盛んだった集団的行為としての探検や調査にはあまり興味をいだけなかった。また人類学者の資格とすらいわれたことがある登山にも関心はなかった。酒も飲めない。これは決定的だった。文化人類学者となる条件を、少なくとも日本の既成のタイプの先達の具備していた条件を、私は欠いていた。

しかも内心で秘かに私の理想とするところは、もっと知的に洗練された人類学者の肖像である。思想の行為としての人類学などというもっともらしくも浅はかなたわ言の類を心の中では叫んでいたのである。だが、矛盾するようだが、そして矛盾は常に行動の原動力なのだろうが、行動がなくては始まらないとも考えていた。異文化の体験を通しての思考作用こそ人類学者のなすべき仕事なのだ。異文化経験を通しての孤独な認識の途こそ「冒険者」としての人類学のとるべき方途なのだ。と、こう述べてみるといかにも理屈っぽいようであるが、そのような方向へ向かって暗中模索していたとはいえると思う。

だから、後にクロード・レヴィ＝ストロースの著作に出会ったとき、『悲しき熱帯』の冒頭の一節「私は旅も探検もきらいだ」を見出して、まさに快哉を叫んだものだ。知的にソフィスティケートされた人類学の典型がそこにはあった。私自身にとってはいつまでたっても果せない夢みたいなものとしていまでも遺っているのだが。というより、いまなお追求しつつある理想像であるといった方がよいだろう。

研究旅行は、まことに思う存分タイとフィリピンの隅から隅までの若者の二人旅として享受することができた。私としても初めての外国旅行であり、異文化の中で自分が鍛えられてゆくのを感じた。まったく実りの多い旅行であり、異なった世界の体験だった。いま思い出しても、この頃には、「コン・ジープン（日本人）」という言葉が、どれほどの親しみをこめて発音されていたことだろうか。タイ全土、どこへ行っても、「コン・ジープン」かといっては、白い歯をむき出して、にっこりと笑う人々の笑顔に取り囲まれたものであった。それにすっかり気をよくした私たちは、フィリピンでのタイとはまったく異なる反応に出遭って、戦争の傷の深さをいまさらながら感得するとともに、理性ではその手厳しい日本人への応対の理由はよく解るものの、やはり居づらさを感じてしまわないわけにはゆかないのであった。そして、もちろん研究対象としての興味の点からいっても面白く思われ、個人感情からいってもなめらかな、タイとタイ人への親近感をつのらせ、結局、調査予定地としてタイを選んだのであった。

そして、まさしく私はこの東南アジア旅行によって蘇った。再生の時が来た。人類学が手ごたえのある確たる目標であり、進むべき道であることがはっきりとした。それ以来、人類学は私の「天職」となったといってよかろう。人類学の驚くべき豊かな世界が展けてきた。私は異文化研究を通しての厳しくも限りのない人間の認識世界、象徴と意味の世界の豊穣の探究に身を捧げる幸福を感じてきた。しかるに、人類学の研究は純粋な知的関心の充足で事たれりとするわけにはゆかないのである。人類学者は「状況」に常に身をおいていなければならない。彼には閉じこもる象牙の塔はないのだ。私にも「状況」は迫ってきた。

この最初の六ヵ月間の東南アジア滞在、とくに戦雲急を告げるサイゴンの美しい街並と哀しいヴァイオリンの響きが中国風の引きずるようなメロディーを一晩中かなでていたショロンの安宿の印象は強く、また、アンコール・ワットも当時はまだのんびりと楽しめた。それにタイでの四ヵ月は輝きに充ち満ちていたのである。フィリピン人のユネスコ高官にいじめ抜かれるというおまけはついていたのだが。

だが、このときに外国で実地調査に単独で従事することがどれほど困難を伴うものであるのか、肌身に沁みて感じたことも事実である。ユネスコの研究調査員という資格は、形だけのもので、タイ政府に対しては何ら実効力をもたず、バンコクのユネスコ地域センターの尽力にもかかわらず、ヴィザは一ヵ月毎の更新を迫られ、その後、これまでいく度となく通うこととなったサトン路北辺の移民局に連れてゆかれ、タイ官僚の役人根性を嫌というほど味わわされたのだった。実地調査というものが、学問研究の美名の下に堂々とまかり通るのは、一種の研究者側の「独善主義」ではないかという危惧を最初にいだいたのはこの時だった。それに多くの人類学者が「調査」の成果について面白い体験記を書いていたが、この点に触れているものはほとんどないといってよく、たいていは「何々大学調査隊」といった形の「集団主義」で押し切ってしまったものと思われた。私はこうした「集団」行動にはあまり関心がなく、というよりも、「集団主義」というものが心の底から嫌いである。あくまでも人類学者個人の孤独な作業こそフィールド・ワークの必須条件であると考えていたのだが、この対「官僚」折衝の面においては、「何々大学調査隊」の強引なやり方を、またそれができる感性の鈍さを羨ましく思った。

それから「フィールド・ワーク」というものがいかにさまざまな疑惑の対象とされるものであるのかも、この時、実地に初めて感じた。バンコク到着後の数日というもの、明らかに秘密警察の者とわかる連中につきまとわれたし、私たちの行動がどこかから見張られているという感触をぬぐい去ることはできなかった。これはどうやらユネスコ研究員の資格につきまとうものらしかったが、疑惑と監視の眼はいつもどこかに光っているようだった。人類学者が政府の秘密エージェントの役割を果すというのはいかにも幼稚な考え方である、というより、普通の人類学者にはそのような役割が務まるような能力はないと見る方が正確であるが、人類学調査という名目は、立派にその種の秘密活動の隠れ蓑《みの》となることも事実だ。現実には、もうその頃から米国の人類学者は何らかの活動に従事した者が多くいたらしい。とくに国境地帯の山地民の間における「共産主義」の浸透といった題目のタイ内務省提出レポートを、かなり名の知れた人類学者が書いているのを見たことがある。

人類学の実地研究は、対象とする社会・文化の実態を可能なかぎり詳しく調べることが目的とされているので、利用の仕方如何によってはこれほど都合のよい「名目」はないかも知れない。しかし、それが実際に役に立つかどうかは私には疑わしく思える。ある報告によると、一時期タイには米国から百名以上の人類学者が来て調査していたそうだ。こんな馬鹿な話は常識では考えられないから、やはりこれが事実とすれば、何らかの作為が働いていたことになる。だが、もしそれらが人類学の名をかたったエージェントの仕事であったとしても、その後の情勢から判断するに、まったく役立たずの連中ばかりだったにちがいない。

私も北部タイの山地へ行ってみた。ヤオ族やアカ族の部落にも出かけた。ここはミャンマーとラオスとの国境近くの山岳地帯で、その先深くは南中国の雲南地方につながっている。ヤオ族の部落では三十年ほど以前に南中国を出発して、タイへと南下してきたというはっきりとした記録もあり、中国語ができる者も数名いた。彼らは現在ではタイ国側に定着して、タイ政府の保護の下に生活している。低地化に適応しつつあるその生活は、典型的な「文化変化」の様相を示すものといえた。

アカ族ではまだこの文化変化はあまり著しく進行はしていなかったが、私にはこの部族の人々が示す「反進歩」の姿勢が興味深く思われた。アカとヤオの人々の示す「進歩」への取組み方の対照は、その後、いく度となく訪れるに従って著しくなってゆき、その「文明」への適応度には大きな差がついていった。もちろん、この差はどちらがよいという類のものではない。ただ、これまではこうした差は後者の適応力の無さとして学問一般においては劣性に評価されているのが常識的な見方なのであるが、私にはそのような見方は「科学」の偏見なのではないだろうか、という疑問が次第に湧き上がってくるのを抑えられなかった。工業文明における「進歩度」を価値の絶対基準とみなしての評価こそ、むしろ偏向ではないかという気がしてきたのである。

この最初の研修旅行から、私は人類学者としての自分のフィールドを一応当面の課題としてタイと定めた。だが、対象とすべき問題は二つあった。一つは、北部タイにおける山地民の低地化に伴う文化変化のダイナミックスを、山地に近接した低地の町の「市場」における交換に焦点をしぼって考察すること。例えば、北部タイのミャンマーと国境を接したメー・チャンとかメー・ホンソンといった町には、山地から色とりどりの民族衣裳に身をつつんだ部族の人々が、市場での物資の交換のために下りてくる。そこでの相互交流作用によって生まれる文化変化を中心に調査をしたらどうであろうか。文化変化の動態の把握としてきっと面白い山地と低地との相互作用がみられるにちがいないであろう。このテーマは大変魅惑的に思えた。

いま一つのテーマは、タイ全土の旅においても圧倒的な印象であった僧の黄衣と、そして黄金に輝くチェディ（仏塔、パゴダ）を有するワットに象徴される宗教の実態であった。ウェーバーのテーゼに惹かれていたこともあって、「小乗仏教」の実態、つまり信仰と社会行動とのつながりについては大きな関心をいだいていた。当時はタイ社会における仏教の宗教としての役割についてはあまり報告もなく、詳しいことは分かっていなかったから、この面での実地研究は興味深いとともに何よりも生のデータが必要な分野でもあった。

しかし、この時点では、山地部族民の「変化」の方が急務の課題に思えて、それを追求しようと考えていた。

それで、一九六七年にこのユネスコ研修旅行の具体的な結果として、社会階層に関する質問紙調査の実施に参加したときにも、社会学者が二週間のチュラロンコン、タマサット両大学の学生を用いての質問紙調査をおえてさっさと帰国してしまったあとで、自腹を切って北部タイへ行き、メー・チャンの市場に入って、四週間ほど頑張ってみたのであった。アカ族、ヤオ族、ラフ族、メオ族などのさまざまに異なる部族の人々が市場へやって来るさまに一日中みとれてしまうような日々であったのだが、いざ調査となると、まず政府の許可は絶対に得られそうにもないことが分かってきた。というのも、当時は北部タイの米軍基地から北爆が行なわれはじめていたときで、このあたりの警戒のものものしさは大変なものだった。その戦時体制的雰囲気にはものを言わせない迫力があった。

メー・チャンの町にもカーキ色の制服に身をかためた警官やタイやアメリカの兵隊が街一杯にあふれていて、どうにも落着かない緊迫した雰囲気が漂っていた。それに一人で市場付近をかぎまわっている私には次第に疑惑が集中して、しつこく警官が何をしているのかと聞くようになった。とても和気藹々の関係などもてそうになかった。逮捕されぬ前に立ち去るのが精一杯の努力といった感じで引き上げ、バンコクに帰って調べてみたのであるが、米国政府の護符のような強権を発揮する書類でもないかぎり、私のような単独の調査者には許可が下りるわけもないことが分かってきた。要注意地帯であり、戦略地でもあったからである。国境地帯の動向にはタイ政府も鋭い関心を払っていた。どのような些細な動きであったとしても、政策上邪魔となるようなものの存在は許されなかった。

それに私には先の社会学調査の折にタイの学生たちからこの調査はスパイ行為でないかとあらぬ疑いをかけられて、吊し上げをくらった苦い経験があった。常識的に考えて、まったくスパイ行為につながるものが私たちの行動にあるわけもなかったのであるが、この東京なら冗談にもならないことがタイの大学生には通ぜず、学問的な説明をいくらしても疑惑の眼を向ける学生たちを完全には説得できるものでないという気持にならざるをえなかった。学生たちの論法によればタイではいかなることであれ、社会調査をすること自体が一種のスパイ行為であるという理屈になるからなのである。調査そのものの存在自体が、はじめからおかしいとされるような状況であった。

もちろん、これは半ば冗談めかしたシニカルな形での質問としてなされたのであったのだが、それが決して激しい抗議や批判を含むものでないとはいえなかった。私たちに十分な理解を示す人々は多くいたことは事実であるが、学術調査といった建前が状況が異なれば何事を意味するものでもないことがよく認識できた。学者は学問主義のまかり通ることを正義の前提とする。だが、第三世界の現実はよほどちがったものなのだ。この頃は、ベトナム戦争がそろそろ苛烈をきわめる段階に入っていた頃で、タイもその影響を激しくこうむっていたのであるから、当然であったともいえようが、一部を除けば一般のタイ社会は安定していて平和であり、人々の気も和やかで楽しく、むしろ享楽が一切に優先しているのであった。だが、たとえ表面的にはベトナム特需で景気よく賑わっていたとしても、その影響は深い影をおとしていた。私は、学問追求における「非人間」的要素の重要性を否定するものではないし、学問主義が時として必要なことも分かっている。状況に左右されることは危険である。けれども、それも研究者と研究対象との全体性のコンテキストをどう捉えるかによるものである。「第三世界」へのこれまでの研究と研究者のかかわり方をみれば、この全体性のコンテキストの評価にはまったく別の認識感覚が必要なのである。

その後、一九六九年に訪れたときにもこの困難はいや増すばかりで、とうとう私はこのテーマの追求を断念することに決めた。と同時に、もう一つのテーマも折をみてはワットを訪れたりしながら調べていたのであるが、テラワーダ（小乗）の教えと実践に、単なる人類学研究の面からでなく、自分自身の思想と行動の面でも、惹かれるものを感じはじめていた。テラワーダ仏教の「形」の思想というのか、あるいは「行為」の思想というのか、実践のないところには何ものも存在しないという信仰のあり方に、私は驚くほど新鮮なものを見出していたといえようか。その時は意味の上では明らかではなくとも、潜在的なレベルで感じていた精神的影響はいつしか表層に浮び上がってくるのであろう。

タイから帰ると、日本で自分をとりまく環境は高度成長の波に乗りはじめたあからさまな物質至上主義の世界であり、巷にはことば過剰の思想宣伝ばかりが目につき、日常生活批判は基本的な要請に思えたのであったが、それを行なうのに、相変わらずことばの空しい過剰しかないとはどういうことなのか、というのが私の突き当った現実の障害であった。大学改革は叫ばれるだけで、声高に叫ぶ方が空疎な実体のない政治言語の使用に走ってしまって文化的な盛り上りは望むべくもなく、沈黙で応える側にも精神の荒廃はおおうべくもなく露わにみえた。その成果は薄かった。一時期は熱心に参加したものの、文化よりも政治優先の態度にはついてゆけないものを感じて、消極的になってしまった。私自身の思想と行動の限界でもあったのであろうが、実際には文化間の「異境」

に身をおく人類学人間である私の望む存在拘束の超克の方向は、明らかに別の次元での解決の方向を示していた。

もともと私のように人類学専攻というアカデミー内部での辺境に位置する者にとっては、旧来の大学の構造というものの弊害は感じすぎるほど感じないではいられないものなのだ。とくに学科編成の抜きがたい偏向については、その矛盾を感じすぎるほど感じている。その意味では文化革命としての大学改革は大歓迎であったといえよう。しかるに、周囲にはびこるやたらに空疎な政治言語の氾濫と、改革闘争推進者たち自身の学問的営為の旧さには、どうにもしがたい空しさを感じてしまわないわけにはゆかないのだった。学問的営為の新しさあるいは革新性（問題と方法の）なくして、一体、何の改革が可能なのか。この人たちが大学の幹部となれば、大学の研究内容は旧態依然としたものが続いてゆくことは明らかだと思った。もちろん、こうした感じ方は私の偏見や臆病さも混っているので、正当な客観性を有するものとはいえない。しかし、なかには真の「ラディカリスト」もいて、まことに敬愛する人物もいることは事実である。もちろん何が悪いといって、相も変わらぬ旧態依然とした制度と人間関係の中にどっぷりとつかった連中ほど嫌なものはないことは明らかである。

その意味では私自身の存在が一つの矛盾であった。物質至上の文明とことば過剰の思想の中で、私自身何らかの実践が必要だった。それなのに自分の探求する方向とその実践とを日常生活の中ではうまく結びつけることができなかった。

タイへ行くと状況はもちろん変わる。今度は私という生活上における一個の異人と、客観的な立場をとる調査者としての存在とが、タイの日常生活の中で、矛盾したものとなって相変わらず浮き上がっていて、タイ社会の現実における調査者の行為と生活者の行為との差は容易には埋まらなかった。人類学的思考は、他のいかなるものよりも魅惑的なものであったが、調査地における人類学者の思想と行動の直面するジレンマの問題には誰も手掛りをあたえてはくれなかった。私なりの解決の仕方が必要なのであった。こうした難題を抱える私にとって、タイで僧侶たちに接することは、いつしか救いとなってきていた。タイを訪れるたびに私の気持は、このジレンマをめぐって「実践」による解決へと向かっていった。私には二重のジレンマが、日本とタイの両方の場で思想と学問的行為と日常生活というトライアングルの中で生じてきており、当然のことながら、しかもそれは私という一個の存在の内部で解決しなければならないものであった。

次第にテラワーダの教えが、とくに僧修行の形式のもつ厳しさが、私自身の実践課題として重要なものに思われてきた。タイ社会においては、僧院に入ることは、仏道の追求という意味だけでなく、広く「成人式」の意味も有している。タイ社会で成人すれば、私と研究対象であるタイ人とタイ社会との間の差も埋まるであろう。現に多民族混合の社会であるタイ社会では、誰であろうが修行を通じて成人することは、そこで一人前の成員としてみとめられるための重要な通過儀礼となっており、宗教的というよりも社会的な行為として成立している面がみられる。しかも、そこにおいて両者は分離されていず、修行の実践を通して、両者がむしろ一つのものとなる。私もまたこの修行を通して、分離の合一を自分自身の課題として望んだ。自分自身のいくたびかのタイでの生活において明らかになってきたことであったが、それは学生たちから疑われた「スパイ」でなくなるための途でもある、というよりも何よりも私自身の存在をかけての行為として不可欠の実践であり、それによって蘇ることができるかもしれない「死と再生」の儀礼なのであった。私が「私」として再生するためには、まさに「自力本願」しか手がなかった。私の内部では何かが限界点に達しているのが感じられた。精神と肉体の全体にわたって、私という存在は破裂しかかっていた。

人は逃避と呼べば呼べ！　私には異世界における象徴行為を通しての「再生」が何よりも必要なのだ。新たな世界の認識は、閉塞された状況内的解決によって必ずしももたらされるものではない。地の果てへの旅、疲弊した知の更新を願った「冒険」こそが、つまりは私なりの規模は小さいし内容は貧しくとも自家版の「オデュッセイア」が必要なのだ。結果的には、決して達することのない壮大なるオデュッセイアとして残っていて、いまだにそれは見果てぬ夢であり続けているが、私なりの苦行を通しての「再生」への願望に向かって突っ走ったことは事実であった。

それにしても、これまで無我夢中に走ってきたが、そのことがまさに若さ故の暴走であったとしても、いま、ここにブッダの救いの手の中に、自らを投げ出すことができたのではなかったか。

どうして黄衣をまとって怠惰な自分にとっては厳しすぎる環境に身をおいているのか、という自問は、いつしか夕闇の迫るもの憂げなワットの中で、しばし内省と思考の堂々めぐりを繰り返した後、夕方の読経の開始を告げる鐘の音にさえぎられてしまい、私は僧身である自分をいまやはっきりとした形として見出して、ほっとした安らぎの感覚が体内をみたすのを覚えるのである。

5 僧院を探す

現在タイ国にはワット（僧院）が二万数千ある。その全部に僧が住んで修行をしているわけではなく、無人の廃寺近いものも多くあり、宗教行政の上からは問題がないわけではない。だが、人間の住んでいるところならどこでも、ワットのないところはあるまい。

なかでもバンコクは首都だけあって名高い王立寺も数多い。そこで僧修行をしようと思い立ったところで、一体、どこで行なえばよいのか、またどのワットなら入れてもらえるのか、不案内な外国人には解らない。途方にくれてしまうのであった。

そこでいろいろなタイ人の友人にどこのワットが適当かたずねまわってみた。答えはさまざまであった。ある者はアユタヤ（バンコク近郊の山田長政で知られるかつての王都）へ行け、などというし、ある人はワット・ポー（このワットは寝釈迦の巨大な像があるので観光的にも有名なのだが）が最大だとか言うしで、実にまちまちなのである。日本人僧がよく滞在するトンブリのワット・パクナムに行けともいわれたが、私はバンコクでみかける日本のプロの坊さまの姿にはよい印象をもっていなかったので断わった。

タイ仏教には檀家《だんか》制度といったものはないから、ワットとの関係は純粋に個人的なものであり、とくに特定の僧侶と特定の個人との関係がもっとも重要なワットと人とを結ぶきずなである。だから、偶然バスで隣合わせに坐った坊さまが感じがよかったので、その坊さまのいるワットへ行くようになったという具合にワットと関係ができるようになることが多い。そうした個人関係は都市よりよほど閉じられた村落社会にすらおよんでいて、自分の村の中にあるワットへ行かずに隣村のワットへ行っているなんて例もあるのである。このへんがタイ人の個人中心的傾向とテラワーダ仏教の素気ない自力中心的傾向とがうまく噛み合っているところかもしれない。こうした宗教関係は私には大変快いものであった。

そこでいくつかのワットを実地にまわってみたのであるけれども、どうもあまりぴんとくるところがみつからない。

私の寺入りのためのスポンサーであるパイチューンさんは、トンブリ（バンコク郊外）あたりのワットを考えてくれているらしいが、できるなら、自分から入りたいと思うようなところで修行をしてみたいと考えた。

そう思っていたところに、あるとき、タイ人の友人から、あなたは学者らしいから、タイで一番の学問寺へ入ったらどうか、そこは国王寺でタマユット派《ニカイ》（タイ仏教にはタマユットニカイとマハーニカイという二つの系統があり、タマユット派は戒律上マハーニカイよりも厳格な修行を行なうので知られている）だから修行は厳しくて大変らしいけれど、といわれた。それを聞いたときに、私には何かぴんと来るものがあった。名前は、ときくと、ワット・ボヴォニベーだ、という。うん、これはよさそうだと思い、すぐさま、タクシーを飛ばしてその友人とそのワットを訪ねてみた。この巨大なワットはバンコクの旧市街の真ん中、プラ・スメル通りに位置し、さながら学問所の趣があり、中を流れる用水路さえ涼しげである。坊さまのクティが並び、大きな伽藍《がらん》も威厳にみちていて、市中なのにワットの中は静かで好ましい。

実はここへ入ったとたんに、私は自分が入るワットはここ以外にはない、と勝手に決めてしまった。

ワットの中を歩いていると、背の高いやせた白人の僧侶と出会った。その僧も何となく立ち止ってこちらをみているので話しかけてみた。実は僧修行をしたいのだが、このお寺に入るにはどうしたらよいのでしょうかとおずおずとたずねると、見上げるように背の高いこの坊さんは（ちなみに私は身長一八〇センチメートルである）、ふんふんとうなずいて、一体、何のために入るのかと聞く。仏教の勉強とタイのことが知りたいので……。ふんふん、どのくらいの期間入るつもりなのかね、やってみなければわかりませんが、そう二、三ヵ月は、と答えた。「だめである！」と急に一喝されてしまった。

「どうしてでしょうか。」

「どうしても何も、そんないい加減なことで僧修行をしたいなどというのはけしからん。僧修行は厳格なものだし、そのためには大変な決意がいる。いんちきなことではつとまらない。一生入っている決意があるのならまだよいが、タイのことを知りたいなどと仏教とは全然関係ない。さっさと日本へ帰り給え。」といってから少しなごやかな顔になり、「まあ、いろいろ教えてあげるから、私のところへ時々訪ねて来てみたらよろしい。」とさっさと歩いて行ってしまった。
唖然としてしまって口もきけない。私はうーんと考え込んでしまったが、また出直しだとその日は意気消沈して帰ったのである。

あとで分かったことであるが、この白人の坊さまはイギリス人でカンティパーロ師という。タイで僧になって十五年、学僧としても著名で、著作もあり、タイではよく知られた人であった。私はやがて数ヵ月この高僧と一緒に修行し、大喧嘩をすることになったが、全体としては快い関係を今日までもち続けてきている。この人にはかなりいんちきなところも見うけられたけれども、自己を律する厳しさはマゾヒスティックなまでであり、このイギリス人特有のリゴリズムは大方のタイ人僧からは嫌われていた。だが、それを押し通す意志の強さは認めなくてはならなかった。私の僧生活における重要な部分は、このカンティパーロ師との付き合いにも負っている。

私がワットに入ってからある朝、ピンタバートから帰って来て、クティの前の水道で足を洗っていると、背後に人の気配がする。振り返ってみると、カンティパーロ師がぬーと立っている。思わず知らず、「あっ、幽霊がいる！」と叫んでしまったら、カンティパーロ師はすかさず、

「まだまだ《ノット・イエット》。」

師のこういうところはユーモアがあって楽しかった。

さて、カンティパーロ師の一撃を喰らって僧院の壁の厚さを感じたけれども、ワット・ボヴォニベーへ入りたいという気持は更に強くなった。早速、ヨーム（僧入りのためのスポンサーをタイではこうよんでいる）のパイチューンさんに連絡した。

「実はよいお寺がみつかったのですが、お世話願えないでしょうか、ワット・ボヴォニベーなのですが。」

「そりゃ、大変だ。あそこは格式が高いし、なかなか普通入れないところなのですよ。歴代の国王が修行をなさる寺なのです。困ったな。どこかもっと簡単に入れるところにしませんかね。」

「いや、どうしてもあのお寺に入りたいのです。何とかお願いできませんでしょうか。」

パイチューン氏はよほど困ったらしい。だけど、私はワット・ボヴォニベーにもう夢中になってしまい、それ以外何も考えられないような状態になってしまった。

どうしてなのだろうか。よくわからない。ただ、最初にこのお寺の名前を聞いたときから気に入ってしまい、そこを実地に見てますます魅せられてしまったとしかいいようがないのである。もちろん、ワット長がどんなにすばらしい人であるか知る由もなかった。

その後、ヨームにもっぱら寺入りのための手づるさがしや準備はまかせて、このワットに関する情報を集めてみると、どれもこれもまことにすばらしい。普通、タイ人が誇りにしているワットは二つある。一つはワット・ベンチャマポピトゥーであり、これは大理石寺として観光コースの目玉商品となっている。その壮麗な建築は美しく、バンコクに来た観光客がたいてい訪れる名所である。いま一つが、このような観光寺でなく目立たないがタイ仏教の教学の中心地であり、厳格な修行とタマユットの総本山であるわが《ヽ》ワット・ボヴォニベーなのである。地味なワットではあるが、このお寺はタイ国の近代史とも密接に結ばれた存在であり、国教としての仏教の性格を窺わせる代表例ともなっている。ここで簡単にワット・ボヴォニベーの歴史をひもといてみたい。

ワット・ボヴォニベー（正式のパーリ語名はワット・ボヴォラニベス・ヴィハーラあるいはワット・パワラニベス。タイ語の通称ワット・バヴォーン）は、一八二六年にラマ三世の副王によりワット・マイ（新寺）として建立されたが、一八三七年に一八二四年から出家していたモンクート王子（ラマ二世の子で、『アンナとシャム王』のモデルのシャム王）が初代の管長（チャオ・アオ・ワット）として任命されるや、ワット・ボヴォニベー（副王の称号ボヴォーンの住むところ＝美しい場所の意）と改名された。それ以来、モンクート王子が創始したタマユット派の総本山として名実ともにタイ国仏教を代表するものとなった。

モンクート王子が管長に任命されるや、新しい厳格派の教えと実践を求めて、入門を求めてくるものが増えてきた。モンクートが管長として在寺していた時代の末尾には、百三十名から百五十名の僧が修行をするようになり（現在もほぼ同じくらい）、ワットは盛況を呈するようになった。とともに、ワットそのものも拡張され、現在の規模の輪廓ができ上がった。

一八五一年四月ラマ三世が逝くと、後継者としてモンクート王子が指名され、王子は黄衣を脱いで王座に就いた。二十七年にわたる僧生活、またワット・ボヴォニベー・ヴィハーンの管長として十四年間勤めた後にである。モンクートはラマ四世となり、十七年間タイ国王として在世した。ラマ四世がタイ国の近代化の礎を築き、とくに列強による植民地化の危機を回避する点でも重要な役割を果したことは史実に詳しいが、タイ研究に対しても大きな理解を示してこの分野の出発に多大の寄与をなしたことは、この特徴ある名君の遺した業績として記憶されている。

ワット・ボヴォニベーの歴史で、とくに際立っているのはこのモンクート王以後歴代のワット長に名僧が輩出していることである。現在のワット長ソムデット・プラ・ニャーナサンワラが六代目であり、この方も大変な名僧であるが、二代、三代、四代のワット長はタイ仏教界の最高位サンガラーチャ（サンガの王）をつとめた。六代目も遅かれ早かれこの地位に就かれるものと思われる。五代目ワット長は在任期間が短くサンガラーチャになられる前に亡くなった。

さて、歴代のワット長の中でも、ワット・ボヴォニベーの伝統をつくり上げる上で大きな役割を果したというだけでなく、タイ仏教の内実を確固たるものとした最大の貢献者として名高いのが、第三代目のワット長であったソムデット・プラ・マハー・サマナ・チャーオ・クロム・プラヤー・ワチラナーナサローラサ（一八九二〜一九二一）である。ワチラナーナワローラサは、ラマ四世の王子の一人として誕生した。彼が生まれたときに、それまで青く澄み切っていた空が突如暗くなり豪雨となって王宮を浸した。これをみた王は、自然の兆しと占星術上の位置とから、ブッダ伝説にまつわる名前をこの王子にあたえたといわれている。

その伝説とは、ブッダがさとりを開いた後三週目のある日、ムカリンダの樹の下で瞑想《めいそう》に耽っていると、急に雨が降りだして豪雨となり七日間続いた。ナーガ（蛇）王ムカリンダがそこへ来て、彼のカサ（コブラ蛇のカサ状になった頭部）でブッダの頭をおおい、ブッダの身体に身を巻きつけて保護したが、その格好は、土曜日に生まれたものだけに特別に信奉されるものとして広く知られているブッダ像の格好と同じであった。雨がやむと、ナーガ王は身をほどき、一人の男となって、ブッダの前に立った。

このブッダ伝説の挿話にちなんで、王は彼にマヌサーナーガマナワという名前をつけた。マヌサーナーガマナワという名前は、ブッダの別名であり、ナーガ王の名アヒナーガと一緒に用いられる。この二つの名称は、人間の中でもっとも抜きんでた至上の存在、つまりブッダと王にあたえられるものである。マヌサーナーガの語義上の意味は、自分の意志で人間に成り変わることのできる若い蛇であり、人間の中で抜きん出た男のことである。

さらにいま一つ別のブッダ伝説が彼の誕生にまつわるものとして伝えられている。それによると、ブッダの説教に大変感銘をうけた一匹のナーガが、人間に変わって、僧になるために得度したいと申し出た。ある日、彼が部屋で眠っている間に、いつの間にか彼の人間に変わった身体は再び蛇の形に戻ってしまっていた。そうと知らず彼の部屋を訪れた同僚の僧はびっくり仰天した。ナーガはしぶしぶサンガを去ることに同意したが、これによってブッダは僧の得度をうける前には必ず彼が真実の人間であることを誓うように定めることにしたのであった。しかし、ナーガ僧はサンガを去るにあたって、これから僧の儀礼をうける者、すなわち頭髪を剃《そ》り、白衣をまとった者はみな「ナーガ」とよばれるべきことを認めさせたのである。事実、この呼称は現在に至るまで用いられており、その本当の起源には諸説があるが、普通はこの伝説によるものとされている。と同時に、ナーガという語は、蛇という意味だけでなく、象を指しても用いられることもある。象は強さと忍耐の象徴であるとともに、ブッダ王と絶対的なさとりの境地に達した者であるアラハンにあたえられた名前でもある。

こうした伝説にもとづく名前をあたえられた王子は、早くからその傑出した才能を示し、十四歳でサマネーラの修行を一時期経験した後、二十歳で得度して僧となった。このマヌサーナーガ王子はその生涯を僧修行に捧げるに至ったが、その動機としては、次のようなことが伝えられている。彼が僧となって最初の年のある日、彼の腹ちがいの兄弟の一人であるチュラロンコン大王が訪ねて来た。王は彼の前にひざまずき彼を讃えて深い拝礼をした。それをみたマヌサーナーガは、サンガに一生とどまろうと決心した。王が示すこの讃辞を守り抜こうと思ったのである。

このことがあってから、彼は全てを宗教修行生活に捧げ、まず聖典の研究にとりかかり、そのすべてをマスターし、タイにこれ以上の専門家はいないといわれるまでになった。次に彼はタイのサンガ制度を改革し、僧教育の基本を改めた。パーリ語の修得と聖典の勉強とを組織化し、当時、あいまいな基準によって定められていたサンガ内の位階制度を明確にして、それを登ってゆくための評価基準を定めた。

ラマ五世（チュラロンコン大王）は、一八八一年に彼に王族位であるクロム・メウンをワチラナーナサローラサの称号とともにあたえた。ワチラナーナフローラサとはワチラナーナ（知識のダイヤモンドの意）の偉大なる息子という意味であり、モンクート王が僧であったときにあたえられていた宗教的称号である。一九〇六年、彼はタマユット派の長となり、一九一〇年にはタイ全地に宗教界の最高位としてそびえ立つサンガラーチャに就任した。

サンガラーチャとして彼が最大の努力を傾けたことは、仏教教育一般の改革にあった。それまではばらばらであったタイの仏教学を首尾一貫したものに仕上げ、僧の教育を確立し、入門書を整備し、仏教学のスタンダードを定めたのは彼であった。今日でも聖典を中心とする教学は、すべて彼が作り上げたテクストに沿って行なわれており、すでにいくつかの英訳本さえ現われている。タイ仏教の理論と実践の基盤は、彼が設定したのである。その性格は謙虚で穏やかなものであり、彼のまわりに添う静かなたたずまいは、近づく人々を魅了してやまなかったといわれている。

私は朝夕のスワットモン（読経）のときに、読経場で彼の立っているところを描いた等身大の絵画を右手に眺めながらこの偉大な学僧のことを考えたが、一切の妥協を拒むやせた僧身から感じられるものは、どちらかというと天才の狂気の如きものであった。私は彼が作った新入り僧のための入門書『ナーワコワーダ』には大変お世話になったが、冷厳な透徹した論理がむしろ感じられた。ワット・ボヴォニベーにいるかぎり、どこにも彼の影響が遺っているようだった。

いずれにせよ、彼の出現によってタイ仏教は理論的統一を成し遂げることができるようになり、またワット・ボヴォニベーは、文字通りタイ仏教の教学と行政の中心となったのである。いまでも、ワット・ボヴォニベーはタイ仏教の鑑《かがみ》といわれている。いささかエリート意識に満ちていて、私もいく度となくワット・ボヴォニベーの偉大さと厳しさについてきかされた。またここがタイ仏教の中心なので、例えば戒律の遵守などの点でここが乱れたりするとタイ全土のワットに影響するから、ここで修行をする者は常に己れに厳しくなくてはならないとも注意された。

たしかにこの点では、私のみるところ、他のワットと較べて、それだけのことはあるようだった。修行僧たちも大変真面目でどちらかというと秀才タイプが多く、形式上はしっかりしていた。

それに何といっても、このワットはモンクート王によって開かれたために、歴代のワット長にも王族出身が（四代目まではみな王族の出）多く、また国王をはじめ貴族の出身者（私と同じ時期にも二人いた）が一時的に修行をするところでもあって、全体に貴族的な雰囲気があるのは否めない。

私は、むしろこういう雰囲気は好きであるが、スノビッシュなのも度が過ぎると嫌悪感を催す。その点、貴族的といってもそれは形式上スマートであるというような意味が強く、現在のワット長にみられる如く、むしろ静かななかにも毅然として快いエレガンスを示すものというべきである。他のワットでは決してそうはゆかないことが、さまざまなワットをみてまわり、そこの僧たちと話をしてみて、よく解った。私自身、こういうワットだからこそいく分かでも修行生活ができたのであると思わざるをえないところがある。もちろん、こうしたワットの性格からいって、私のタイ仏教体験の枠は限定されたものとなった面がないとはいえない。すべての面であまりにフォーマルなところがありすぎるといえなくはない。

私の当面の目標は、なるべくフォーマルなタイの仏教修行を果すところにおかれていた。

さらに特筆すべき特徴として、モンクート王以来の対外的に開かれたワットの性格があげられるであろう。モンクート王は近代化を促進させるとともに西欧文化の摂取にも熱心であった。西欧的なものに対する関心は、このワットのウポーン（本堂）にある壁画のモチーフに端的に示されている。タマユット派というタイ固有の仏教宗派を打ち樹て、いわば国家仏教としての性格を強める一方、外国との交流はむしろ盛んにして積極的に受け容れたのであった。この辺のバランスのとり方が、タイ人のもっとも得意とするところであろう。歴代のワット長もその伝統を受け継ぎ、今日では外国人のためにもっとも開かれたワットとなっている。タイへ来て僧修行を志す者は、たとえ一時は他のワットに身を置いたとしても、いつしかこのワットとワット長の評判をきいてやって来る。そして、ここで修行生活をおくることを望み、再び得度を受け直して修行をはじめる。このワットは、その点外国人にとって過しやすい場所なのである。

さらに、現在ワット・ボヴォニベーにはマハマクート仏教大学が付置されており、バンコクの他のワットからも多くの僧学生が通っている。この大学は僧だけのためのものだが、ワチラナーナワローラサが創設した教学所が発展したものであり、ワット長が学長を兼ねている。

このワットの風通しのよい雰囲気は、こうした研究機関があることにもよるであろう。スリランカの僧やチベットの僧と仲良くなれたのもこの大学を通してである。この大学は仏教学（パーリ語と聖典）を中心とはしているが、その他の人文学の学科もあり、英語や歴史の専門コースも設けられてある。むしろこうした他の学科に僧たちは集中している。他の学科で学士号をとった方が俗世間に戻ってから役に立つからである。この点、若い僧たちははっきりと割り切っている。

それにしてもこのワットとめぐりあえたことは幸せだった。貴族的エリート的な雰囲気がかえってのびのびとした他に干渉をしない個人本位の自由な修行環境を生み出しており、その中で私は気持よく行動できた。「外人」であることを忘れてしまうほどだった。それには周囲の理解ある受容力が何よりも必要であったろう。

6

ウパサンパダ——得度

僧になることは決して困難ではない。男子二十歳にして健康ならば、誰でもなることができる。

僧になるためには、ウパサンパダの儀礼を通らなければならない。

ウパサンパダとは「受け入れる」を意味するパーリ語であって、「受け入れる」とはサンガへその一員として受け入れることを示す。このウパサンパダの儀礼は仏教儀礼の中でも、もっとも重要なものの一つであるが、タイ社会においては、単に仏教の行事という宗教現象を超えて大きな意味を有する出来事となっている。

ウパサンパダ儀式は明らかに「通過儀礼」に属するものであり、しかも通過儀礼の中でもとりわけ重要な意味のある「成人式《イニシェーション》」であるといってよい。だから、タイ社会においては「僧になること」は成人することでもあり、一人前になることでもあって、僧になるという仏教の枠内での問題だけではとうてい捉え切れないものがそこに認められるのである。

僧になりたい、とおよび腰ながら言ったときには、実はウパサンパダの儀礼というものが、こんなに大きな意味をもつものだとは知らなかった。

僧になる、というとタイ人の誰もが、それはよいことだと口々にいって賛意を示してくれる。そして、それが修行としては大変なことだと重々聞かされてはいたけれども、まずその最初の関門にこんな儀礼が控えているとは気がつかなかった。もちろん、理屈の上ではそういうものが当然存在するのを知ってはいたが、さして気には留めてもいなかったのである。

しかるに、ウパサンパダの儀礼のことがわかってくるにつれて、だんだんとこれは大変なことだぞと感じざるをえなくなってきた。僧になるについての心構えとか、内面での充実とかいったことについては、ある程度の覚悟はしていたのであったが、社会的な出来事だとは思ったこともなかったのである。

大体、私は行動の結果について事前に思いわずらうことはない。してみなければわからないという気持がいつもある。僧になるということについても、いろいろと考えることはあったとはいうものの、本質的にはこの態度で臨むしかないと思っていた。ある点では軽率のそしりは免れないものの、やっぱりこれもなってみなければ何も分かりはしないことであったろう。

結果的には、それでよかったと考えているし、テラワーダというものの要諦《ようてい》もまた「まず行ないをする」ことにあるのだが、自分個人の思惑を離れて、社会的なことにおよぶこととなると話は別なのだ。自力本願というわけには決していかないからである。

自分自身がウパサンパダの儀礼を受ける前に、タイ人の友人に誘われて、いくつかのウパサンパダの儀礼に参列してみた。そこで驚いたことは、あまりに儀式が盛大なことで、まさにお祭騒ぎだといってよいほどである。

僧になるための儀礼は、大別して二つの部分に分けられる。

一つは俗界の僧になる準備をしている者の家で、ワットへ入る前の日に行なわれるものである。これをタム・クワン儀礼という。タム・クワンとは、クワンすなわち生の霊ないし守護霊をタムすなわち得るないし招ぶことを意味し、僧になろうとする者が「僧になる」ために彼自身のクワンをともに招くための儀礼なのである。人間だけ一人で僧になることはできず彼のクワンも一緒でなければならない。これは元来はバラモン教の儀礼であったのだが、それがそのまま仏教と接合して、両者は不可分の形で用いられている。一般にタイ人は人間は生の霊なくしては存在しえないものと考えており、僧となっても、クワンなしにはやってゆけないものとみなしている。ウパサンパダ儀礼の導入部として、タム・クワンは重要な役割を占めている。

さて、僧になることを希望する者は、まずヨームを立てる。ヨームとはウパサンパダの儀礼やワットとの折衝一切をとりしきってくれる一種のパトロンである。通常、これは会社などの上司とか地域の有力者あるいは父親などが果す。ヨームが決まって、しかるべきワットを選ぶと、そこを訪ねて、ウパチャーヤ（僧に任ずる力をもつもの）と会って、許可をもらう。ウパチャーヤは普通ワットの長である。

さて、ウパチャーヤの許可が下りて、ウパサンパダの日が決まると、これで正式な段取りが定まったこととなる。あとはもうウパサンパダにそなえて、パーリ語経文を暗記するだけである。

ウパサンパダの儀礼は、すべてパーリ語経文をもって行なわれるから、儀礼中の問答も含めて、パーリ語を丸暗記しなければならない。これはなかなか大変なことで、パーリ語経文の暗記ができないから、僧になれないと嘆く若者も多いのである。例年、六月頃になると、夜、高僧のクティを訪ねて、パーリ語の暗記の練習をしている青年の姿がよく目につくようになる。必死になって暗誦しようと頑張る姿は微笑ましいものである。パーリ語経文の指導を授ける僧をクル・スワット（経導師）とよぶが、この僧が僧院での指導と面倒の一切をみることになる。本当の師となるわけである。

ワットを選ぶ場合には、たいていこのクル・スワットに当る僧を個人的に知っているか、あるいは紹介してもらって、クル・スワットからワット長へ話を通して、許可を得る仕組となっている。私の場合は、ヨームのパイチューン・ロチャナセナ氏（バンコクの有力な実業家）が八方手を尽してワット・ボヴォニベーへの手づるを探してくれて、チャオクン・テープ・ワラポンという高僧へ接触がつき、このチャオクンが私のクル・スワットとなってくれることを快諾してくれた。そしてチャオクンからチャオ・アオ・ワットへ話がついて、無事入ることができたわけである。このように、何事も人から人への紹介がないことには物事は進行しないが、この手順は必ずしもそんなに形式ばったものでもない。しかし、ワット・ボヴォニベーに入るとなると、ヨームであるパイチューン氏の緊張感はものすごいもので、タイ社会におけるこの寺の重要性を物語っていた。

ウパサンパダのこととなると、さまざまなことが思い出されるのだが、一九七二年の六月のおわりのある日の朝、急に下宿の電話が鳴って、パイチューン氏の興奮した声が聞えてきたときのことも忘れられない。パイチューンさんは、「ようやくワットと連絡がつきましたよ。これからご挨拶に行くので、一緒に来て下さい。」と声高く言った。

ワットへパイチューンさんの大きなシボレーで行く道すがら、彼はワットの話がついたのは傍らの友人サンヤ氏の紹介によるものである、正式のヨームには日本大使がなってくれるだろうか、などと興奮した面持で話して、当の私よりも大変な様子だった。

ワットへ着くと、まっすぐチャオクン・テープのクティへ行き、そこで初めてチャオクン・テープと会った。でっぷり太った丸顔の眼つきの鋭い坊さんで、じろりとこちらを見てから、私に生年月日をきいた。さらに、何時に生まれたのかとたずねる。私は十月三十日の生まれなのだけれども、正確な時刻は、日本を出る前に母親にもきいたのだが、何でも早朝であったというだけで母も覚えていなかった。また、生まれた病院にも記録は残っていないので、知る手掛りはない。タイならば医師が何時何分生まれと書き込むのだけれども、占星術の発達していないわが国にはそうした重要な記録が欠けているので、困ってしまった。

それで、しようがない、正確なところは分かっていないのですが、早朝五時頃でしょうと申し上げたところ、チャオクンはまたじろりと一瞥、五時と書き入れたらしい。私のことをカードに書き入れているのである。一通り身上調べがおわると、相変わらず気むずかしげに口を結んだまま、巨軀をゆすって立ち上がると、チャオ・アオ・ワットのところへ行きましょう、と先に外へ出た。

チャオ・アオ・ワットのクティはチャオクンのクティから三〇メートル程離れたところに、ちょうどワットのクティ群の真ん中に位置してあり、二階建の明るいさっぱりした建物である。洋風の感じが取り入れてある。

クティに入る前に、パイチューンさんが持参したロータスの花とろうそく一束と線香一束とをチャオクンのところで借りた木台の上に載せて、私にもたせた。これはパワラナといって、責任者である高位の僧に何らかの公的な願いごとをするときに象徴的な奉納品として捧げて、許しを請うのであるが、重要な請願の前には必ず行なわなければならないものである。このパワラナを捧げられた高位の僧が受ければ、その願いごとは受け入れられたことを意味する。

さて、クティの中へ入ると、そこは二十畳程の広間で、反対側の戸が開かれていて吹き通しの形になっている。中程の肘掛に身をゆっくりともたせかけて、一人の僧がこちらを見ていた。

あっ、この人が、と思う間もなく、チャオクンの眼くばせにあって、慌てて床に額をつけての三拝の礼（額、両腕、両肘を床につける）をする。拝礼をおわって顔を上げると、その僧が真っすぐにこちらを見つめているのに気づいた。顔を上げながら、その眼に出会ったまま、私の存在は一瞬止ってしまった。

何といったらよいのか、後になってから、また現在でも時として、そのときのことが蘇ってくるのだが、うまくいい表わせない。その視線はすっと私の心に届いた、何の抵抗もなく、私が見つめ返すことにも一切関心なく、ひたすらにすーっと私の存在の核に届いた、とでもいったらよいのだろうか。

その眼つき、その視線である。光線の加減か、わずかに意味がかっていたような気もするが、透明な、人を何の抵抗もなく引き込んで別の次元へと連れて行ってしまうような眼であり、心の中がすっかりと見透かされ、もう何も隠すものもない自分の全存在を委ねてしまいたくなるような何かに惹きつけられて、静かで何の動揺もない存在の力、思わず床にひれ伏してしまうような感動に一瞬身を包まれてしまったのだった。

　これがプラ・サーサナ・ソーポン師（現ソムデット・プラ・ニャーナサンワラ僧正――以下の記述ではソムデットと略称で、というよりもむしろ愛称で用いることもある）であった。その印象は圧倒的であったが、威圧的なところは少しもなく、少し誇張めいて響くかもしれないけれども、そこに人間がいるという発見の驚きであったといってよいだろうか。

　その視線に見透かされた後のことは、もうよく覚えていないくらいだ。パワラナを捧げた後、いくつか質問があったのだが、それは主として、私が専門上何に関心があるのか、といったことであり、静かに、パワラナをすましてからは、むしろ微笑んで、話をなされた。タイではどうしているのか、学校生活はどうなのか、といった話もあったようだが、私はうわの空で何かいい知れぬ気持になっていた。

　ひととおりの話がすんで、パイチューンさんが、では私どもが準備を整えてもよろしいのでしょうか、と尋ねると、よろしいとうなずかれた。パイチューンさんは、それをきくと、はっと平伏した。だが、その間もその僧サーサナ・ソーポンの眼は私をじっと見つめている。何か眼に見えぬ糸に縛りつけられたようになって、私には四周の動きが遠くになり、ただソーポン師だけが存在していた。

　ぽんぽんと膝を叩かれて、はっと気づくと、チャオクンとパイチューンさんが立ち上がって辞去しようとしていた。私も慌てて三拝の礼をして立ち上がった。

　帰りの車の中では、パイチューンさんとサンヤ氏は大変な喜びようだった。それはむしろはしゃぐといった方がよいくらいで、ともかく私のヨームとなることを、ソーポン師が許可してくれたことに対する嬉しさだった。私も感激していたが、そこには何かほっとしたものがあった。未知の体験を前にしてのおののきが、プラ・サーサナ・ソーポン師をまのあたりにして、その存在からにじみ出る魅力に触れて安心に変わったといってよかった。ようやく自分もできそうだという望みの糸が摑まえられたように感じていた。その糸はまだもろいようだけれども、それをたぐってさえゆけば確実にやってゆけるのだという気持である。それまで夢中で僧になりたいと念じていたことが、具体的な感触としてもつことができたのだ。

それにしても、あの眼だ、あの視線だ、それは喩《たと》えようがない。自分は一瞬にして捉えられてしまったのだ。繰り返しそのときの情景を心に蘇らせているうちに、それは手の届かぬ存在の高みへと上昇していってしまう。不思議な眼の光だ。すばらしい人に出会ったということは確実だった。

さて、帰り際にチャオクン・テープ・ワラポンがいうには、早速パーリ語経文の練習に入るから、二、三日中に来るようにとのことである。テープ・レコーダーをもって来いという。なるべく早い方がよいので、翌日出かけていった。午後の三時頃だったが、クティを訪ねると、戸口から入ったところの床に大の字になってチャオクンは午睡の最中だった。で、起すのは悪いので外へ出ようとすると、待て、といつの間にか眼を開いていて、上半身を起しながらチーオンを巻きつけている。大変な高僧（全タマユット派の代表幹事）であるというのに、何とも質素なものである。日本の高僧の仰々しさはみじんもみられない。

起き上がったチャオクンは、まだ眠そうではあったが、そこに坐れと眼の前の床を示した。そのときになって私は急いで床に顔をつけての三拝をした。何故か、汗がどっと吹き出してしまう。チャオクンはにこりともしないで、私が脇にもって来た小型テープ・レコーダーを指し示すと、よいか、と顎でいうので、テープを調べ、録音できるようにしてから、チャオクンの前に置いた。

とみると、チャオクンはやおら大音声でパーリ語経文を誦《とな》えだした。

「エーサーハン、パンティー、スチラパリニブタンピ、タガワンタン、サラナン、ガーチャーミー……」

約二十分程続けると、今日はそこまで、と止めにした。タイ語の経本を一冊くれて、いま録音したところを暗記して来い、という。それから、私のウパサンパダの日取りを決めるから、来週来るように、その前にパイチューンさんに連絡するように伝えてくれ、とのことであった。それだけいうと、チャオクンは相変わらずにこりともせず、またごろりと寝ころんでしまった。私はその姿に三拝し、呆気《あっけ》にとられた感じのまま辞去した。

その日からパーリ語経文の暗記にとりかかったが、これはかなり大変な話だった。皆目見当もつかない調子なので、当時タイ語の個人教授を頼んでいたスクム君に付いてもらって、タイ語の教本を手引きにしながら、テープを一句一句起し起しして、覚えるようにしていった。

パーリ語経文は美しい。一種ゆるやかなリズムをもって熟練したタイ人僧が斉唱するのを聴くことはすばらしいものである。声調が日本の仏僧のものとはまったくちがう。一オクターブ高く、単調ではあるが軽やかなリズム感がある。実際にはそんなにリズム的な構造ではなく、むしろ音の高低はなく、平板な流れなのだが、それが全体として流れはじめると快いリズム感となって響いてくるのである。

しかし、初心者にとって、しかも小さいときからまったく別の音調に慣れて育った者にとっては、これを覚え込むのは並大抵ではない。パーリ語経文との格闘が始まった。だが、覚えるのが面倒でどうも身が入らない。チャオクンの声がテープから大音を発しはじめると、うーんとこちらは黙って、こんなことが覚えられるのだろうか、と案じ、いささか自信がなくなる始末だった。

数日経って、パイチューンさんから電話があり、明日午後ワットへ行くからそのつもりで、と伝えてきた。

翌日、また午後の三時すぎにパイチューンさんと一緒にクティを訪ねると、今度はちゃんと起きていて、分厚い書籍を手にしながら、お前の名前をドテラモーとしたいといった。はあ、ドテラモーですか、と一瞬戸惑ってしまった。パーリ語ならぬ日本語としてのドテラモーには通常の感覚からすると、少しく何か引っ掛る感じがする。口の中でドテラモー、ドテラモーと繰り返して呟いたが、ふーん、こんなものか、これも仕方なし、と、大変ありがとうございます、とお答えして頂戴することにした。

チャオクンはそれから七月二十六日頃はどうか、とパイチューンさんに尋ねた。パイチューンさんが異議ありませんと答えると、それまでにお経が覚えられるかな、といいながら、テープ・レコーダーを出せというので、先日吹き込んでもらったところを廻してみると、続きを吹き込むという。また二十分程の後半部分を入れてくれた。

そして、さて明日から練習だ、だが、明日は忙しいからあさっての午後三時に来なさい、よく覚えとくのだよ、とおっしゃった。正式な日取りについては、私のパーリ語経文の出来次第だから、一応二十六日くらいをめどにして、考えておくようにといわれた。これが七月の五日である。

ところで、翌々日にまた訪ねると、チャオクンはまた横になっていた。その当時共同通信のバンコク支局長だった松尾文夫氏がワットを見たいというので、彼にチャオクンを紹介しつつ立ち会ってもらおうと思ってこの日は一緒にクティへ向かった。チャオクンは私たちをみてすっくりと起き上がると、私たちの三拝の挨拶もそこそこに、パーリ語経文を暗誦してみろと命じた。とにかくこのチャオクンは妥協がなくぱっとくるのである。

私は始めたが、「エーサーハン、パンティー、スチラパリニブタンピ……」、数分でたちまちつかえてしまい、あとはアウアウと口を動かすだけとなってしまった。あっという間に全身汗びっしょりだ。脇の下をたらたらと汗が流れ落ちてゆくのが聞えるようだ。おうん、と顔面をひくひくさせながら、汗まみれになって頑張っていると、まさに空頑張りの見本のようで、もう何も口から出てこない。

チャオクンはじっと聞き耳を立てながら、こちらを睨みつけていたが突然、止めて、と大音声。ざくり、と心を立て直す間もなく声が響いてきて、一瞬、身をこわばらせていると、明後日の夜九時すぎにまた来なさいといったきり、ぷい、と横を向いてしまった。その口の端には、いま「チャオクンの風景と私が理解しはじめたパイプがあって、すぱっ、すぱーっと煙があがる。

それっきり一言もいってくれないから、仕方なく傍らの松尾氏にうなずいて、向こうをむいたままのチャオクンに三拝し、引き上げた。いやあ、きついものだな、と松尾さんもちょっと驚いたようだ。

さて、次に行ったときは、少しはよかったのだが、これも五分ほどのところで、つかえると、ちょん。また出直しだ。もう一度、夜にパイチューンさんと一緒に来るようにとのこと。

当夜、パイチューンさんとスクム君と二人で出かけて行くと、チャオクンは私たちをソー師のところへ連れて行き、この者は二十六日にウパサンパダをする予定でいましたが、パーリ語経文の覚えがよく出来ませんから、とうてい無理かと思います、と私を前にして、これまたいやにはっきりとした宣告をする。

ソーポン師は、この間のときと同じく静かなたたずまいで、じっと私を見つめながらそれをきいていたが、そうか、それはむずかしい、いまはカオ・パンサー（特別修練期間入り）で忙しいし、それにパンサーに入るためには少なくとも八月六日頃までにウパサンパダを行なわないと、入ってもらうのはオク・パンサー（特別修練期間明け）の後となる。となると、十一月末になりますが、それの方がよろしいか、といわれる。

私はいつの間にか汗びっしょりになってしまい、額に流れた汗をぬぐいつつ、これは大変なことなった、何がなんでもカオ・パンサーに入れてもらわなければと思って、いや、絶対に頑張りますから、八月六日に入れて下さいと顔を上げて、まっすぐにサーサナ・ソーポン師を視て、お願い申し上げた。

チャオクンは気むずかしい顔をして一言もいってくれない。パイチューンさんもスクム君もすっかり緊張して、固くなったまま身動きもしない。サーサナ・ソーポン師は、そんな私をじっとみていたが、やがて、チャオクン・テープの方をみて、では、八月六日までに準備をきちんとさせるように、といった。チャオクンはそれをきくと、はあーと拝礼をして私たちに三拝の礼をさせ、立ち上がった。

チャオクンのクティへ戻ると、チャオクンは恐ろしい顔をしながら、私よりもパイチューンさんに怒って、しっかりさせないといけない、と迷惑顔だ。パイチューンさんも困って、ちゃんと準備させますから、と私の方に大丈夫かといった眼を向けながら、言った。

どうも私は血の巡りが悪いので、ようやくこのときに至って、いよいよ本気で取り組まねばと心の中で自分にいいきかせた。そういいきかせると、いつもの調子の良さがでてきて、じゃ、明日の午後一時に来ます、と一方的にいってしまった。

帰途、パイチューンさんは、私も心配だから明日一緒に行きましょう、しっかりやって下さい、という。

しかし、下宿に帰り着くと、水のシャワーで汗を流す間もなく、疲れて寝てしまった。

翌朝になって慌てて暗記しようとするが、なかなかうまくやれない。あっという間に昼になってしまい、パイチューンさんが迎えに来た。シボレーにゆられて行く道すがらどうにも気が重い。それに、どうもいま一歩パーリ語経文の暗記に気持が入っていない。一体、どうしたことか。

やっぱり駄目でつかえてしまった。チャオクンはそれみたことかといわんばかりにパイチューンさんをみている。これはいよいよいかん、とわれながら少しくみじめな気持になった。それで急に思い立って、今晩、もう一度来ます、と大きな声でチャオクンにいった。チャオクンはじろりと睨んで、九時すぎにならよかろう、とうなずく。拝礼もそこそこに引き上げると、パイチューンさんにもしお時間があったら夜も来ていただければ、というと、彼もいささか困り果てたような感じだ。タイの人はあまり待ってくれない。こうなっては私もいささか心に決するところがあった。

下宿に帰ると、さあ、夜九時までだ。もうひたすらテープにかじりつき、必死に暗記にとりかかる。遅手だが、物覚えには自信があることはある。ただし、これまでの私の人生につきまとってきた難題、その気にな、い、な、い、の話である。いまや、猶予はならない。その気になるときがきたのだ。

夕方まで暗記に没頭し、約四十分ほどのお経を大体覚え込んでしまった。その頃になると、心配したスクム君も来てくれて、彼に発音をなおしてもらいつつ、リハーサルをする。急に私がすらすらと暗誦するので、彼はびっくりしていた。

八時をすぎて、タクシーでスクム君と二人してワットへ出かける。チャオクンのクティにつくと、パイプを片手にして、またもや冷たくじろりと私を一瞥。さあ、はじめろ、とパイプをもった手でうながす。大きく深呼吸をしてから、あせらない、ゆっくりと、エーサーハン、パンティー、スチラパリニブタンピ、……と続けてゆく。つっかえることなく、うまく進んでゆけそうだ。一番難しいパンチャ・シーラ（五戒）の中の酒を飲むなの一項、スラメラヤ、マチャパマ、ダターナー、ウェラマニー、シカーパダン、サマーディ、ヤーミも乗り越える。

ゆっくりと慎重に、だが、ほとんど気持の上では一気に暗誦しおわると、「おーう」と大音声、これはチャオクンが感嘆して発したものと気づく。「あはははは……」と大きな笑い声。これもチャオクンである。「大変よかったぞ。お前は頭がいい。よくやった。あはははは……」

チャオクンがいうと、いつの間にか来ていたパイチューンさんが夫人のノリコさんともども笑ってうなずいている。チャオクンはよほど気に入ったとみえて、もう破顔一笑、これは大発見だが、その笑い顔の邪気のない天真爛漫さは快いかぎりだ。その眼は輝いて実に優しい。私ははじめてこの人の人柄に接した感じがした。ひとしきり大声で笑って、嬉しいおほめにあずかったあと、早速、チャオ・アオ・ワットのところに報告に行かなくては、と席を立って、四人でサーサナ・ソーポン師のクティを訪ねた。

チャオクンはソーポン師に、大変よく出来るようになりましたから、もう心配ありませんとにこやかに笑いながら報告したが、その様子が前回のとあまりにも違うものだから、さすがのソーポン師も苦笑して、それならよろしい、と話され、八月六日の午後一時に私のウパサンパダのための儀礼が行なわれることがそこで正式に決まった。

それにしても、チャオクンの態度があまりに変わったので、驚いてしまった。この人はなかなかの人物で、人の心を読むのもさすが長けている。ソーポン師とはまったく異なるタイプの僧であるが、僧歴三十三年は無駄ではない。立派な修行が積んであるものとその後も折にふれて感ずることがあった。

さて、この日を境目として、チャオクンの私に対する態度も変わり、私のパーリ語経文の暗誦もだんだんとうまくなってきて、いよいよウパサンパダ儀礼に向かって、張り切って進めるようになってきた。一日おきにチャオクンのクティを訪れて、経文の指導のみならず、儀礼の所作についても教えてもらった。チャオクンのクティの隣はプラクルー・パリット師のクティであり、ときにはプラクルーも顔を見せて、二人で冗談をいいながら、私をしごいた。私はすこぶる気分爽快に教えられる通りを行なっていった。

パイチューン氏も先の一件からは、すっかり私を見直したというのか、どうして半日で全部覚えられたのだろう、と信じられない様子で、しきりと感嘆してみせる。タイの教育の基本は、暗記にあるから、暗記に強い者は頭がよいと尊敬される風が一般にある。たまたま、私も一世一代の暗記能力に自分のすべてをかけてやる張り切り甲斐《がい》があるというものだった。

一夜、パイチューン夫妻は私をバンコク市内の中国料理店へ招待して下さった。すばらしいフルコースの中国料理に舌鼓を打ったが、この中国料理というもの、招待主のたしなみは料理の選び方に現われる。私の見るところ、パイチューンさんの選び方は申し分なく、高い知性と品格を示すものであった。この人は銀髪のダンディとしかいいようがないすばらしい人物だが、ロチャナセナという姓は高貴な生れを表わすものである。チュラロンコン大王当時に武人として功のあった祖父が大王から広大な土地を下付され、貴族に列する扱いをうけたとのことで、バンコク市内にはロチャナセナ通りという彼の姓を付けた通りがあるくらいである。

食事が終ると、彼はいつになく真面目な表情になって、「青木さん、僧になる日が決まってよかったですね。私も喜んでいます。」といい、私が礼をしようとするのを手で制して、「いや、そんなお礼はいわないで下さい。タイ人として当然のことをしたまでです。それよりか、どうかあなたの経験を日本とタイの間の理解が一層深まるように役立てて下さい。これだけが私の願いです。よい僧修行をなさるように。」

とおだやかだが真剣な顔つきでいった。いつも冗談ばかりいっておどけてみせるパイチューンさんには、まったく珍しい言い方だった。私はとうてい大それたことはできないが、私なりに全力をつくします、この国はいまや私の第二の故郷になるのですから、と感謝して答えた。パイチューン氏の奥さんノリコさんは日本人である。パイチューン氏の会社は日本との取引があり、木材やゴムなどの原料を日本へ輸出している。彼にとっても、タイ・日関係の如何は大きな関心事とならざるをえないわけだが、私にそう話す口調には、単なる利害を越えたものがあった。私は彼の真剣さを純粋に信じた。彼が私を信じてくれたように。私もまた心に期することがあった。

それからのある夜、チャオクンは、先日、お前につけたドテラモーという名を変えて、クッタチットーとするといった。どういうことなのかよく分からないが、ドテラからクッタに変わったことは事実で、私の僧名《ナーマ》はクッタチットーと正式に決まった。

クッタチットー、クッタチットー、と口の中で呟いてみると、どうもドテラモーよりはよいという気がしてきた。どういう意味なのですか、ときくと、「よく護られた心」ということ。さまざまな誘惑やら迷妄から「護られている」強い心の持主という意味らしい。ありがたく頂戴した。これからは、クッタチットーなのである。

さて、私のウパサンパダは、バンコクには下宿しかないので、タム・クワンは行なわず、その代りにパイチューンさんの家で前夜にパーティを開いてくれた。そして、当日、十二時にチャオクンのクティの前で剃髪式。兄弟子となるシートーが剃り上げて、眉毛もそり落してくれた。

もっとも、その前に正午以後は何も食べられないときいて、ワットの前の屋台でそばを五杯はど入れておいた。これはいまなおスタム君のとった証拠写真として遺っている。クッタチットーに生まれかわる前の話だ。

剃髪はあっという間におわり、少しも痛くなかった。剃髪がおわると、すべての衣服は脱ぎ捨て白衣に着がえる。この白い衣をまとうと、もはや私は一般の人間ではない。アタマ、つまり存在しない存在となる。これから無事にウパサンパダがおわるまで私というものは存在しない。人間でもなければ僧でもない、どっちつかずの存在の境界にあるものとなってしまう。着物の白はそれを象徴する。

私のために来て下さった日本大使館の栗野公使ご夫妻が親代りに先導をつとめて下さって、ウポサタのまわりを三回まわり、ウポサタの中に入る。その頃にはもうウポサタの中は人で一杯である。タイ人の友人や日本人の友人たち、チュラロンコン大学大学院の華やかなお嬢さんたちも大勢いてくれる。指導して下さったタイ人の教授の顔もみえる。西欧の人々も数名来ていた。まあ、私のウパサンパダはタイのマスコミが派手に取り上げたこともあって、見知らぬ客人が多かった。それにしても、満員の参列者が来てくれるとは実にうれしいものだと感じた。

ウパサンパダの儀礼は、つつがなく終った。パーリ語の経文は一句も間違えることなく暗誦した。このことは翌日の新聞にも、「立派に間違えることなく行なった」と褒められて紹介された。

無事、ウパサンパダ儀礼は終了し、私はクッタチットーとなった。俗界の属性はすべて取り払われた。

クッタチットーとなった瞬間、人々は殺到してきて私にさまざまな贈物を捧げてくれた。

7 僧の義務

無事にウパサンパダの儀礼を通過して、はじめて自分に与えられたクティの一隅に（原則として一室一僧の建前なのであるが、私の場合、遅く入ったのですべてのクティは満杯となっていて個室は当初もらえず、チャオクンの厚意で彼のクティの片隅に寄寓させてもらったからである）落着いた夜、マハー・ニベー師がチャオクン・テープ師の命を受けてやって来た。チャオクンによると、ニベー師は最近二年間のインドでの留学生活を了えて帰ってきたばかりとのことで、ベナレスのヒンドゥー・カレッジでパーリ語と歴史学を修め、歴史学のマスターを得てきたという話だった。

マハー・ニベー師は三十二歳で小柄だがくりくりと黒く輝く眼の持主で、率直な性格の将来を期待される若き僧侶であった。アユタヤ近郊の農家の出身だが、向学心強く僧の道を歩んでついにインドで修士号をとった。マハー・ニベー師によって、まず僧の守るべき基本的戒めから教えられた。その夜、いく度も繰り返し叩き込まれたことは僧の存在の要諦ともいうべきことで、八つのアヌサーサナ（訓戒）とよばれることである。それは四つの項目をもつ二つの群からなっている。

第一の群は四つのニサヤとよばれるもので、このニサヤとは僧の生活が依存する支えの方途・手

段のことを意味する。僧《ビク》生活の源である。このニサヤは四つの項目からなっており、それは、
一、ピンタバートに出ること。
二、パムスクーラの衣（がらくたや廃棄されたものによって作られた衣料）を着ること。
三、木の下に住まうこと。
四、具合の悪いときには薬物を摂ること。

の四つであるが、この四つのニサヤこそ僧の生活の基本的条件なのである。このうちの、一に関していえば、これは僧の生活の糧は毎朝の托鉢によって得るべしということに他ならず、ピンタバートにゆくことであって、これは現在も変わらず実行されている。ワットでは普通日常用の煮たきはしていない。

二はいわゆる黄衣のことであって、昔は文字通り使いものにならなくなった衣料の切れ端で作っていたらしいが、現在では僧の黄衣は特別製である。

木の下に寝るということは、現在では森の中の瞑想寺（ワット・カマタン）での生活はそれに近いとはいえるが、実際の僧の生活はクティに居住することである。僧は俗人やサマネーラよりも常に一段と高いところに位置しなければならない。そこで、高床式で階下は柱だけのあけっ放しの二階建の二階に住むべきものとされている。

薬は夕食（正午迄に摂る）後も飲む（食べる）ことができるものである。蜂蜜やショウガはブッダの時代には薬だったから、それらは今日でも薬として夕方でも食することができる。僧は病を得れば薬をとり、医者にかかる。バンコクには僧の病院がある。

第二群は四つのアカラニヤ・キッチャとよばれ、行なってはならないことである。それは、
一、性交にふけること。
二、他人のものを盗むこと。
三、生けるものを殺すこと。
四、まだ到達してもいない特別の精神的状態に達したとほらを吹くこと。
である。この四つのアカラニヤ・キッチャは、僧が絶対に犯してはならないことである。

アカラニャ・キッチャは、ブッダ・ゴータマが僧の守るべき戒律の基本となしたことであって、僧の存在の前提である。だから、これを厳守するテラワーダの僧たちは、マハヤーナの僧侶たち（この点では日本仏教の僧侶がその典型なのだが）、とくに妻帯をする僧侶たちを、あれはブッダの教えの根本に反するものだといって非難するのである。厳然たる黄衣の人の戒律の守りざまこそ美しけれ、である。聖職とはそうした俗身と異なる生き方のコードのちがいの上に成り立つものでなくて何であろうか。

タイでもむろん僧の堕落という現象はあるし、年に数回は僧とワットをめぐるスキャンダルが新聞を賑わすこともある。しかし、サンガ法は国法となっているためもあって（この事実が果して宗教というもののあり方において良いことなのかどうかは別として）、少なくとも黄衣《チーオン》をまとっている間は僧の基本義務は守って生きねばならないということは徹底しているようにみえた。タイではよく「チーオンが熱くなる」という。チーオンが熱く感じられるようになったら、ワットを出ればよいということになる。熱くなってもいることは僧の戒と律を犯す危険に身を置くことを意味する

からであって、それを犯してサンガの規律を乱すことは絶対に避けなければならないというわけである。これはこれで、あくまで僧の聖の世界の境界を守るための立派な理屈だと思った。

いずれにしても、四つのアカラニヤ・キッチャはパーラチッカに属しており、これを犯したものはサンガを逐い出される。テラワーダでは「罪の誰何《すいか》」とか「告解」とかいった戒と律を犯すことについての個人的な問責を行なう形式はない。個々人の問題であり、己れの達成すべきものとして「自力」に主体がおかれている。もちろん、僧が互いに監視しあうようなことがないこともないが、どうもその点でもあまり相互規制は強くなく、個人の裁量に委ねられた部分が他の宗教の場合よりも大きいようだ。日本の僧院やカトリックの僧院に漂う重苦しい雰囲気はない。

さて、僧の守るべき二二七の戒律パーティモッカについては別に触れるので、ここでは簡単に僧の修行について記しておこう。

テラワーダでは普通、修行は三つの点にしぼられている。それは三つのシッカとよばれ、

一、シーラ

二、サマーディ

三、パンニャ

である。シーラとは身体と言葉をコントロールすることにより、正しく秩序ある生活を行なうことができるようにすることである。シーラは倫理・道徳ともいわれるブッダの教えの基本である。

サマーディは心を乱すことを防ぐ行為を意味する。これはタイ仏教のカマタン（瞑想）の基本である。通常それは呼吸の調整をもってはじめられる。

パンニャとは知のことであり、身と心を含むすべての条件づけられた事物の世界、つまりサンカーラ（現世）の本源を知ることである。このパンニャとは、シーラを守り行ないサマーディによって訓練した後ではじめて得ることが可能となるものであって、いわゆる知識のことではない。存在に関する究極的な知のことであって、きわめて具体的なそれ自体が状態である。

ブッダの教えには、いたずらに抽象的なものは一つもなく、常に具体的な状態が問題となるのであって、ことばは物と離れていないのである。「はじめにことばありき」では決してないのがブッダの教えの世界である。

だが、こうしたことは容易には呑み込めない。というのも、それはシーラとサマーディの日常における具体的な修行の段階を経ずしては窺い知ることのできない世界だからである。

ところで、こうした修行を行なうことは僧の義務であるとはいえ、その義務はそれほど厳しいものではない。戒と律との遵守は絶対的であるが、修行におけるサマーディの課業はゆるやかなものである。

この点、ヒンドゥー教やマハヤーナ仏教の修行の方がはるかに酷烈なものを含んでいる。永平寺などの、短期間ではあってもそれこそ集中的な課業の厳しさは、テラワーダ仏教にはみられないといってよいであろう。ただ、戒と律の生活が永遠に続いてゆくことにすべてがあるのである。その意味では時間の構造が根本的に異なるのであるといってもよいであろう。

こうした戒と律と修行との問題は、あくまでも僧個々人の対自的に達成すべき課題である。その他の僧が対他的に行なわなくてはならない義務としては、ほとんど儀礼活動に終始するものといってよい。マハヤーナの僧たちは僧院を出て社会的政治的活動を積極的に行なう傾向をもつ。一方、テラワーダの僧の勤めは、何よりも完全に出家して厳しい修行生活をおくることにある。そしてパーリ語のブッダのことばを逐次暗誦して、できうるかぎり正確にそのまま世代から世代へと後世に語り伝える。だが、このことがテラワーダの僧たちの活動を社会的には大幅に制限することとなった。

タイではとくにこの傾向は強化され、僧はおよそ社会的なそして政治的な活動をすることはなかった。今日でもこの傾向は忠実に受け継がれてきており、僧が日本その他の国の僧のように社会的に発言したり活躍したりすることはない。ごく最近に至って主として教育活動の面で僧の積極的な役割を期待する動きが出現してきたが、それにしても僧はワットにいてひたすらに戒律の遵守と修行に明け暮れる聖なる存在であるのが、人々の期待の中核にあることは否めない。

それ故、僧が対社会的に積極的な活動を許されまた人々が僧に期待するのは、儀礼の執行者としての役割である。そしてこの面での活動は、まさに中心的なものであるといってよいのである。僧の儀礼活動は、タイ人の生活のそれこそ誕生から死に至るすべての重要な契機を満たすものである。わが国で神主が行なっているようなお祓いの行事も含めて、タイ人のライフ・サイクルの全面を覆っているといっても過言ではない。私自身がそれまでタイ社会のことをいく分研究していたことは事実なのに、実際僧になってみて、その活動の占める重要さと大きさをはじめて明確に認識することができたのであった。

社会からみて僧のなすべきこととは、人々が直面するさまざまな個人的社会的な何事かを画する重要な場面において、それを無事に画することができるように儀礼を執り行なってくれることにある。建物を新築するとき、子供が生まれたとき、婚姻を行なうとき、死者がでたとき、旅にでるとき、名前をつけるとき、厄災を避けるときなど、すべての場面において儀礼が必要とされ、僧の助けを請わなければならないのである。

七月中旬から十一月に至るパンサーの期間には仏教儀礼は盛んに行なわれるから、この時期には早朝から儀礼に招ばれてゆく僧の一団（九名）がいくつもワットを出てゆくのがみられる。こうした儀礼のための僧の招待はニーモンとよばれ、タイ語の中でも殊のほか美しい言葉であるが、ニーモンについては別項で触れる。僧にとってこの機会は一般人の生活に接する唯一の機会なのである。

8

「一時僧」制度

テラワーダ仏教圏では、スリランカを除くと、どこでもいわゆる「一時僧」の制度があって、僧になることはむしろ成人男子の義務であるくらいに考えられている。

私が僧になろうと考えたのも、私の希望を叶えてくれるそういうシステムがあったればこそである。日本で僧になろうとついぞ考えたことがないのも、私のようなお寺さんの生まれでもないものが、僧になろうと志したところでそれを容易に叶えさせてくれるようなシステムがないことにもよるだろう。私がみたかぎりではこの制度はタイにおいて最も発達しており、今日でも隆盛をきわめている慣行となっているようだ。ミャンマーやラオスでも行なわれているが、タイのような全社会的な位置づけはなされていない。

厳密にいうと、一度ウパサンパダの儀礼を通過したもの、つまり〈ピク〉とサンガによって認められた存在には、「一時的なもの」と「永続的なもの」といった区別はない。私自身の経験からはっきりといえることであるが、〈ピク〉はすべからく同じであり、位階および僧歴による上下の身分区別はあっても、ワット内でも世間的にも同等の扱いを受けている。ブッダの教えによれば、僧は未来のことは考えてはいけないというのが思考のあり方の要諦である。したがって、明日のわが身の予測すら不可能であるということにもなる。そのくせ占いはワット内でもよく行なわれているのだが、一般には僧に対して遠い将来のことを話したり約束したりすることは避けるべきことだとされているのである。そこで、いつまで僧の生活を続けるとか続けないとかいう話は御法度のはずなのである。

しかし、タイには一種の社会的慣行としての「一時僧」制度があり、毎年多くの若者たちが一時的に僧になる。私の知るところでも、この一時僧の慣行は近年になって再び盛んになってきているといえるくらいなのである。もっとも、一時のつもりで僧になったのが二十年も続いてしまったとか、一生ワットで過すことになったとか、というような現象もままあることは事実である。私と前後して僧になった者の中でも三人はいまだに僧であり続けている。

一時僧となる場合、官庁や会社は原則として約百日の有給休暇をみとめることが建前となっており、僧になりたいという者を止めることはまずできない相談である。僧になることを阻止するようなことがあるとすれば、タイ人の物の見方においてこれほどの不徳をなす行為もないといえる類のこととなるのであろう。

現在では「国民皆僧」などということはありえなくても、男子二十歳にして五体健全な者であれば、すべからく僧となるべし、とはタイ人なら誰もが認める理想にちがいないのである。実際には種々の理由で（例えば私が留学していたチュラロンコン大学における指導教官は欧米留学のために時期を逸したので、停年になったらワット入りを果すといっていた）果さない男子は多いのだが、僧になりたいという希望は誰もがいだいていることは事実だ。バンコクなどの大都市では僧になるための費用は年々嵩《かさ》んできており、そのために金を貯めている青年もいる。また僧になりたくても費用が大変でなれないと嘆くタクシーの運転手に出会ったこともある。

ところで、タイの「一時僧」制度であるが、これは制度というよりも慣行であるから、すべてに強制されるようなものではない。二十歳に達して五体満足な男子が、一時期に剃髪し黄衣をまとって僧院生活を送ることは、いまから約七百年ほど以前のスタイ時代末期に確立されたともいわれる古くからのタイの伝統的な慣行である。僧になるかどうかはあくまでも自発的な意志にもとづくものであるから、自分にとってもっとも適当と思われる時期をそれにあてればよいわけである。生涯のいかなるときに行なってもよいのであるが、ほとんどの場合、二十歳から三十歳までの間に実行することが望まれ、また実際にこの年齢の間に行なわれているのであるが、とくに結婚する前に僧になることが一般的である。

有給休暇をとって僧になるような場合は、七月のカオ・パンサー前から十月のオク・パンサーまでの三ヵ月余にわたるパンサーの修行をすることが最も望ましいこととされている。この期間には途中で修行を止めることは許されない。この期間、つまり一パンサーの修行を行なったものに対しては、ワットから修行証書を授与される。

この証書は美しい額縁に入れられ、チーオンやバアツなど僧の所有物と一緒に家の中に飾られ、終生誇りをもって回顧される記念物とされる。タイ人の家を訪ねると、よくこの種の記念物が「床の間」にうやうやしく飾られてあるのを眼にするのは、そのためである。

また、一パンサーの修行は履歴書にもワット名と僧院長名とともに記載されるのである。官庁などでは出世や昇給にも僧経験の有無が影響するといわれている。官庁や国営の公社などでは法律によって四ヵ月までの有給休暇は、入庁、入社して一年を経た者に与えられることが定められてある。僧になるということは、タイ社会における通過儀礼のうちで成人式に相当し、僧になってはじめて一人前の男になるものとされるのである。僧になる前の人間は「生人間・半人間」といわれるが、僧経験を無事了えた後は「全人間」といわれるのである。

先に一度ワットに入れれば、一時僧と永続僧の区別はないといったが、一パンサーを経ない前の僧はピク・ナッカ（新僧）とよばれている。

この「一時僧」制度は、このような社会的な意味まで含めれば、よくタイ人が自慢していうように、純粋にタイ的な精神的修養の方法でありタイ文化の精髄であるといえるであろう。一時僧といった現象については、ブッダの時代のサンガには存在しなかったし、またブッダの教えを伝える聖典のいずこにも言及されてはいない。ラオスはこの慣行をタイから輸入したので、タイに近い意味において行なっているといわれているが、私が実際にラオスに行って調べたところではかなり違ったものであるという印象をうけた。タイのような社会的行為としての重要性は、とてももっていない。カンボジアもそうだが、フランスによる植民地支配の痕跡が仏教にも遺っていて、タイのように仏教組織は無傷ではない。例えば教育である。仏教教育はやはり二次的な意味しかもちえていないのではないか。

ミャンマーの場合も、私が実地に行ってみて感じたことでは、過度の民族主義や政治と結びついたところが逆作用となって、社会の慣行として落着いたものとはなっていない。この「一時僧」制度は、タイではアユタヤ時代にすでに全社会的な制度となっていて、それがそのまま外圧による損傷を受けることなしに存続し、強固な社会的文化的基盤が出来上がっている。それにひきかえカンボジアやミャンマーでは植民地支配によって破壊されてしまい、今日民族国家建設の昂揚した雰囲気にあっても簡単には伝統として復活しないのである。

さて、タイにおける一時僧は、パンサーの全期間の修行を模範的な形としてはいるといっても、たった一日だけの修行から一週間、十五日間、一ヵ月などと個々人の希望に応じてまさに「一時的」なものとして存在している。パンサー期間中には原則として出入りができないことになっているのだが、私が実際みたかぎりでいっても、いく人かのごく短期間の一時僧が入ってきて出ていった。パンサー入りに際して、ブッダとサンガを前にしてパンサーの修行を行なう宣誓をしない場合には短期間の修行も許されるのだということであった。いろいろと便法があるものだ。

一般に親が死んだような場合、一週間ほど息子が剃髪して僧修行をすることは広く認められている。死んだ親のために徳を積むのである。これは死者のための徳《ブン》の転送という。

こうした一時僧になるための目的とは何であろうか。個々人の内的な理由にはさまざまなものがあるにちがいないが、制度として行なわれている点からいうと、かなり一般的でステレオタイプ化された理由も半ば公的に存在するのである。

現に私が直接尋ねてみたところからも、大体において同じような答が返ってきている。それらは次に示すようなものであるが、そこにもこの慣行のもつ多義的な意味がはっきりと現われていると

いってよい。一時僧になる理由として最も強調され頻度の高いものから順にあげると、

一、両親の願いを叶えるため。

二、僧になる前よりももっと成熟した心を養い発達させ、人間としてより高度の統合をもてるようにするため。

三、仏教についての知識と信仰を僧になることによる直接的な実践修行を通して深めるため。

四、僧修行をすることによって、その修行期間に得た直接的な知識と実践を通して仏教徒であることの自覚を深めて宗教護持の心構えを確たるものとすること。

五、国家に所属するという意識を深め発展させること。

六、その他、日常生活にあっては達成できない宗教上の責務を果すこと。

ざっとこの六つの目的を見渡してみても、個人的な内的動機というものだけであるとか、あるいは、仏教修行上の理由だけが、一時修行に期待されたものでないことがよくわかる。むしろ社会的な、国家的な意味が強く打ち出されているようなのだ。

これも、国家宗教としての仏教がひとえにタイ国家を支える基本柱の一つであることを考えないと、よく理解できない。僧修行を通して国家と王に対する忠誠心もやしなうことが要求される。修行を了えた後は、文字通りタイ国家を担う「成熟した人間」の一人として、社会的な活動に従事しなければならないことを意味するわけである。そこからも、この行事が仏教修行というたんなる一宗教内での狭い意味を越えて、タイ社会に生きる個人の生活全般にわたって影響するような広がりのある経験となることがわかる。

このなかで、両親のため、ということは、普通、母親のことを指している。母親への感謝のためというよりも、ブンの達成において、男子（父親）よりも不利な立場におかれている女子（母親）のために、息子は僧となって得たブンを母親に送るのである。タン・ブンの論理においては（後章で詳しく触れる）、女性にとって最高のブンの獲得の方法は、男性が僧となるのに対して、息子を僧にすることだとされているからである。女性にとって最愛の息子を僧にすることは、それだけ大きい自己犠牲をすることになるから、ブンを獲得する率も大きいことになる。息子のウパサンパダに際して、タイの母親は皆泣き伏す。これは息子を出家させることの悲しみからと私もはじめは受け取っていたのだが、事実はまったく逆であって、最高のタン・ブンができる喜びの余りの涙なのである。

それに反して、私が僧となった晴姿のカラー写真を、日本にいる私の母親に送ったところ、日本の女性である私の母親は、息子の変わり果てた姿をみて泣いてしまったといってきた。これは純然たる悲しみからの涙である。熱帯の地での人類学修業については一般の年老いた日本人と同じく、私の母もかねてからいつも危惧の念をいだいている。いくら東京の生活の方がはるかに危険なのですよと説いても解らない。日本人にとっては、東南アジアは一種の〝蛮地〟であることに変わりないようだ。私はまさにブッダの懐に収まって至福の気持でいたというのに……。

もっとも大分経ってから母から手紙が来て、家族から一人僧が出ることはとてもよいことだから自分も嬉しく思っています、と記してあった。日本でも以前では、人々にこうした気持があったことは事実である。ただ、僧修行は決して社会的・国家的な意味などもったことはなかった。日本の母親にとって最高のタン・ブンの機会とは何なのだろうか。これという切札を、私も両親への親孝行をするに際して、どうも持っていない気がするのだ。これは親にとっても子にとっても不幸なことではないだろうか。結局、高い学歴をつけて少しでも金を儲けてよい家に住まわせて、というようなことになってしまうのか。精神的な報償としての親孝行といったものは、もう現代の日本社会では存在しないのだろうか。

同僚のピク・ナワカたちに、どうして僧になったのだい、と私がたずねると、きまってお母さんのためさ、と答えるのを聞いていると、なぜかほっと気持がなごむのを感じないわけにはゆかなかった。微笑ましいというよりも、もっと根源的なものを感じた。というのは、彼らは決して一時的な感傷から僧修行をしているわけではないからである。親に対してブンを送ることは、一種の義務である。しかし、この義務は無味乾燥な「制度」と化しているわけではない。それは成人式でもあるから、人生において通過しなければならない一つの段階として、自分自身の問題であり、一人前になるためには一度は通過しなければならない儀礼過程なのである。しかも、僧修行は厳然とした仏教の聖なる宗教的行為に他ならず、決して個人—家庭—社会—国家の世俗レベルにとどまるものではない。ブッダの教えを身をもって体得する神聖にして犯すべからざる行為なのである。

そこで、こうした一時僧になることの結果として何が期待されているかを、ごく一般的なレベル(といっても、私が直接会ったタイの人々の反応に基づくものであるが)での問題として捉えてみると、次のようなことがわかる。すなわち、

一、両親が息子の僧修行をみて大変幸せに感じること。

二、また当人も両親が自分に望むことを果すことに喜びと誇りを感じること。

三、この親と子とが互いに幸福に感ずることは家族の紐帯《ちゅうたい》を緊密にするが、それは同時にタイ国の国家的統合を促進するために重要な力となる。

四、僧修行に熱心に励むことによって修行をおえた後、新しい人間に生まれ変わることができる。確固たる宗教的信念とより鋭敏になった心をもって社会に出てゆくことができる。この新しい資格によってその後の人生を充実して生きることができる。

ここにも、個人―家族レベルでの結合の強化と国家レベルの統合の強化とが強調されており、僧修行の期待されるべき結果が明確なタイ・ナショナリズムへの期待と結びつけられている。個人―家庭―国家を一つのものとして把握しようとする意図がはっきりとしている。

さらに、修行をおえた次の段階が、新しく生まれ変わった人間の活躍に求められていることは、成人式の本来の意味を表わしているが、このことにはもっと複雑なものが含まれているようである。

どうして僧になるのか、僧になってどうするのか、といった質問の答がみな立派なことばかりで、言うならばきれいごとばかりの感じがするのは、けだし当然というべきである。なぜかというと、仏教がタイ文化・社会において圧倒的な聖なる導きとして占める位置を思えば、たんなる興味や精神修養からなしうることでないことが明らかだからである。社会科学者は、とかくこの「聖なる行為」の面に対する関心が薄すぎる。己れが権力のため、世俗の出世だけに生きるからといって、他人も同じだとはかぎらない。現代日本のこれ以上俗物になり切れないような研究者たちが、自分のかぎられた理解範囲を棚に上げて、異文化の内容に勝手な注釈を加えることはゆるされない。私もまたこのことをよく自戒しながら異文化における生活を送ろうと心に決めていた。イニシエーションである僧の一時修行といった現象を捉える場合にも、この研究者の側の偏向が反映しないとはいえないばかりか、その危険は大いにあるといわねばならない。

しかし、それはさておき、以上みたところからも、一時僧修行が、個人の問題であると同時にすぐれて社会的な問題でもあって、タイ人の国家意識と不可分の関係にあることがわかる。これはタイ人であっても異民族・少数民族出身の人々にはことさらに強く感じられることでもあるらしく、それはベトナム系や中国系の人々が、進んでタイ仏教への帰依とタイ国家への帰属を僧修行を行なうことを通して象徴的に表明しようとするさまに端的に示されている。

また国家の方もこれを重要なタイ化の現象を象徴する行為とみなしている。事実は山地の少数民族対策の一環として、山地少数民族の仏教化が重視されており、毎年、数百人の山地民の青年がバンコクの王立寺で集団でウパサンパダを受ける。タイ国への帰属意識の表明は何よりも仏教徒になること、すなわち、僧になることがもっとも効果的なのである。

だが、これは一般のタイ人にとっては決して強制的なものではない。テラワーダ仏教は一口にいうなら自力の教えだが、国家的な意味さえ含まれている慣行ではあっても、全体主義的な強制にそれが発展せず、個人の自発性にあくまでも委ねられた行為であることは、このテラワーダの性格とタイ文化のすぐれた特色といってよいかもしれない。日本やドイツならさぞ堅苦しい息づまるような全体主義的強制になっていたことであろう。僧になることは奨励されるべきことではあっても、絶対的な義務ではない。対外的にもよく知られるタイの知識人で仏教の帰依者としても有名な人が、あまりに僧修行のすばらしさと重要性を説くから、あなたはどれくらい修行したのか、と反問したところ、いやあ、私はサマネーラで二ヵ月程ワットにいただけですよ、と平気な顔をして答えた。恥かしげな様子も別になかった。

チュラロンコン大学における指導教授は、まだワットに入っていない、いつかそのうちに行なわなくては、とこちらの方はいかにもなすべき勤めをまだ果していないという表情であった。タイ語の家庭教師をしてもらったスクム君は、結婚前には絶対修行をする、そのために貯金しているのです、と婚約者の前で真剣な顔をして言っていた。

タイで知り合った友人たちの反応はさまざまであったが、総じて、すでに修行をした者は誇らしげにまた懐しげに修行の思い出を語り（たとえ、それが三週間のことであっても）、まだ行なっていない者は、必ずいつかはしたいといささかきまり悪げな表情をみせる者もいた。いずれにせよ、このことが気にかかっている問題であることは、明らかであった。

また私がワットを出てから半年ほど住んだアパートで働いてもらったスパンブリ地方出身のお手伝いさんは、同じアパートに働く同僚たちに、うちのナイハン（だんなさま）は修行をしたのよ、六ヵ月も、と誇らしげに自慢するのが常であった。

一人の人間が文化的社会的に成熟してゆくさまを計る指標の一つに、精神的な成熟を外的に画するこのような僧修行の「制度」が組み込まれている社会は、幸せだという気がする。すべてが権力欲と物欲だというのでは救われない。別の次元での評価基準を示すものが、やはり存在すべきではなかろうか。

自らをタイ人と同じ「成熟」の儀礼過程を通過してみて、私には三十をいくつか過ぎて何かほっとした達成感が初めておとずれた。その点でもタイ文化に接してよかったと心から思っている。

僧になることをタイ語ではブアットというが、この語はパーリ語のプペチャからきており、その意味するところは、「全体的な断念」である。実際にこのプペチャの意味することは、次のようなことである。

一、家を出て、家族と縁を切り、職業や一切の社会活動との関係を断つこと。

二、すべての楽しみを犠牲にし、世間の人々が楽しいと思うことから身を遠ざけて近づかないこと。

三、簡単にいうなら、「家」を離れて「家」なき存在となること、そして、ブッダが創始した僧の生活に身を捧げることである。その生活とは、前に触れた如く食物を貰いに行って得ること、廃棄された衣の切れから衣を作って着ること、木の下に住むこと。

などである。今日では僧の生活はかなり手厚く保護されてはいるが、基本的には、この原則を踏襲するものである。ワットに入れば、まずはじめにこのことを叩き込まれることであろう。こういう面での教化を抜きにしては、やはりこの一時僧制度の意義について語れないものというべきであろう。

私が感得したことの一切は、これに尽きるのである。

9
二人の僧

チャオクン・テープ師のクティは、ワット・ボヴォニベーの西隅にあるカナ・ケオ・ラングシーにあって、このカナ（いくつかのクティの群を統轄して一部門とする区分）には大体チャオクン・テープの弟子たちが住んでいる。私がこのクティの一隅に落着くと、はじめ僧として過ごすべき心得というか生活の仕方についてこまごまと教えてくれたのが、マハー・マヨムであった。マハー・マヨムはさしづめ秘書格にあたり、チャオクンのクティの二階に住んでいる。この僧は中肉中背の姿勢の正しい人物で、いつもすらりと独自の態度を保っていて周囲から一目置かれているようだった。付き合いも誰と特に親しいということはなく、ほどほどに距離を保っていて、ある種の誇りと冷たさを感じさせた。いわば優等生か秀才の雰囲気だったが、頭をまっすぐに立てた歩き方をみると、容易には他の干渉を受けさせない雰囲気があって、とうとう最後まで何を考えているのかよく解らなかった。けれども、必要なことはみな教えてくれて、先輩僧として実に有益な存在だった。彼のようなタイプは典型的な秀才官僚タイプといってよく、おそらくワット内だけでなく、タイ・サンガにおいて将来を約束された貴重な人材というべきなのであろう。

まだ二十八歳のマハー・マヨムは逆三角形の端麗な容貌の持主であるが、眼つきには他人を一応値ぶみするような油断のなさがあって、気楽な人柄ではない。身のこなし方には隙がなく、行動には落度がみられない。話し方はおよそ形式的であって、何か内容のあることと思われることを彼が言った試しがなかった。するりするりとした感触がどこを押しても感じられるのは、タイ人の一つの特徴であるとともにタイ官僚の特徴でもある。修行者に特有の宗教的禁欲的臭さは少しもなかった。

しかし、僧としての生活には欠点がなく、まさに内容よりも形式を地でゆく感じがあった。あるときマハー・マヨムの部屋によばれてゆくと、暑くてくつろいでいるのか半裸の姿でいた。諸肌を脱いだ上半身をみると、そこには見事な入れ墨が彫ってあった。といっても、日本風なものではないが、いくつかの字とか文様の入れ墨が彫ってあって、こちらはどきりとした。マハー・マヨムは別に隠すでもなく、こちらの日程をきいただけにしかすぎないが、私には何となくこの僧の内面が覗けたような感じがした。

マハー・マヨムの経歴はよく解らない。もちろん、僧となれば俗世間との絆は一切切れるのが建前だから、僧以前の来歴に関して知る必要はないし、語る必要もない。通常の生活においては、僧たちは自分たちのことを話したがらない。とはいっても、少し長い間の付き合いともなれば、徐々に個人的な話題は浮かんで来るものである。ただタイ人はプライバシーは人に示さないのが普通なので、ワットではなおのことそうした話題は乏しくなる。だが、僧になる前に何をしていたかぐらいのことは明らかになるのが普通である。個人生活については話題にするのを避けるが、僧たちが暇なときに談笑するときの話題はすべて一般的なことばかりで、宗教や仏教関係の堅い話など一度だって出たことはないのである。マハー・マヨムの入れ墨をみたあとで、そのことを打ち解けた仲の一人ワンドゥームに話すと、彼は笑って、マハー・マヨムは前に船員だったことがあるといった。どういう船員であったのか詳しくは彼も知らないらしかったが、それを聞いてなるほどと思った。

ある日、マハマクート仏教大学の構内で教室をちらりと覗くと、マハー・マヨムが立って若い僧たちに何事かを教えていた。その姿はいかにも楽しそうではり切ってみえた。実にいい先生だな、と私は思った。彼と仏教上の問題について話し合うことなど考えられない気がしていたが、そういうことと教えることとはまた別なのだ。そつがなく偏りがないという点で彼は指導者として適格であろう。また心情的でも信条的でもないという点でタイの仏僧として適性である。コミットメントを避けることの才能は、タイ社会で上昇するのにもっとも必要とされるものといってよい。

マハー・マヨムのことをながく記したのは、偶然私の身近な先輩僧となって面倒をみてもらった彼の裡に、タイ人僧の成功型の典型をみたからに他ならない。マハー・マヨムのように、信仰や思想や人間関係に激しなく熱しない性質の中にタイ社会における僧というものの存在が浮かび上がってくる。そしてそれがタイ人の典型であることも理解されてくるのである。

こうしたマハー・マヨムと対照的な存在であったのが三十二歳のマハー・ニベーであった。僧となって最初の夜、マハー・ニベーがはじめて私のところへやって来た。昼間、生活上の要領はマハー・マヨムが教えてくれたのだが、僧としての戒律上教義上の指導は、マハー・ニベーにチャオクンが命じたらしい。小さなくりくりと光った黒い眼の小柄な坊さんで、先に記したが七月にインド留学から帰って来たばかりであった。

彼が『ナーワコワーダ』の基本律の手ほどきをしてくれたのであるが、インドではベナレスのカレッジで二年間パーリ語学と歴史を学んできて、マスター号をとって来たとのことであった。この人は外国好きで、英語が巧みであり、年齢も近い（私より一つ年下）ところから格別に親しみをみせてくれた。

マハー・マヨムと異なって、彼の性格は外に向って開かれていて、気軽に話ができた。彼はアユタヤの出身で自らいうように極貧の農家に生まれたから、デク・ワット（寺小僧）になってかろうじて上級学校へ進むことができた。十六歳までアユタヤのワット・スラケットでデクをやり、それからサマネーラになって、十九の時に高等教育をうけるためワット・ボヴォニベーのチャオクン・テープのところへ送られ二十歳になってすぐ僧となった。彼の場合、ワットと僧の僧院ルートがなかったら到底高等教育をうける機会には恵まれることはなかったわけである。勤勉な人柄であり、パーリアン・ジェット（僧パーリ語国家試験第七級）の資格をもつ彼は年齢的にいっても、ワットを背負う将来の期待される幹部僧であって、インド留学もそれを見込まれて選抜されたのであった。

しかし、マハー・ニベーの眼にはマハー・マヨムのように冷徹な光はなく、すぐれた知性を示す輝きに満ちてはいるものの、内心の動きがそこにはそのまま現われていた。その眼の表情が語るところでは精神の動揺をきたしているところがどこかにあり、僧生活を続けてゆくことに疑念をいだいているようにもみえた。

いく夜もワットの用水路のほとりやクティのヴェランダで彼とは語り合ったが、彼の関心はワットを離れて広く外の世界に向けられ、日本のことや西欧のこと、そして将来の生活のことにおよぶのだった。そして、いつも結びのことばは、

「君は修行がおわっても帰るところがあって、する仕事もあって、いいなあ。ぼくは全部これからだ。何も決まっていないんだからなあ。どうしたらいいか、よく解らないんだよ。」

はじめのとき私は驚いて、「だってあなたは立派な僧ではありませんか。インド留学も果して、これから立派な幹部僧としてタイ・サンガの支柱となる身でしょう。」とたずねると、彼は苦笑しながら、

「そんなつもりで僧になったのではないのだ。貧しい農家に生まれた者にとって少しでも勉強できるところはワットしかなかったし、サマネーラや僧になるのはそれよりほかになりようがなかったからだ。自分ではもう十分修行もしたし、僧院に留ることにあまり意味がなくなった。」

「だけど、どう考えても十年以上もワットにいて、いままでの経験がもったいないとは思いませんか。あなたのような僧はあまり沢山はいないから、タイ仏教にとっても、あなたが僧をやめてしまうなんて大変な損失じゃないですか。」

「いや、そんなことはないよ。ワットから出てゆくチャンスがあれば、ほとんどの僧は出てゆくかもしれないのだよ。たしかにこれまでやってきたことをふいにしてしまうのは気が進まないことは事実です。しかし、私の気持としてはインドでマスター号もとってきたし、いまが一般社会に戻ってゆくチャンスだと思っているのですよ。ながい間、そう考えてきたのだから。」

こういう彼の表情には後めたい感じは微塵もなく、あくまでもその論理ははっきりとしている。

僧修行を内面的な反省としてとらえるというよりも、そこにははるかに一つの生き方ないしは手段であるとして割り切っている姿勢が明らかにある。じめじめとしたところや信仰と現実の矛盾に悩むといった要素はまずみられない。内容よりも形式であり、そして形式としての修行においては「完全」であろうとする。

しかし、この形式は必ずしも内容を規制するものではない。私の感じでは形式本来の目的は内容をつくり上げてゆくことにある。形式は内容を規定する。だが、半ば習慣化した形式だけの尊重は外観上はさまになるようにみえて、実質的には内容の空洞化をまねく。いつまで経っても内容は未熟のまま形式だけがさまになってゆく。そこには形式と内容の相互交流はなく、互いの背反がむしろ進行してゆく。しかも、そこには内省的なものが介在しないから、両者の背反は自然な形で定着してしまう。驚くべき明るさ、というか、あっけらかんとした姿勢がそこに出てくるのである。

仏教には「神」がない。それはいかなる絶対者の存在も認めない。修行だけが唯一の手段である。それは宗教としてはまことにすばらしいことである。人間だけが究極のところ頼りになる存在である。人間による人間の限界への挑戦であるといってもよい。

もちろん、そうはいっても現実に存在する宗教としての仏教には、さまざまな要素があることは別に述べたとおりである。だが、ワットにおける専門家の修行としての仏教には、少なくとも表面上は仏教のこのリゴリズムが生きているといってよいであろう。若い僧の修行生活には、そこから絶対者への帰依といった献身を求める強制は一切みられないことはいいとしても、そうした内面的な信仰の欠如が単に外観上の形式主義に陥る危険は大きいといわねばならない。こうした場合、外観上の整合性ばかりの形式主義は、内実に関するまったくの無関心を生む。
さらにそれが「伝統」化すると、形式上の辻褄合わせは単なる方便と堕してしまう。堕するというようないい方は、いかにも合目的的な倫理的優越主義に拘泥するようで嫌なのであるが、まさにその通りで堕することの意味が実は違うことを知る必要がある。というよりも、多少なりとも内面的な響きをこの言葉にこめるならば、これを用いることは適当ではない。あくまでも外観上の形式が崩れるかどうか、方便が方便として叶っているかどうか、に堕するか否かの判断がかかっているのである。

その点、私を驚かせ嘆かせ心配させもしたマハー・ニベーの言は、まさに形式的には決して堕するものではなく、変にこちらが彼の内面を忖度《そんたく》したりすることは、むしろ不必要であるというよりでしゃばりもいいところなのであって、こちらのそうした態度や考え方こそ形式上危ないものとさえいわなければならないのである。何も他人の内面までこちらが想像して心配することはない。それよりも自分のことをまっとうするようにせよ。それこそ堕することではないか。

そこでマハー・ニベーのいい方に当初面食らったものの、徐々にこの辺の論理が呑み込めてきた。そこで、

「じゃ、タン（僧をよぶときの敬称）はもうスック（還俗）する決心でいるのですか。」ときくと、

「いや、まだ決めてない。スックしたいのだけど、条件がよくない。スックしたあとのことが決まってないから、なかなかできないので。」

というのが、彼の苦悩の正体であって、スックすることにまつわる信仰上の、また内面上の理由か

らではないことは明確であった。

マハー・ニベーとこういう話し合いを交しはじめたのは、それでも修行の一ヵ月目くらいからだったけれども、いわばタイ仏教の社会学的な意味を体現するような彼の経歴も含めて、彼にはどこか人を惹きつけるところがあった。自分の苦しみを隠そうとしない態度には親しみを感じたのだが、先輩僧の中でそうした面をみせるのは他にいなかった。後述するチャイニミトーのようなピク・ナワカの場合はいざ知らず、マハー・ニベーのように十何年ものキャリアのある僧の言動としては珍しいことに違いない。形式主義はそれを十年も守り続けていれば、一般に期待される内実の達成という方向とは別に、骨髄まで浸み透ってしまうものなのである。

マハー・ニベーのあっけらかんとした「俗っぽい」関心の表明と、僧としての行動にみられる形式上の完全さとは、タイの僧たちの一般的な特徴といって差支えないことだとやがて納得できたが、近代社会に育った、というか、近代教育の中で育った、とかく「思想」本位に事物を捉えようとする人間にとっては、このきれいさっぱりとした二つの面の使い分けは、なかなか理解できないことだった。

宗教とか信仰とかいうものを、内容本位のものとして考え、行動のものとしてより内面の問題としてしかみない傾向が私たちの場合には強い。タイ人僧の割り切り方をみて違和感を覚えるといっても、それは信仰というものに対して私たちが要求するものが、余りに観念的であるところからきていることは事実であって、実際、翻って自分たちのことを考えてみるならば、いうことと為すこととのアンバランスはインテリになるほどひどくて、ぶつぶつ割り切れないことをいいつつも、現実にはけろりと割り切った生活をしているのが本当の姿なのである。観念的な思想の世界に生きて、この矛盾については生活の問題としてみていない（思想と生活を切り離す）から、タイ人僧の言動に接して、まず自分の現実を離れた観念的なレベルで批判をしようとしてしまう。

こういう習性がとてもインテリとはいえない私のような人間にまでも、近代教育の環境の中で育ってくると、いつしか身に浸みついてしまっていた。それに思い至ると、私は一度に自分が恥かしくなった。私はこうした悪性に浸っている。悪性を捨てなければならない。悪性を捨てるといっても、あっけらかんと割り切ってしまうことがよいわけではないに決まっている。ただ、マハー・ニベーのようなタイプの僧に接して、信仰の内実という問題から思想と行動の問題へ少しばかり反省をさせられ、自分の問題としても大いに得るところがあったということなのだ。彼の言動に違和感をいだいて批判的にもなったけれど、それは何も自分がその批判から外れた存在ではありえないということを改めて認識させずにいなかったのだ。

ある日、マハー・ニベーが来ていった。

「スックしたいと、チャオ・アオ・ワットにお願いしてきたのだけど、パンサーがおわるまで待て、よく考えろといわれたよ。」

「チャオ・アオ・ワットはゆるしてくれないのですか。」

「いや、よく考えろといわれた。」

と心なしか沈み込んでいる。ワットではチャオ・アオ・ワットが文字通りの全権を握っているから、僧の進退も彼の裁量如何による。しかし、僧であることをやめたいと申し出る者に拒否することはできない。これだけは明らかなタイ・サンガの仕組である。

いまのチャオ・アオ・ワットはすばらしい僧であり、とくに自分に対しては厳格この上もない人物ではあるが、その模範例を他の僧が参考にしているとはいい難い。慈父のような性格があって、ピク・ナワカの場合であっても、彼らのスックの時期が近づくと淋しくてしようがないと嘆かれる人柄である。ましてマハー・ニベーのように十数年もこのワットにいる将来を見込まれている僧が出ていくということに対しては、内心穏やかではないに決まっている。いくらタイ・サンガの制度ではあるといっても、年々マハー・ニベーのような僧は少なくなっているのであり、現にこのワットでも三十歳代の中堅僧は数人しかいない。その中でもパーリアン・ジェットの資格を有するマハー・ニベーと同じような有能な僧は他にいない。その点ではチャオ・アオ・ワットの気持は十分に察することができるような気がした。

マハー・ニベーは、僧であることをやめた後も、インドでとってきたマスター号を生かして（タイ社会は一種の「高学位」崇拝社会である。日本のような高学歴社会とは異なるが、学号への関心は並外れたものがある）、マハマクート仏教大学の講師となることを保証され、私がスックして二ヵ月目にスックした。その後、外国への思い諦められず、シドニーのワットができてカンティパーロ師が責任者として赴いたのにお付きとして同行して、シドニーに行った。

十数年の僧歴をさっぱりと捨てた日の午後にはヨーム（僧のパトロン、後援者）から贈られた新調の背広に身を包んで、さっそうとワットににこやかな笑顔とともに現われた。そこには十数年の僧歴を感じさせるものはなく、ただ頭だけはまだ青々と剃ったままに光っていた。アユタヤには将来結婚したい相手もいるとの噂だった。その変り身の早さは見事であった。けれども、タイでは多かれ少なかれ、これは自然そのものなのである。

マハー・マヨムはマハー・ニベーのスックの儀式にも立ち会っていたが、終始無言で、何を考えているのか皆目見当がつかなかった。マハー・ニベーがとうとうやめてしまいましたね、というと、ただ笑っていた。

10

僧院の構造

ワット・ボヴォニベーの正門は、特別の祝日以外はたいてい閉じられている。プラ・スメル通りに面した正門の前には、通りかかる人々が捧げる線香や花が常に置かれていて、早朝や夕方にはその前にひざまずいて何事かを祈念する男女を必ず見かけずにはいない。

正門は半月と満月の日は開かれる。だが、そこから中に入ることはできなくて、金網ごしに中が覗けるだけである。カオ・パンサーなどの祝日には、その金網も取り除かれて出入することができるようになる。

タイのワットの形式通り、正門を入るとウポサタあるいはタイ風の発音でいうとウポーソ（本堂）があり、その後方にチェディ（仏塔）が建っている。この二つは互いに接して建てられてあり、正面を除くとさまざまな建物によって取り囲まれるようにして建てられている。これがワットの中心で、他の部分と比べてより聖なる部分とされている。僧たちはウポサタの後方へ行き、チェディの前を通るときには、サンダルを脱いで裸足になる。これは僧に対してだけで、どういうものか、一般の人々は履物をはいたままでよい。

正門の三角屋根には守護霊《デーワ》の飾りがついていて、しっかりと外部からウポサタとチェディを守っている。正門を入って右側に外壁に接して小さな堂が建っていて、「黄衣を脱ぐ御堂」とよばれている。この小堂は重要な意味をもつもので、こうした小堂のあるワットは王立寺であるばかりでなく、王自らカチン儀礼（僧に黄衣を捧げる儀礼）に赴いて来るところであることを示すものである。今日ではプミポン現国王はロールス・ロイスでやって来るけれども、かつて王は金色のかつぎかごに乗ってやって来るのが慣例であった。こうした慣行は廃《すた》れてしまっていたのだが、戦後唯一回だけ復活したことがあった。それは一九六三年の十二月五日に国王プミポンの三十六回目の誕生日（三回目の輪——十二支の回転を一回とする）に際して行なわれたもので、国王の行列は昔のまま金色のかつぎかごに乗る王を中心にしてバンコクの街をめぐり、ワット・ボヴォニベーにも立ち寄った。そのときに国王はこの小堂を通ってウポサタに入り、中のブッダ像に拝礼したのである。もっとも、私が在籍していたときにも王は五回このワットを訪ねられたが、私のみるかぎり、この小堂を使われたことは一度もなかった。

さて、正門に面したウポサタであるが、ワットにおいてウポサタが一番重要な建物であることはいうまでもない。そこでウポサタについて少し詳しく記しておきたい。

ウポサタは中国式の屋根をもつが、これは通常のタイのワットとは異なるものである。その理由は明らかでないが、このワット建立の最初の寄進者の好みによるものといわれている。ここにも一種外国趣味が発揮されているとみることもできる。建物は四つの翼面をもっていたが、後方のチェディを作るときに削られて現在では三面であり、北側に多少出張った格好となっている。もともとは煉瓦と漆喰で作られていたが、近年改築工事が行なわれており、それが完成すると総面大理石造りの建築になる。現在は工事のため隠されているが、部分的に見られるところから想像しても、大変壮麗な建物になるものと思われる。

ウポサタへの入口は左側にあり、ブロンズの蛇が西側に一匹ずつ配置された階段を数段登るとシーマ（ワットの霊的礎石とでもいおうか、タイ・サンガが正式にみとめた霊的区分であり、これがあるワットだけがウパサンパダを行なうことができる）がみえる。そこにこのワットの礎石が埋められているわけである。破風の先にある台座には王冠と王権の徴しがあり、これはモンクート王を象徴するものである。

さて、中へ入ると正面にそびえるのが、タイ国でも有数の美しく古いブッダルーパ（ブッダ像）であるプラ・ブッダ・ジナシーハである。このブッダルーパはスコタイ期のもので、一二五七年から一三七七年に至る間に制作されたものといわれているが、その起源についてはスコタイ王朝五代目の王リー・タイまたはマハー・タンマラーチャの伝説と結びつけて語られている。伝説によると、一人の王が北方から降って来てスリ・サチャナライという名の都を襲い征服して、そこにピサヌロークという町を作った。彼はそこで奇蹟的に美しい三体のブッダルーパを作らせたが、その制作にはおそらくデーワ（神）が人間の形になって手伝ったものといわれている。

もともとリー・タイ王は父の命令でスコタイからここへ派遣され、スリ・サチャナライを統治したが、間もなく父王が亡くなると、スコタイの都は混乱状態に陥り、反乱が起ったので、やむなく彼はピサヌロークを退き、スコタイで王位に就くべく帰った。

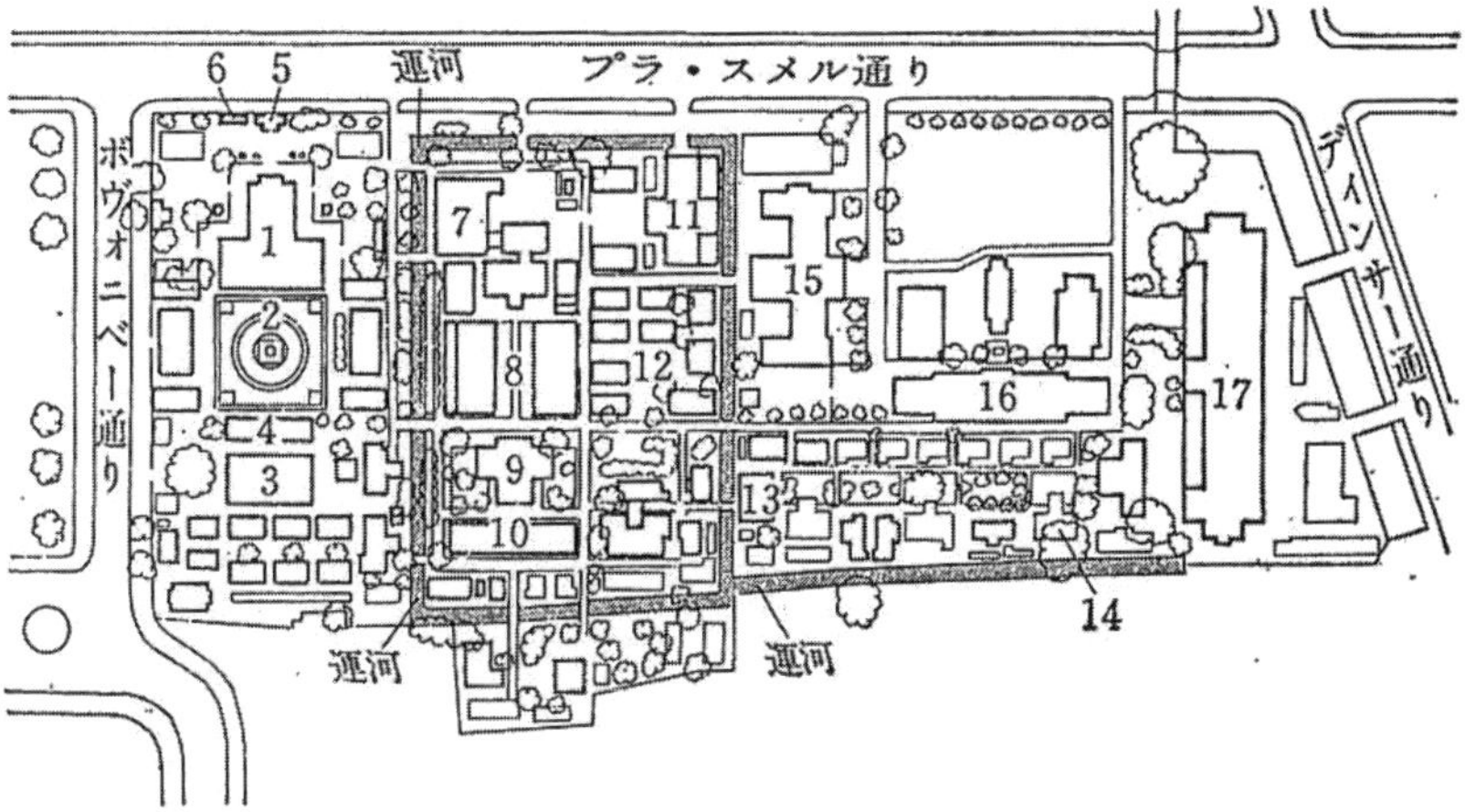

ワット・ボヴォニベーの構造

1. ウポサタ堂（本堂）
2. チェディ（仏塔）
3. プラ・サーサダのヴィハーラ
4. ジェンのヴィハーラ
5. 正門
6. 黄衣を脱ぐ小堂
7. タムナク堂（ダイアモンド講堂）
8. クティ・サハチョーン（王様のためのクティ）
9. 下部のタムナク堂（会議所）
10. クティ・カナ・スーン（私のクティ）
11. 博物館
12. クティ・カナ・デン・ボヴォーン（もっとも美しいクティ群）
13. ソムデットのクティ
14. チャオクン・テープのクティ
15. マヌサーサナーガ男子小学校
16. マハマクート仏教大学
17. ワジラニャーナウォンセ記念講堂（ワット・ボヴォニベー男子小学校）

注、他の小さな建物はみな僧のクティであるリー・タイは信仰に厚く篤学の人でもあり、仏教の聖典に通暁していた。そのためにマハー・タンマラーチャ（偉大なるダールマの王）とよばれた。

ところで、彼が作らせた三体のブッダルーパは、親指を除く四指がみな同じ長さに作られていることが特徴である。このことは聖典にブッダの特性として記されてあったのだが、リー・タイが聖典を研究してその事実を知るまでタイでは誰も知らなかったのである。また黄衣の端が掛かる形姿は、セイロンの典型的なブッダルーパの形である。そこからみて、このブッダルは明らかにセイロンから仏教がタイへ渡来した後のものであることがわかる。だがもしその時期だとすると、一三五〇年頃と思われるリー・タイ王のスコタイ王朝五代目に即位した時より後になる。いずれにしても、正確な制作年代は明らかではないが、スコタイ期のものであることは明らかである。

リー・タイの命令によって作られた三つのブッダルーパは、プラ・ブッダ・ジーナラーチャ（勝利に輝く王ブッダ）、プラ・ブッダ・ジナシーハ（勝利に輝く獅子ブッダ）、プラ・スリサーサダ（偉大なる師）の三像であるが、三体そろってピサヌロークにあるワットで発見された。この中で最初の像はピサヌロークのそのワットにおかれてあり、その正確な写像はラマ五世によって作られてバンコクのワット・ベンチャマポピトゥーにおかれている。

プラ・スリサーサダは後述するとして、このウポサタの中心に坐するプラ・ブッダ・ジナシーハについて記すことにしよう。このブッダルーパは、永い間ピサヌロークのワットにそのまま置かれていて、歴代の国王はリー・タイ王以後これに参拝することが習慣となっていた。この習慣は、スコタイ王朝が崩れてアユタヤに王都が移ってからも続けられた。

しかし、バンコク王朝になってから、ワット・マイを建立した副王が格別このブッダルーパを好んで欲し、一八二八年か二九年にそれをバンコクへ持って来た。ワット・マイにはすでに中心に位置するブッダルーペがあったから、止むなくこれは南翼に置かれたが、一八三八年に初代のワット長モンクート王子がその美しさと光輝ある歴史を尊んで、ラマ三世の特別の許可のもとに、ウポサタの中心に移し、ちょうど前からあった巨きなブッダルーパの前部に置くようにした。

だから、今日みられるように、ジナシーハがまず置かれ、その背後にいま一つ別のブッダルーパが影のようにそびえている。こうした二つのブッダルーパが重なるようにして置かれているのは珍しい。しかし、背後にある地味で巨大なブッダルーパが輝かしいジナシーハを守るようにもみえ、このウポサタに特別の雰囲気をかもし出しているようだ。訪れる人は誰しもプラ・ブッダ・ジナシーハを拝むが、黄金に輝く比較的小さなジナシーハは、その後ろにゆったりと構えているいま一つのブッダルーパをもつことによって、その存在を際立たせているようにみえる。ジナシーハ一つだけでは、それが華麗であるだけに頼りない感じをあたえるかもしれないのである。

この背後にあるブッダルーパも、ペチャブリ地方から副王によって持って来られたものである。これはルアン・ポー・トゥ（偉大な王父）とよばれ、ペチャブリのワット・スラ・ターパンにもともとあったものである。そこでは、このブッダルーペはプラ・ブッダ・スワンナケットという名前でよばれていたらしい。このブッダルーパは巨きいので運ぶときにはいくつかの部分に解体せざるをえなかった。私はこのブッダルーパの一種大らかな超然としたたたずまいが好きである。ジナシーハは美しいが寛容さに欠ける。夜、ウポサタに一人で入ってこの二つのブッダルーパの前に坐っていると、金色のジナシーハよりも、いつの間にか背後の薄暗闇から見下ろすルアン・ポー・トゥの姿がおおいかぶさってくるような気がしてくる。そのおだやかな眼がじっとこちらの存在の底まで見透すように見詰めており、その視線の中にすべてが吸い込まれそうな感じになることがあった。ときとしてそれは恐ろしくもあったが、その大きな眼が見下ろしているのを下からみつめていると、一種名状し難い陶酔にも似た感覚が五体を満たすのを感じるのだった。いついかなる時でもワット・ボヴォニベーに立ち寄るときには、私はウポサタに入れてもらい、一人この二つのブッダルーパの前に坐る。

さて、プラ・ブッダ・ジナシーハの前に三体の小像があるのが眼にとまる。これらの像はやはり僧像であるが、いずれもワット・ボヴォニベーの偉大なワット長の姿である。正面に向かって左からクロム・ルアン・ワチラナーナウオンセ、クロム・プラヤー・パワレス・ワチラロンコーン、クロム・プラヤー・ワチラナーナワローラサである。このうち、後二者はラマ六世の命によって作られ、一九二二年におかれたが、最初のは現国王の命によって近年になって付け加えられたものである。

ウポサタの中央に坐ると以上のような像が目に入ってくる。それらの前段には造花やろうそく台などの三重の飾台がしつらえられてある。そしてさらに注意深く見ると、その中央列の一番上の台座にはごく小さいが重要なブッダルーパのための金の台座が置かれている。そこに置かれるためのブッダルーパは、プラ・ニランタライ（厄除け）であって、これはプラチンブリ州で発見された黄色のブッダ像をモデルにしてモンクート王が作らせた十八体のブッダルーパの中の一つである。

十八という数は、モンクート王が統治した年数であり、彼はこれらのブッダルーパをタマユット派の各ワットに送るつもりでいた。彼の死後、チュラロンコン大王は王父の遺志を尊重して金の台座に各々の像を位置づけタマユット派の各ワットに送った。

それらの像を送られたワットは最初の頃は公開していた。それはその名前に由来する力があると信じられていたためである。だが、現在では台座だけで、御本尊は仏教博物館（このワット内にある）に移されている。これは一種の呪像を排しようとする宗教合理化の運動によるものである。だが、それは愚かな風潮だ。プラ・ニランタライは眼を閉じ口を結んだ小像で、ナーガの扇状に開いた傘につつまれていて、少しぴりっとした感じがある。呪力はこのあたりに宿っているのだろうか。私はたびたびこの小像の前へいって拝礼しつつ、その力にあやかりたいと願った。けれど、もちろん、返事は一度も貰えなかった。しかし、御加護は頂いているのかもしれないと時として思うこともある。

タイ人の信仰においてブッダルーパは非常に重要な位置を占めている。ブッダルーパそのものはブッダのさまざまな形姿をかたどったものにすぎないのだが、各々の像にまつわる故事来歴や伝説が喧伝されて、そのお力にあやかろうとするのである。なかでもプラ・ニランタライのような由緒のあるものは珍しく貴重なものであって、ウポサタにある台座から移されたことは私にとっては重々残念である。プラ・ニランタライそのもののウポサタにおかれてある方がどれほど輝き映えるものであることか。

ところで、タイの主要ワットの特徴の一つにウポサタ内部の壁画の存在があげられる。ワット・

ボヴォニベーにも見事な壁画があり、それはこのワットの性格を示すものでもある。

壁画のなかでもまず眼を惹くのは、入口に近い北面に沿って立つ六組の四角い支柱に描かれたものである。これらの絵の宗教的興味は柱の色そのものによって表示されている。それらは人類の宗教的発達の各段階を現わすものである。柱の各列は六段階に分けられた宗教的発展段階の各々を示しており、花のデザインで濃く塗られてはいるが、柱そのものの元来の色は、そこに描かれている場面の登場人物たちの「色」つまり「心の状態―チッタ」を表わすものである。

以下、簡単に各柱に描かれた場面を説明してみよう。まず第一の柱は、墨色に塗られているが、その上に描かれているのは、単なる遊びのために狩猟し、動物を殺すおよそ徳のない行為に耽《ふけ》る人々の姿である。第二の柱は青であるが、そこに描かれた人々は一応正義に対する関心はあるけれども、罰を受けるまでは犯罪の本質について真剣に考えようとはしない。第三の柱は赤色に塗られてあり、そこでは四つのカースト（貴族、祭司、商人、労働者）に分かれた人々が真の宗教を求めている。第四の柱は黄色であって、純粋な心をもつ人々、すなわちウパシカ（男性信者）とウパサコ（女性信者）のような人々が、真の教えと道徳律を学んでいるところを示している。第五の柱は灰色がかった白色で、俗界の職業を棄て僧や聖者になった人々が精神的救済だけをひたすら求めているところが描かれている。第六の柱は純白で、そこにはブッダやアラハンのようなもっとも高度な宗教的境地に達した人々の姿が示されている。暑熱と湿気によって所々剝げ落ちてはいるが、まだこれらの柱画は鑑賞に耐えられる。色彩の二重の意味はシンボリズムとしても興味深い。

壁画は正面を除く三面に描かれており、上部と下部の二つに区分されている。上と下とでは絵のモチーフが異なるのである。

まず下部区分の絵からみてゆくと、三面ともタイ人の仏教信仰の実践の有様が絵の題材となっている。大体、それに関して十五にわたる一連の行動様式が中心的モチーフとして看取できる。絵は正面のブッダルーパに向かって西方つまり右側から始まっている。

内容を順に従って簡単に触れてゆくと、まずウパサンパダ儀礼の準備の様子が描かれており、次に儀礼中の重要な部分である質疑応答の場面（人間か獣か）、そしてアヌサーサナの告示（なすべき四つのこととなしてはならぬ四つのことに関する訓戒）をウパサンパダ儀礼を無事すませた新しい僧に長老僧が行なっているところ、そして、新僧の日常修行（ウポサタでのスワットモンや先輩僧の忠告に聞き入るところ）の場面が続く。

第四番目の場面に移ると、それはパーティモッカ（僧の戒律）の暗誦に列席する新僧たち、さらに俗人の男女がタン・ブンにやって来るところ、またウパチャーヤ・ワット（授戒者ウパチャーヤに対する義務）を行ない、そして、長老僧が新僧に教えを垂れているところと僧生活を助ける子供《デク》たちに教えているところの場面が続く。

次にパンサーの場面となり、かつてパンサーを僧として過したことのある人々が、以前の師《グル》のところへ捧げ物を持って来ている。他の一般の人々もこの期間はワットをしばしば訪ね、スワットモンや説教に聴き入っている。太陰暦十二月の満月の仏教祝日の日になると、ドゥタンガ修行（森にこもって瞑想だけの修行をおくること）を行ない、またジャングルのワットでひとり修行に励んでいた僧たちが最寄りのワットへ来て、サンガの活動に参加し、一般の人々はクラ・タング（ろうそくや線香を載せた小舟）を河に浮かべる。このようなパンサー期間中の行事の場面が続いた後、いよいよパンサーが終りに近づく。それはカチンの儀礼（僧に黄衣を捧げる儀礼）の描写によって締めくくられる。

さらにカチンが終った後も同じような奉納品の儀礼が続く。とくに木の枝の上に奉納品をおいて、それからパンサーを終えた僧に捧げる儀式が描かれているが、これはブッダの時代に行なわれていた僧の行動を表徴するためのものである。というのは、ブッダ在世当時には、僧たちは黄衣を得るために人々が打ち棄てたごみの中から衣類の断片を蒐めて衣としたり、墓場で死者のまとっている衣類をとってきて黄衣としていたからである。それは僧たる者の義務であった。

パンサーの次に、ワットや聖なる場所で特別の日に祝われる仏教祭日の有様が描かれている。なかでもとくに六ヵ月目の満月に祝われるウィーサカ・プージャの模様が描かれている。ウィーサカ・プージャは一日の祝日だが、その一日にブッダの生涯における三つの重要な出来事を祝う。すなわち、誕生日とニルヴァーナへ達したさとりの日、そしてブッダの死んだ日である。

さて次はパンサー後の僧たちの生活である。僧たちはパンサーの三ヵ月半こもったワットを出て地方のワットを訪ねて行ったり、ワット・カマタン（瞑想寺）を森の奥に訪ねて瞑想一本槍の生活をおくる。こうした禁欲生活の修行に明け暮れする実践をドゥタンガとよぶ。こうした場面の次に、僧の行動の両極端が描かれる。一人の僧はヴィナヤ（戒律）に照らして大きな誤りをおかして自らを浄化しようとしている。それに対していま一人の僧は、サマネーラやデクたちに対して読み書きを教えている。

ところで、このように描かれてきた一連のタイ人の仏教信仰生活図絵の最後は、古くから伝わるおかしな逸話でしめくくられる。その話とは、大変やせ細った一人の病人が、ある日、一団の僧たちが談笑しているワットの前を通りかかる。と、その中の一人の僧がそれをみて、いう。「砂糖の友達がやって来たぞ。間もなく砂糖が貰えそうだ。」

これを聞いた病人は非常に立腹する。というのも「砂糖の友達」とは彼が間もなく死ぬということを意味しているからだ。つまり、そうして死者が出ると、僧たちは葬式に招ばれてゆき、式後に砂糖の捧げ物を貰うことになるのである。

そこでこうした嘲弄《ちょうろう》を受けたその病人は復讐を期し、病気が回復するのを待ってから、彼が病気で死んだという嘘の噂をまきちらした。そして、使者をワットへやり、かつての僧たちの中から四人をよんでスワットモンをしてもらいたいと請うた。葬式のスワットモンは通常四人でする。彼は棺の中に棒を一本もって横たわり、僧たちが来るのを待った。やがて僧たちが到着し、着座し、スワットモンをはじめた。俗人が変装した幽霊は棺の中で幽霊の音を立て、手に棒をもって棺の中から現われた。それをみた僧たちは仰天して逃げ出し、そのうしろを変装した幽霊が追っかけた、という話である。この絵は僧の傲りを戒める話を巧みに描いている。

全体として各々の場面の壁画は完全に保存されているとは言い難いが、今日でも筋を追うことは十分に可能である。青味がかった色彩でけばけばしい感じはあたえず、洗練された感受性を覚えさせる性質のものといってよい。

さて、三面の壁画の窓枠や戸口より上部に描かれている場面であるが、これは十六の部分に区分されていて、このワットを訪れる者に特別の興趣を感じさせずにいないものである。というのは、この十六の場面はみなその描き方とスタイルにおいて西欧風のものであるからである。

この西欧風の壁画はみなモンクート王がワット長であった当時に描かれたもので、イン・コオングという老画家の手になるものと考えられている。だが、実際にどのような人物がその老画家に命じてこれらの西欧風の場面を描かせたのか、またこれらの場面のもととなったものは何であったのか、ということは一切明らかではなく、神秘に覆われているのである。ただ、モンクート王がこうした当時の宗教環境においてもまったく異例な現象を許したことは間違いない。これらの場面の基となったものは、その頃タイ国へ来ていたキリスト教の宣教師たちが、モンクート王に献上した本の中からとってこられたものであろうということである。モンクート王は西欧の宣教師たちとも親しく交流していたし、彼らから西欧文化や英語を学んでもいた。事実、彼の英語の知識と能力はかなりのものであったといわれている。

いずれにしても、ここに描かれている場面はみな仏教上の重要な事象ばかりであって、ブッダの美徳と彼のダールマの教え、そして彼の弟子たちの集団であるサンガ、この三つを象徴するものなのである。

その西欧風スタイルとこうした仏教のモチーフは微妙に組み合わされている。例えば最初のパネルは、患者を診断している医者の場面であるが、これが病人の病んだ精神から悪霊を逐《お》い払い浄化する者としてのブッダを意味するわけである。絵そのものは西欧的スタイルに終始しているのだが、それの示すことはみな仏教のテーマである。次のパネルは、ほこりにまみれた村で汚れた人々が雨雲が近づいたので喜んでいるところであるが、そこで再びブッダと彼のダールマが輪廻転生のサイクルに縛られたこれらの不道徳な人々をさとし清浄にしようとしているさまが示される。

場面は変わって競馬の描写となるが、それはブッダの特性の一つである人類の最高の調教師という モチーフを示すものであって、競走におけるもっともよく調教された馬たちの姿が表示されている。このようなやり方でその次に続くいくつかの場面が描かれている。矢で射たれた人々の身体から矢を抜いている医者、人々を愉快にさせようと熱心に説く説教師、眼に入ったごみを人々から除いてやっている医者、満月の光を浴びながら珍味を食べあっている仲の良い人々。

こうして七つのパネルが満たされた後、八番目のパネルになると、二つの部分に分けて描かれている。つまり、まず上の方に、薬で治った人々が伝説上の山の上だけに見出されること、そしてその下に、子供たちにお金を分けあたえている両親の姿がある。続いては、湯浴みをして美しく着飾った王子の姿があり、さらに暗黒の世界の上に輝く太陽、耕作の土地を用意するために不用の樹木を焼き払う一人の男、すべての人に何でも赦しあたえている者、平和と喜びの場所へ到達するための最善の途を従う者たちに指し示している一人の男の姿、一般の人々に金銭をあたえている一人の金持、大洋を越えて無事港へと秀れた船長によって航海してきた宝物を満載した船、さまざまな人々に教えられた金山――つまり、いく人かの人々はすでに貴重な鉱物を抽き出している有様と美しい芳しいロータスで満たされているが飢えた蜂が群がる巨大な池、などの場面が展開され、最後に、金山で宝石の鉱脈を掘り尽している人々の姿が示されている。こうして上部の十六のパネルに描かれた場面は完結する。

ところで、このように上部と下部に各々題材を変えて描かれた三面にわたる壁画の最上部には、空を表示して雲の上にデーワ（守護神）たちがいるところが描かれているが、それは、ブッダルーパの背後の壁面に（正面からは隠れていてみえない壁面となるが）描かれているデーワの世界の出来事と結びついている。そこではブッダのさとりを喜ぶデーワの姿が描かれており、このモチーフは大抵のワットの壁画に見出される一般的なものなのである。

ワット・ボヴォニベーの壁画の注目すべき特徴となると、西欧風なスタイルで仏教の題材を描いた風変りな画面ということになろうか。この風変りなところにこのワット自体のタイ仏教界における位置づけが象徴的に示されている。近代化と国教としての仏教の存在との本来相反するような要素の、奇妙で矛盾に満ちてはいるが必然的でもある結合の有様が表わされているといってよいかもしれない。

ウポサタの左右の翼部は小堂になっていて、いずれも両脇に弟子を従えたブッダの立像が安置してある。これらのブッダ像は古いもので、今日知られるところではラマ三世の時代にこのワットの前身であったワット・マイを建てた副王がどこからか持って来て安置したとのことである。

ワット・ボヴォニベーのヴィハーン（伽藍《がらん》のこと、本堂）は、現在は総大理石へと改築中であるが、それはワット・ベンチャマポピトゥーやワット・ポーなどのように巨きなものではなく、静かなたたずまいの中に落着いた雰囲気をかもし出していて、中で坐る者に慰めをあたえてくれる。学問寺であることもあって、一般のタイのワットのもつ原色的なけばけばしさはなく、これまでみた壁画にも示されているように、何となく他のワットと異なる「別格」の印象をあたえずにいいない。

ワットにはこのほかクティとよばれる僧の居住所があり、ウポサタとチェディとクティの三部分をもって構成される。この三つの構成要素のどれ一つを欠いてもタイのワットは成立しない。どのような辺地のワットでもこの三つの部分から成っている。ウポサタの左隣には通常サラデンとよばれる空間があり、一種の広場を形づくっている。サラデンでは集会や俗人による僧のためのニーモンなどが盛大に行なわれたりする。ワット・ボヴォニベーは、ウポサタとチェディとサラデンという中核部分に加えて、クティの区分が大きく、いくつものカナ（部門）に分かれていて奥行の深さを空間的に示している。そして、間を幅二メートルほどの運河が走ってクティ群を区切っており、それがそこで生活する者に立体感をあたえる。

さらに付け加えるべきことは、運河やクティの前後やワットの中を縫う小道の脇に植えられたさまざまな種類の樹木の存在があげられる。それはたいしたもので、小、中学生が植物実習のためにノートをとりながら、ワットの中を歩きまわるほどなのである。ワットの誇るものの一つである。

11

ニーモン

僧になってから、「ニーモン」という言葉にいつしかすっかり慣れてしまった。なにかことあるごとに、「ニーモン、ニーモン」といわれていると、それまでの一般の日常生活においては気づかなかったことであったのに、実はこの言葉が仏教の信仰実践の根幹を示すものであることに否が応でも気づかざるをえなくなったのである。

「ニーモン」とは美しいタイ語である。これは僧を招待するときだけ用いる語であり、僧に対してだけ用いることができる言葉なのである。僧どうしが用いることもあり、何か「お招び」がある場合には、ニーモンである。

夕方、午後の日課がおわって、ピク・ナワカ（新僧）たちがほっと解放された気持になって、クティの裏手にある用水路の橋のところに集まってくる。この用水路は、前に触れたようにワットの中を流れているのだが、一メートルは優にあるまっ黒なナマズのような魚がうじゃうじゃ泳いでいる上に、大亀と大スッポンがいて、面白い眺めとなっていた。

僧たちは橋の上に立って、魚や亀が浮かんでくるのを見ながら雑談に興じていたが、なかにはデクにパンを買いに行かせて、それをちぎっては投げ込んで、巨大な魚が浮かび上がって、ぱくりと呑み込むのを楽しんでいる者もいた。私もそれにいく度も加わったけど、いつも魚にやるパン切れを手にしては、複雑な気持になった。というのも、夕方のこの時刻、つまり五時から六時頃というのは、正午から一切の食物を摂ってはいけない僧にとって、もっともひもじくお腹が空鳴りする時間なのである。

　パンを呑み込む巨大でグロテスクでもあるまっ黒い魚を眺めながら、その醜悪な顔つきに対して、いつの日か僧院を出たあかつきにはお前を丸焼にして頭から喰ってやるぞ、などと不埒《ふらち》なことを思ったことも、修行の至らぬときには、ままあったことは正直に告白しなければならない。もちろん魚にパンをやるようなときには「ニーモン」とはいわないが、こうして僧たちが集まり合うと、各々自分のデクをよんで、コーラとかお茶とかをもってこさせて、互いに「ニーモン」「ニーモン」といい合いながら、招待し合い供し合うのである。コーラなどを他の僧たちから、「クッタチットー、ニーモン！　ニーモン！」とよばれ、彼らのたむろする場所へよばれて渡されることが常であった。

　いつしか、このような日々を重ねるうちに、「ニーモン」というタイ語は、すっかり身についてしまったのである。

　このように慣れ親しんでみると、タイ人がいかにこの語をよく用いるか、よく気がつくようになった。どうもことばというものは、とくに異言語の場合、実質的な感覚をもって身に着かないと、本当によく理解できるとも、また聞えるようにも、ならないようだ。

若い友人が、
「明日はニーモンをしたので。」
「ニーモンをしたので。」とか、いっているのをしばしば聞いたし、チュラロンコン大学の先生が私のところへきて「ニーモンをしたい。」ということさえあった。

これらはすべて僧やワットに何がしかの寄進をすることを意味しているし、家へ僧を招んでもてなしをすることを指している。ニーモンという言葉が話され用いられることが多いだけ、タイ人およびタイ社会において、僧と仏教が大きな役割を果すことにもなるといってよいであろう。

さて、ニーモンとは僧に対してだけ（僧と僧の場合も含めて）用いる語であるといったが、この言葉はどんな些細なことであろうが具体的な寄進の行為と結びついている。つまり、僧を招いてもてなすということを指すわけであるから、具体的な物と場とに結びついているわけである。ニーモンは常に実際の行動と結びついており、抽象的な概念として口に出されることはないのである。例えば、ある日本系のテレビ映画会社につとめる日本語の流暢なタイ人の青年は、婚約者の美しい女性と一緒によく訪ねて来てくれたのだが、そのときには会社で要らなくなった日本の新聞を差し入れてくれた。そういうとき、彼は新聞をもって必ず「ニーモン、タン・ブン」といいながら来て、ひざまずいて深いワイを捧げてから、差し出すように渡してくれるのであった。

また王族の一員で若い建築家の友人チャイニミトーは、「次の日曜日に私のいとこがニーモンをしたいので、その日はあけておいて下さい。」と丁重に彼の部下を派遣して寄越した。その日は私の他四人の僧が招かれ、朝の九時半に大きなシボレーが二台来て、彼の家へ連れて行かれた。チュラロンコン大学工学部の教授である彼の伯父とオランダ留学から帰ったばかりのいとこは大きな家に住んでいて、その日は親戚縁者が一杯集まっての盛大なニーモンだった。型通りのパリタ（呪経）を唱える儀礼のあと、伝統的なタイ料理のフルコースが出て、美味しい食事のさまがいまでも浮かんで来る。後に会うことになった彼の母親は、立派な堂々たる女傑といった感じのタイ女性で（父親は彼の幼い頃に亡くなった）、日本にも数度来たことがあり、そのからりとしたこだわらない人柄には魅かれた。概してタイ人の場合は、男性がどちらかというと内にこもりがちで容易には胸襟《きょうきん》を開かない感じの人が多いのに反して、女性は太っ腹で落着いていて外向性をもつ人が多い。タイ社会は男が勝手に振舞うところの多い社会なのだけれども、これも女性が大物揃いだからなのかもしれないなどと思ったことが多々あった。

誇り高い貴族であり熱烈な国王支持者にしてナショナリストのチャイニミトーとの付き合いは実に楽しくまた快いものであり、またタイという国について教えられるところが深かったけれども、彼の婚約者（もう夫人となっているが）の方がはるかに大らかな性格で上のような感じがすることは否めないのである。チャイニミトーとは三ヵ月半ともに修行を行ない、私が残って僧として留まっているときにも再三にわたってニーモンを受け、ワットを出たあとも、今日に至るまで親しい交友関係が続いているが、いつも奥さんの方がやはり上と思ってしまうのである。

ニーモンは、僧にとってはうれしい機会であるばかりでなく、社会と直接の交渉をもつほとんど唯一の機会であって、貴重なものであるが、僧生活を彩る重要な出来事ともなっていて、いく人かの僧が早朝や早い昼に外出用にチーオンを重ね合わせてお迎えが来るのを待つ姿は、なかなか好ましい。

「どこへ行くのですか。」ときくと、

「ニーモンに。」

とうれしそうな笑顔で答えるのに接するのはよかったが、いつの間にか、一週間も十日もこちらにニーモンがかからないことが続くと、同僚僧のニーモン笑顔が妬ましく感じられるようになったことがある。これはいけない感じ方なのであるけれども、単調な僧生活の日々にニーモンの占める大きな意味がいまさらの如く了解された。僧の中にはいつもニーモンがかかる人気僧がいて、同僚の嫉妬もかなりのものがある気がした。

あまりに一般の人々がニーモンに励むので、そのこと自体はすばらしい信仰実践なのではあるけれども、タイ人僧の心性はかなりスポイルされる傾向にあるように思えた。つまり、僧であればちやほやされるから、修行が形式上の辻褄合わせに終始してしまう。ネパール人やインドネシア人の僧が、「人々があまりニーモンをするのでタイの僧たちは勉強を真剣にしない。仏典についても何も知らない。」とよくタイ人僧とタイ仏教を批判していたが、そういう彼らも、「こんないいところはない。」と本国へ帰る気はさらさらないようであった。これも手厚いタイの俗人たちのニーモンによるものであったにちがいない。ニーモンの恩恵に浴すとやめられなくなるのであろう。

しかし、「ニーモン」とは美しい言葉だ。この言葉をきくと、何だかほっとする。一般のタイ人がニーモンに費やすものは莫大であろうが、元来、世捨て人に対して報償を物として期待しない、近代合理性からいえば、無償でマイナスの行為を表わす言葉にほかならないニーモンは、それが故に何かしら超然とした響きをもっている。

　もちろん、タイ人にとってはニーモンは単に宗教上のことだけでない社会的行為でもある。しかし、それははじめから利害の上に立って行なう上司や政治家にお返しを期待して行なう贈与行為とはやはり本質的に異なるものなのであり、僧やワットがなければ成立しない信仰上の行為であることは事実だからである、と思うと、ニーモンがないところはどうにも淋しい感じがしてしようがないのである。

　僧院を出てから、半年ほどバンコクのアパート住まいをしていたが、一人住まいのことでもあるから、お手伝いさんにきてもらって食事と洗濯の世話をしてもらった。スパンブリ地方（バンコクの南方約二〇〇キロのところにある）出身の彼女は、二十四歳のしっかりとした明るい性格の女性であったが、彼女はまたとてつもなく信仰深い人でもあった。私が僧修行から出てきたばかりだというと、眼を輝かせて喜び、それこそ全幅の信頼を寄せて働いてくれた。

　彼女はワン・プラ（僧の日）とか日曜日になると、早朝五時頃からいろんな食物を作っては僧のところに持っていっていたが、ある日、彼女の郷里のお坊さんをここでニーモンしたいから許してくれというので、よろしいと答えると、バスで四時間のところを日時を決めるために帰っていった。やがて夕方戻ってきた彼女は次の日曜日にニーモンをしたいといい、ちょうど暇だったので、私も参加することにした。

　一階下の日本人家庭のお手伝いをしている彼女の姉と二人で、前日には市場へ特別の買物に行き、前夜から準備をしていたが、当日は、もう四時頃から起きて台所で忙しげに働いている。一体何人の僧が来るのかときくと、三人とのことであった。十時に来る予定とのことで、うっかりつられて早起きをした私は所在ない気持で困ってしまった。

さて、十時少し前にどうも冴えない田舎坊主三人がやって来て、アパートの居間のソファに坐ってもじもじしている。私も出ていって応対をしていたが、話といったら、このアパートはいくらするか、お前の月給はいくらか、日本では自動車をもっているのか、などといったことばかりで、私が僧修行をしていたことに関しては、「よいことだ。日本人もよいのが出てきたものだ。」といったきりである。いささかしらけてしまっていると、時間がきてスワットモンがはじまった。あまりぱっとしないお経の唱え方で、声もよくないし、パーリ語の発音もいい加減だなどと思っていると、驚いたことにいつの間にか居間は人で一杯になっている。三十名ほどの男女が集まってきて、拝伏しているのだ。

一体、何事なのだろうといぶかりつつ、スワットモンがおわるのを待った。やがて型通りの儀礼がおわると、傍らのテーブルにはすでにお手伝いのレクの手で僧のための食事が一杯に並べてある。三人の坊さんは食卓に移って食べはじめた。レクに一体こんなに大勢どこから来たのかときくと、ここに集まったのはみなこのアパート（十階建で、四十戸ほど住んでいた）で働く庭男やお手伝いさんで、全員がスパンブリの出身なのだという。今日はスパンブリから偉いお坊さんが来て私のところでニーモンをするというので、集まったとのことであった。これには驚いてしまった。タイ人社会は一種の地縁社会でもあるが、ワットならいざ知らずこうしたアパートでこれほどとは思っていなかった。私はニーモンによって、よい社会学の勉強をしたことにもなった。

バンコクのアパートのわが住居でのニーモンは、こうしたスパンブリの坊さんの場合も含めて、半年の間に十数回におよんだ。スパンブリの坊さんをニーモンして以来、私はそのアパートですっかり信頼されてしまい、タイ人の従業員が示す親しげな素振りは僧であったことも加わって倍加されたようだ。ともかく、鍵をかける必要が一切ないような状態であり、ニーモンの威力は効果満点といえた。

スパンブリの坊さんについては後日譚がある。一九七三年の十一月末、いよいよタイを去る日も数日後に迫って、私はタイ人日本人の友人数名にチュラロンコン大学の指導教官であるプラサトート教授も加えて、スパンブリにあるタイで最大のブッダ像を見に遠足を試みた。

そのブッダ像は仏教公園の中にあって黒塗りの巨大な坐像である。チャオピヤ河を四時間の舟旅で、早朝、出かけた。十一月はタイ国で唯一の秋であり、早朝の河面を行くと、肌寒い。プラサート教授などはセーターを着ている。私は半袖シャツで、寒くて寒くてしようがなかった。途中、白サギの群集するワットを横に眺めて、チャオピヤ河の支流を遡ってゆく。四時間の舟旅は快く楽しいが、少々退屈もする。ついにスパンブリに着く。

すごく大きなブッダの坐像だ。公園は地獄の再現の場も含めて、仏教にちなむことばかりがうまい出来とはいえないちゃちな学芸会用の展示物でかためてあり、何だかばかげた感じもするが、人々は一杯つめかけている。ブッダ像には私も深々と心から拝伏した。

公園の中ほどにワットがあり、にわか作りの広いバラックの本堂がある。人々は群をなして本堂の中に入ってゆく。本堂の中には左手に売店があり、仏像やさまざまな護符やメダルの類が並べてある。右手は広い本堂で、正面に黒いサングラスをかけた僧が三人坐っており、その前に人々が伏し拝みながら寄進して、その後、真ん中の黒いサングラスの僧からメダルをもらい、お祓いをうけている。競い合いながらその僧のところに群がってゆく人々の姿は、異様な感じさえする。

　私たちは立ち止って何となくそれを見ていたが、とんとんと私の肩を叩く者がいて、振り返った。中年の男が立っていて、お前は日本人だろうという。そうだと答えると、あそこにいる坊さまがおよびだとのことだ。振り向いてそちらをみると、真ん中にいる黒めがねの僧が手招きをしている。何だろうと思いながら、人の群をかき分けて前に進んでゆくと、あっ、思い出した、例のレクが招《よ》んできたスパンブリの僧ではないか。坊さんはにこにこしている。私は思わず「お坊さま、今日は！」とひざまずいて三拝した。坊さまは喜色満面で「よい、よい。」と、あのときの貧相な田舎坊主の風情とは打って変わった風格をのぞかせ、鷹揚にうなずいている。

　とみる間に、長い鎖のついた金箱の大きなブッダ像のペンダントを出してきて首にかけてくれた。周囲の人々が、ほら！　と溜息をついている。こちらは何が何やらはっきりとしないまま、笑いながらうなずいている坊さまにまた三拝し、さようならをいって出てきたが、坊さまは立っている向うの友人たちを指さして彼らも来るようにという。彼らもみな三拝し、プラサート教授も深々と三拝して、ペンダントを首にかけていただいて、出てきた。

　そのまま帰りの舟に乗ると、先に乗って坐っていた人々が、私たちの首のペンダントをみて総立ちになった。どうしてそれを得たのか、と真剣にたずねる。いや、ここの坊さまから貰ったのさ、と答えると、いくら払ったのだときいてくる。いや、ただでもらったのだよ、というと、本当か、本当だ、すごいなあ、と感嘆の声しきり。何でもこのブッダ像のついたペンダントは、二、三千人に一人くらいしかもらえないのだそうだ。もし買うとすれば、四、五万はするだろうという。大変なことらしい。

しかも、田舎坊主などと思っていたあの坊さまは、この辺のチャオカナ・チャングワットで、いわばスパンブリ郡最高の管区長の大僧正だとのことである。大変な高僧だったわけである。こちらはそれとも知らずに、この田舎坊主などと非礼もいいところだったけれど、実際そう思ったのだから しようがない。私は滅多に田舎坊主などと思うことはないのだが、というのも、私自身まさに田舎者だからそんなことをいえた道理もないのであるが、これは田舎に住んでいるからというわけではない。ごく感覚的なものなのであって、都会に生まれ育った天下の都会人と自負する人間に田舎者そのものをみる経験は決して少なくないのである。だからこの坊さんの場合、バンコクのアパートに現われたときの所作が感覚的にぴんとこなかったことによるのであって、スパンブリから来たからというわけではなかったのだ。しかし、いま眼のあたりにする坊さまは、あのうらぶれたうす汚さとは異なって（といっても近くでみれば物理的には同じなのだが）、堂々たる貫禄で人々に祝福をあたえている。その態度は立派で落着いており、ある種の威厳もあって、感銘をうけたのである。

だが考えてみれば、チャオカナ・チャングワットという高位の僧が、うらぶれた感じでバンコクのアパートに飄然《ひょうぜん》と現われるなんて、すてきなことかもしれないのであった。物々しくお付きにかしずかれて現われるのが、こうした地位にある人々の、日本や欧米での一般的なあり方というものであろうが、タイ仏教が生々としていてまだ活力を失っていない証左は、むしろこうした何気ない田舎性をもちつつ存在することにあるのかもしれない。その点、チャオカナとひょんなところで再会したことは、私にタイ仏教の一面を鮮やかに覗かせ、認識をあらたにする機会をあたえてくれたのであった。

ニーモン、ニーモン、何とすばらしいことか、といまでもそう思う。ニーモンのためだけにも、年に一回はタイへ行く必要があるのだ、といつの間にか、私の義務みたいになってしまって、現在にいたっている。

しかし、ニーモンについては、その背後に存在するタイ人の宗教的行為の中心をなす考えであるタン・ブンについて語らなければならない。ニーモンとタン・ブンとは切り離せないものなのである。ニーモンとはタン・ブンを行なう場合に直接用いる言葉だからである。タン・ブンの論理がわからないと、ニーモンという言葉が何故かくも多用されるか理解できないことになる。ニーモンとタン・ブンとは一対のセットのように用いられる。

12
タン・ブン

日常生活の中で「タン・ブン」「タン・ブン」と実によくタイの人々はいう。これも美しいことばである。

日頃はタイ人の慣行についてかなり辛辣な皮肉をいってはばからない中国系のサングァン君が、僧になって一週間ほど経ったある日、盛り沢山の捧げ物をもって現われた。捧げ物といっても、僧の生活の身のまわりの品物ばかりで、小さな保温器と歯みがき粉と歯ブラシ、トイレット・ペーパーに胃薬といった一包の品物で、僧用のパック用品である。私が「今日は一体どうしたのだい。」と驚きながら尋ねると、

「タン・ブンにきました。」と笑って少し照れたようにいう。「だって貴兄は僧になったってしょうがないって言っていたでしょう。当分、会えないと思っていたのに。」

「先生、ぼくだってタン・ブンはしますよ。このワット、初めてきたのだけど、でかいもんだな。先生がいるからちょうどよい機会だと思ってやって来たのです。」

彼が私のことを「先生《アーチャン》」とよぶのは、以前バンコクに社会学調査団の一員としてきたとき、当時

チュラロンコン大学政治学部の学生だった彼に仕事を手伝ってもらったことがあったからである。もう五年以上の付き合いだ。その間に彼はチュラロンコン大学を卒業し、アメリカのテュレーン大学に留学して法学のマスターをとり、さらにハーグの国際法律研修所で資格を得、いまバンコクで若手の経済弁護士として活躍中なのである。

彼は華商の二代目で純粋の中国人であり、タイを愛しながらも、タイ文化やタイの人々の行動について常に批判的な態度を崩さない。私が僧になるといったところ、「僧になって何になるのか。」と皮肉った唯一のタイ人なのだ。豪快な人物で、いつも大声で笑いとばす。こんなダイナミックな人物は珍しいから、私は彼とはいつも会って食事をしたりしながら、さまざまな話題を娯しんでいた。数少ない親友の中に入る人物である。

その彼にしてからがタン・ブンだというのである。私はタイ人の生活と行動におけるタン・ブンの役割について、いまさらのように考えさせられてしまった。

それに、何といっても、僧になった私のところにタン・ブンのためといってくるタイの友人たちの姿である。日頃、あまり付き合いのない人々までが、私を少し知っているということで、やってきては捧げ物をくれるのである。その数たるや、最初の三週間で四十人に達した。クティの中は贈物の山となった。日本人が僧になる、と騒がれたことも手伝っての現象であろうが、物珍しげというよりは、心からのタン・ブンのためであると受け取るようになったのは、大分時間が経ってからのことである。

ただ、いずれにしても、このタン・ブンということばは耳に焼きついてしまった。

タン・ブンとは、ブン（徳）をタン（得る）することを意味するが、これこそ、タイ人の信仰の一切を象徴することばであり行為であるといってよい。

その仕組を説明することは容易ではないが、実践を通して私が徐々に理解してきたことは、仏教というもののおだやかな宗教的性格である。おだやかな、というと誤解を招く危険もあろう。というのは、テラワーダ仏教の救いの性質はまさにヒナヤナ（小乗）であって、厳密にいうなら僧《ビク》になって修行を重ねる以外に救われる方途はない。

パーティモッカ（戒律）をきちんと守り、カマタン（瞑想）を実行し、僧として完璧な修行を行なってゆくならば、ニッパン（涅槃《ねはん》）に至ることが可能であるし、それはこの世で十分に達成されうる目標である。現にタイにはいく人かのニッパン（ニルヴァーナ）に達したといわれるアーチャン（師）が存在している。実際私は、その中の一人であるといわれるアーチャンには、会って話をしたことがある。

しかるに、僧ではない一般の人々にとって、このニッパンという救いの目標は限りなく遠い。事実、俗社会で生活をする人間にとってニッパンは到達可能な目標とは程遠いものであるといわねばならない。戒律を守り、瞑想を行なうなど、絶対不可能である。

仏教国、しかも南方の戒律仏教国であるのに、生活には何と享楽の気ばかりが漲っているのであろうか、とは日本人がバンコクに第一歩をしるしたときに感じる印象であろう。ともかく、生活を楽しむという点では実に優れた才能を発揮する人々なのだ。戒律や禁欲のかけらも感じられない。

もちろん、こういって、タイの人々を批難しているわけではない。バンコクへきた日本人の遊び方は、このタイ人たちでも遠くおよばない。生活の中に「遊び」が構造化されていることと、「旅の恥はかきすて」式の遊びとは自ずから別のものである。あれほど享楽志向のタイ人が日本人の遊び方に批判的であることは、この点を抜きにしては考えられないのである。

ところで、タイ人の生活をみると、一方にパーティモッカに律せられた厳格な「僧の生活」があり、他方に享楽に満ちた俗なる生活がある。これはまったく異なる二つの世界であるといってよい。救いは、前者にあってはブッダの説いたさとりの境地、ニルヴァーナ（ニッパン）である。それには厳しい修行生活を辿っていかなければならない。しかも、僧以外の人々には閉ざされた途なのである。

テラワーダ仏教の教えを少しかじったアメリカ婦人などが、よくソムデットのところにきて、「じゃ、お坊さま、私たちは救われることはできないのでしょうか。」と訴える光景をよくみたものであったが、そんなときソムデットは微笑したまま答えようとはしない。微笑んではいるが、一種突き放した態度にはちがいあるまい。

タイの人々なら絶対にこんな質問はしない。

タイの普通の人々に、「あなたはニッパンに行きたいのか。」などと質問すれば、「とんでもない。」という答が返ってくるであろう。ニッパンは僧のためのものなのである。

では、一般の人々にとって救いとは何なのか。

一般の人々にとってニッパンに相当するものというと、「サワン」ということになる。サワンに行きたい、と笑いながら答える人々は多い。サワンとは地上天国のことである。現世的な欲望がすべて満たされる楽園のことである。そこでは美味しい食物や美女に美酒、労苦なくあらゆる快楽の品々が手に入るのである。

あっけらかんとしてサワンへ行きたいといわれると、その底抜けの明るさに唖然としてしまってことばもないくらいだ。僧の生活とまことに対照的なのである。

僧↓ニッパン

一般人↓サワン

という救いの図式が、大まかにいえば成立するのであるが、もちろん、問題は残されている。すなわち、どういう方法によってサワンに行くことができるのか、という問題である。救いに至るための手段である。

仏教の教えは複雑であって、これだけが教えのエッセンスだというようなキリスト教のバイブルやイスラム教のコーランに相当するものは存在しない。

厖大な経典の中で、一般によく知られている教えといえば、ニッパンとカンマ（カールマ）についてのものである。とくに民衆の間ではカンマについての教えは、原典通りというわけではないが、よく浸透している。

カンマ（カールマ）は日本語だと業ということになるが、この業は決して重苦しいものではない。日本人の信仰においては、私の感じるところ業は暗い湿ったもののように思われる。タイ人にとってのカンマは軽く、いつでも笑いながら変えることができる。それは個人に限りない上昇の可能性を約束する現世に直結したものなのだ。

私が僧となったとき、最初にいわれたことが、「お前はよいカンマをもっているから、こうして僧になれたのだ。」ということであった。

カンマとは一口にいうなら、人間の行ないのすべてはダールマ（道徳律）に照らして善悪の規準によって計られており、その結果は究極的な報償と罰に通ずるものであるという考え方である。もともとはいうまでもなくヒンドゥー教からきたものであるが、ブッダ・ゴータマはこれをカースト制度から切り離して、個人の銘々が責任をもたねばならない属性であるとした。カンマを個人の責任に帰したのは、救済宗教としての仏教の特性である。

だから、カンマは人間が一人一人生まれながらにして背負ったものであって、これだけは親兄弟といえども、どうなるものでもないその人だけの責任になることであり、「自力」以外に救われようがないものなのである。カンマにおいては人間一人一人が全部異なる位相の下にあって、誰一人同じということはない。行ないの一挙一動が微妙なカンマの位相の変化と結びついており、同一個人といえども、常にカンマの変化の中にあり、一日としてそれが動かないときはありえない。朝に行なった悪事はカンマを変え、昼に行なった善事はまたそれを変える。変転きわまりない。

カンマにおける善と悪の、微妙な平衡台の上に人間は置かれているようなものであって、その平衡はいつも揺らいでいるのである。人間はこのカンマの鎖に縛りつけられているから、それから解放されるのは、救いに至ったときだけである。それまではこの鎖に苦しめられつつ生きてゆかなければならないことになる。

タイの人々の信ずるところによれば、カンマを善いものにするためには、方法は唯一つしかなく、それはブンをつむ以外にない。タイ人の考え方では、カンマの向上は、ブンとバープ（不徳）のバランスをどうとるかにかかっている。

タン・ブンか、アウ・バープ（不徳をする）か、はまさに日々の生活における大問題なのである。カンマの脈絡の外側にいるものにとっては、タン・ブンに狂奔する人々の態度は、ときとして実に滑稽にみえる。

友人たちの話をきくと、タイの人々は心中深くブンとバープの比率表をいつも用意していて、正確にその計算をしながら日常生活をおくっているようだ。それはもう日本流にいうとかなりあからさまなもので、朝何かよくないことを仕出かしたとするならば、その比率上のマイナスの点数を冷静に計算して、午後なり夜なりにそれを上まわるプラスの点をかせげばよいということになる。マイナスの点数がかなりたまったところで、いつか一挙にプラスの点数を上げて挽回すればよいとも考える。まあ、こんな調子でタン・ブン、タン・ブンとなるのである。

しかし、これは冗談事ではない。いつしか私自身もそう考えていることに気づいて驚いたが、一度、この思考の輪にはまり込むと、なかなか抜け出せるものではないのである。タン・ブンはタイの人々にとって真剣な行ないであり、欠かすことのできない行為であり、それをめぐって一切の存在はかけられているといってよいのである。

では、どうしたらタン・ブンができるのであろうか。

原則的にいえば、ダールマ（仏法）に照らしての正しい行ないなら何でもよいことになるが、それだけではあまりに捉えどころがない。ブッダが有徳の行為としたことの中からとくにダーナ（寄進）という概念が強調され、何らかの有形の行為としての寄進によってタン・ブンが行なわれうるのだということになる。一言でいうなら、僧とサンガとワットに何らかの形で物質的な寄進をすることである。僧のピンタバートにサイ・バートすることもよし、ワットの前に花を捧げるのもよし、僧に贈物をすることもよし、すべてタン・ブンの道は、僧を助け、寺に寄進することから成り立つのである。

仏教と仏僧と仏寺とは、何よりも人々にブンを得させることができるものなのであって、これは私のみるところ、こうとしかいいようがないのだが、ニッパンであろうがサワンであろうが、タイ人が救いと考える状態はすべて仏教的なものの介在によって、それを通すことによって、叶えられることになるのだ。他に方途はあたえられていない。慰めとなるものはまああるとしても（例えば街の四辻にみられるバラモン神の崇拝や占いなど）、本当の救いは僧の仲介によらねばならない。タン・ブンを行なってブンの点数をかせぐより他に仕方ないのである。

私のクティの前の廊下に住んでいるデクたちは眼を輝かして、現職の大臣の名をいく人もあげては、彼らも一度はデク生活をこの同じ場所で送り、苦労苦学をしたが、タン・ブンのかいがあってあそこまで出世した、ぼくらだってできるのだ、といった。この希望と明るさは、カンマが集団（カースト）でなく個人の属性であることからきているといったら、いい過ぎになるであろうか。こういった彼らの姿が、私には忘れられないのである。

カンマはヒンドゥー・バラモンの伝統では圧倒的な長さで続いてゆくものだ。現世は前世に縛られ、来世は現世に縛られるという形で、ほとんど無限に回転を重ねて存続してゆく。考えても呆然としてしまうような時の永さである。

タイではカンマはほぼ現世に回転をおえてしまうようだ。万事が短絡されてしまっており、サンカーラ（現世）とサムサーラ（転生）とは直結してしまっている。ここでは行ないの結果はすぐ出てしまう。ブンとバーブのバランスの結果は時を待たずして現われるものであるべきである。よくないことがあれば、タン・ブンをしてよいことが起るのを期待する。人々はその期待でタン・ブンを日夜行なう。現世利益信仰といえば、そのもっとも明瞭な形がここにある。ただ、すべての手段は仏教に集中しているから、〈ピク〉を介することが条件となる。

タイの人々にタン・ブンをするときもっともブンの点数の高いことは何なのかときくと、必ずどんな人でもいくつかの行為をあげる。そういう場合、一位は、僧になること（まあ、これは当然というべきか）、次に、新寺を建立すること、寺に何らかの建物を建てて寄贈すること（私のワットの場合には、仏教博物館とか瞑想用のホールとか図書館とか、あるいはクティを建てることなど）、息子を僧にすること（女性は僧になれないから自分の代りに息子を差し出すことが最大のブンをつむ方法となる。息子が僧となって得たブンは母親にゆく）、などと続いてゆく。

このタン・ブンの論理は、一般の認識では点の高いものが当然よいとされるから、点の低いことは必要であっても見向きもされないという結果を生む。飢えた隣人には一粒の飯もくれないかわりに恵まれた個にサイ・バートが殺到するという皮肉なことにもなる。けれども、タン・ブンの仕組を理解すれば、これは当たり前ということになるのである。

13

二つの存在

前に記したように、遅れてパンサー入りした私は居住すべきクティがすでに満杯になっていてみつからず、チャオクン・テープの厚意によって、彼のクティの片隅に住まわせてもらうという形で僧修行のスタートをきったわけであった。それは大変ありがたくまた名誉なことでもあって、ワット・ボヴォニベーにあっては三番目の高僧の直弟子として出発することには有利な面が多くあった。何よりも、これほどにタイ的というか、タイの土着的色彩の強烈な人物とそれを取りまく人的物的環境にひたることができたことは、私の修行が「外人用」のものとなることから大きく救ってくれたのである。それだけ私としては辛《つら》いところもあったけれど、興味深くまたたのしいものであった。

しかし、修行の日々が過ぎてワットの生活にも慣れてくると、次第に、このチャオクンとの共棲が苦しくもなってきた。別段何が不都合だとか居づらいような目にあったとかいうのではなかったが、ともかく、チャオクンのクティの生活では二十四時間一人になるということがない。数人のデクも含めて、またチャオクンのところを訪れる毎日十数人の俗人や僧の来客も合わせて、いつも誰かが声高に喋り、こちらの生活を覗くといった風なのだ。私は僧になって、独りの瞑想生活などが送れるものと、静かな修行に憧れてもいたというのに、これは大ちがいだ。それも当初は皆についてゆくのが精一杯で、文句をいうような余裕もなかったからよかったものの、というより先輩から親切に一切合切を教えてもらってありがたかったけれども、一段落ついて生活が落ちついてくると、それは、おかしい、困るな、などととんだ恩知らずな感情が頭をもたげてくる。勝手なものである。

他のピク・ナワカが個室をもらって悠々の修行生活を送っているのをみるにつけ、騒々しいチ・オクンとの生活が「少し困った」ものとなってきた。それに、ジェートーやスソーバナのいるクティ・カナ・スーンという背の高いクティに、実は私用の一室が用意されてあることを知って以来、これはかなわん、という思いが日増しに強くなった。

チャオクンのクティの片隅とは、まさに隅もよいところで、私の占める一角は吹き通しの風通しもよい場所であるが、戸外にある便所に面と向い合ったところでもある。便所に通う僧や一般人が、常に私の住む前を通ってゆくのは当然だが、彼らはきまってそのついでに日本人僧の生活も覗いてゆくのである。好奇心にいつもさらされているわけであった。

クティ・カナ・スーンの私のための部屋は広く、また明るい階上にあり、周囲の環境も抜群である。彼我の差はあまりにも歴然としすぎている。しかも私用の部屋がとってあるのである。これではたまらない。ジェートーもスソーバナもアビロンドもみな早く移れよ、とけしかける。

とうとう二ヵ月を過ぎたある日、意を決してチャオクンにお伺いをたててみた。チャオクンはどうも私の心の動きはとっくに推察ずみのようだった。

それで、私が「実はクティのことで……」とおずおず切り出すと、

「移りたいのか。」といって、よしとうなずくとぷいとそっぽを向いてしまった。機嫌は極度に悪い。しかし、それもしようがない。さっさとデクに言いつけて手廻り品を片づけると、私はクティ・カナ・スーンに移ってしまった。そのかわりにその後一週間というものチャオクンは私と口をきいてくれなかった。不興をかったのである。

クティ・カナ・スーンには階上だけでパンサーの間、六人の新僧が住んでいた。各室はかなり大きい個室（十畳くらいか）であり、真ん中に洗面所、水浴び場、便所のサニタリー部分をはさんで左右三室ずつ並んでいる。階下も同じ構造で六室である。

ここの住人は、パンサー中とパンサー前後とではかなりな変化がある。

パンサー期間中、私は左側の中部屋にいたが、左端は図書室として空けてあり、右側にはタイとラオスの国境の町ノンカイの警察署長がいた。右側の三室には新聞にも載って話題になった国王がヨーム（僧になるための面倒一切をみるパトロン）となってウパサンパダが行なわれた三人の青年が各々住んでいた。この三人は別格のような存在で、みるからに誇り高く気易く話しかけられない。最初の二、三週間はただ顔を合わせると黙礼しあうだけだった。警察署長の方は三十歳の小柄だが貫禄のあるタイプの男で、夕方、部屋の前の幅広いヴェランダ風の廊下にいると、話しかけてきた。彼は三十歳にして署長というだけあって、有名なプリカディ（警察士官学校）の出身でエリート警察官僚というのであろう。時々、プリカディの学生生活を得意げに話していた。ノンカイは物騒な国境の町であり、ラオス状勢は近頃とくに不穏な気配をみせている。彼の任務は困難なものにちがいない。しかし、フィアットの一五〇〇をとばしてバンコク—ノンカイ間を直結するフレンドシップ・ハイウェイを数時間でくるのが楽しみだと言う。

昨年、世界一周の視察旅行をおえたばかりだそうで、途中立ち寄った都市のことなどよく聞かせてくれた。彼は白皙の一見して中国系とわかる風貌の持主で、小さな黒い眼は抜け目なく動き、ときにはじーっとすわることがあった。しかし、彼の東北部タイのジャングルの中での実地訓練の話には迫力があった。北から侵入してくるゲリラにそなえての訓練である。「どうして僧になったのか、という月並な問いに、「母のためさ。」という月並な答の後、実はパンサーがおわると昇進することになっているし、結婚もしたいといった。後になって、すてきな金モールのついた礼装に身を固めた昇進記念の写真が送られてきた。この人の場合、まずタイ社会においてはもっとも正当なワット入りの理由であり動機であるということができる。タイ社会の典型的な秀才型出世型のはみ出さないタイプの人間であろう。慎重かつ細心に計算して上昇してゆくタイプのタイ人であり、隣室の同僚でありながら心をゆるすということは不可能な人物である。

彼はデク（小僧）として専用の付人をノンカイからつれてきており一切の雑用をさせていたが、このデクは何のことはないノンカイでの彼の部下の一人である。こういうやり方はタイの役人のおきまりの仕方で、公用も私用もないのである。この場合、僧に仕えるデクとなったのであるから、まだしも救いがあるというものであろう。彼は、何か面倒を起したらいつでも相談にきてくれといいう。警察署長の言や尊し、私も枕を高くして眠れるというものだ。後述する友人の弁護士のサングァンといいこの署長といい、タイで暮してゆくには心強い存在といわねばならない。何事も個人の付き合いによって決まるところなのだ。私は運転はしないので問題はないのだが、悪い想像をするとしたら交通事故の一つや二つぐらいなら何とかうまく収まるのではなかろうか、などという気持になったりした。

さて、階上に住む他の三人についていえば、ある夜、スワットモンが終ったあとで、一人で部屋の中にいると、とんとんと扉を叩く音がして、隣のデクが顔を覗かせた。「皆さんあちらで集まっていられるのですが、お暇でしたらいらっしゃいませんかとのことです。」

ご招待がかかったわけである。退屈でもあったので、ではひとつお邪魔するか、と出かけていった。一番右端の部屋の前にござを敷いて、四、五人の僧が坐ってお茶を飲みながら談笑している。私が近づくと笑って手をあげて席を空けてくれた。私に対する禁が解けたとでもいうのか、皆、実に愛想がよい。署長もいる。他に別のクティから二人ほどきている。ピク・ナワカたちばかりだ。

その中の一人は若いくせに頭の禿げ上がった眼つきのしっかりとした人物で、声に底力があって頼もしい。ピク・チャイニミトーだと名乗った。他の二人はピク・タマヤトーにピク・タンマナンドーといって、このカナ・スーンの住人である。他の二人は笑ってばかりいる。

そこで質問の洪水が押し寄せた。どうしてタイにきたのか、どうして僧になったのか、日本では何をしている、タイでは何をしていたか、家庭はどうなっている、ワットをどう思うか、修行は大変か、などなど。一通り答えると、そのあとは無礼講。奥さんはきれいか、車を持っているか、収入はどれくらいか、とくる。これも一通りパスすると、「ところで君は本当にドクターなのか。」ときた。

ワット入りに際して、タイの新聞が私のことをいろいろ書いたことの中に「日本のドクター」という一節があったのをちゃんと憶えているのである。このドクターというやつ、医者ではなく、博士号のことである。タイ社会は日本のように何々大学出身という学歴社会ではないが、そのかわりに学位崇拝はすさまじい。ともかく、ドクターであれば鼻高々に生活できる。ドクター号はどこで取得しても構わないが、タイの大学ではまだマスター号しか出していないから、外国で取得ということになる。もちろん、アメリカが一番多い。日本は反対に一番少ない。ドクター崇拝はいくぶん滑稽なところもないではないけれども、日本の学歴崇拝よりは湿っぽくないところがよい。実力達成の意が強いからで、タイでは学歴を中心とした集団主義はあることはあっても、日本のような強固なものとしては成り立ちがたいからである。

がっかりさせて悪いのであるが、残念ながらドクターではないので、その旨答えると、なんだという顔をした。人類学者の駆け出しの身分だから、修行中の身なのですというと、みんな笑った。この答え方がよかったのか、ドクターではないから組みし易しとみたのか、それ以後はすっかり打ちとけてきて、楽しい雑談となった。十一時もすぎて睡眠時間となって別れる頃には、「クッタチットー、じゃ明日また。」と親しくなった。

ピク・タマヤトーとタンマナンドーの二人は結婚前のパンサー修行ということで、美しいフィアンセが週末には訪ねてくる。クティの前にござを敷いて、僧とフィアンセのタイ女性が正坐して衆人環視の中に距離をとって向かい合って話している光景はちょっとしたものである。日本でもかつては見られたに相違ないのだが、とうに失われてしまった謙虚な男女の交流風景である。

毅然として正坐し背筋を真っ直ぐに伸ばした僧の前に優美にひざまずく美しいタイ女性、ワットの中でそこかしこに週末になると展開されるこの対面の図式はエレガントとしかいいようがない。本当に傍からみていても微笑ましいよい光景なのである。私はどちらかというと人前で男女が睦じく語り合うなんてことに同情しないタイプの人間である。いやらしいと思う方の旧い型の人間、といっても旧式の頑迷さというのとは異なり、まあ、恥かしいといった感じだ。

しかし、ワットでのこの僧とフィアンセの交歓には美的なものを感じてしまった。感激したといってもよい。近寄って聞いたわけではないから何を話し合っているのかは分からない。この二人の僧はともに宮廷の国王付の楽隊員だそうで、一人はトランペット、一人はトロンボーンの奏者とのことである。それで国王がヨームとなったわけである。二人とも眉目《びもく》秀麗《しゅうれい》でいかにも王と王妃に気に入られそうな感じの爽やかな青年である。しかし、話は面白くないし、いつも緊張していてどこか態度のぎごちない楽隊屋さんである。白い歯を出して笑うところだけ、二人とも共通していて親しみを覚えた。

さて、いま一人のチャイニミトーであるが、彼はモム・ルアン（モム・チャャオの子息の称号）の身分をもち、チュラロンコン大学で建築学を修めた新進の建築家である。まだ二十五歳とのことで、禿と力強くよく透る声の貫禄は年齢より十歳は老けてみせる。たのもしい感じだ。彼はモム・ルアンの身分によって国王がヨームになるウパサンパダを受けることができた。

この夜が最初の出会いであったのだが、彼とはその後大変仲よくなった。かなりのインテリジェンスをもった好人物で、一回話し合う度に彼はその外貌を脱けて若々しくなり、誠実で男らしい性格にはこれまでできたタイの友人の誰にも見出すことのなかった魅力があった。二人で話しだすと話題はつきなかった。一生の友達というのだろうか、いつ話しても快い後味が残った。分を守る、節度を尊ぶ、相手に対する心遣い、理解の早さ、どれをとってもすばらしく、この年若い友人から私はいくらでも学ぶことがあった。日本の友人たちを考えてみても、このタイの友人に匹敵する存在はほとんどいないといってもよいくらいである。ともかく、日本の人類学者には望むべくもない資質である。マナーのよさ、そして謙虚。これが貴族というものなのか。所詮、私如き者には無理な属性であるというべきだろうか。

後日、オクスフォードを訪ねたとき、二人の学者と懇意になったが、この二人にもわがチャイニミトーと同じようなところを見出した。そして、同じような親密な友人関係ができた。よいものはよい。洗練されたタイ文化はチャイニミトーを生み出した。イギリスにも同じ洗練された文化があった。知識によらない、これは私の自らの交流を通しての発見である。

チャイニミトーからはタイ社会についてさまざまなことを教わった。当時のチュラロンコン大学を中心とした学生による反日運動の動きも逸早く教えてくれた。タイ人の誇りについて、国王の存在について、現在のタノム政権（一九七二年当時）の醜さについて、愛国ということについて、一言一言がとり立てて新しい意見というわけではなかったが、現実感があり、説得力があった。

彼の父親は文学者であり、王族でありながらも軍人による独裁政権を批判する文章を書き、投獄されて獄中で亡くなったとのことである。彼が唯一の子供で、彼はモム・ルアンを継承した。若くして老成した印象をあたえるこの貴族の風貌には、その間の労苦の痕が刻まれているといってよいのだろうか。もっとも、モムの称号をもつ貴族は多い。現国王プミポンは例外であるが、それ以前の国王はハーレムをもち子孫は数えきれないくらいと言われたからである。このモム・ルアンも苦笑しながら、ぼくの系統だってはっきりしないのだよ、何しろお妃が一杯いたうちの誰かから出てきたわけだから、と言っていた。

しかし、モムの身分であれば国家から年金が支給されるし、国王から賜わった土地など財産もばかにならない。彼は決して贅沢に育ったわけではないが、バンコク郊外に数千坪の土地、南部タイに何万坪と、桁外れのことを洩らす。その都度、ちょっと存在の地盤が異なるなと思ったことである。

彼が還俗した後、家にニーモンされたことがあり、ワットからあまり遠くないその家を訪ねた。彼の母は幼稚園の経営をしており、幼稚園の一部が住居となっていた。質素な生活ではあったが、よく手入れの行き届いた気持のよい住居で、母親は大柄な陽気な婦人である。日本へは三度行ったことがあり、東京が好きだという。話題は変化に富み面白い。暫く話すうちに、この母親も実に立派な人だと感じられてきた。なかなかの日本びいきで、決してお世辞ではない。傍でチャイニミトーが黙って聞いている。母親だけが豪放といってよい笑いをまじえながら、話は途切れない。こういうタイプのご婦人にみられがちな嫌味なところは全然ない。これは大したご婦人だとつくづく感じてしまった。モム・ルアンの人格はこの人の影響なのか。母親の大きさは、子供には少し重荷なところもある。モム・ルアンの性格の重たいところはそこからきているのであろう。

彼のフィアンセもやがて来て、簡単なスワットモンをとなえ、ご馳走がでた。タイの伝統に即して、ご馳走といっても僧用のものであって、美食というわけにはゆかない。結婚したらこの家を出て妻の家に住むという。フィアンセは眼のぱっちりとした美人である。性格は落着いてしっかりして、この母親とも互角で勝負になりそうだ。

チャイニミトーとつき合うようになってから、タイ社会のいわゆるエスタブリッシュメントというものの存在がわかってきた。ともかく、軍人政権に対する憎悪はすさまじい。彼は建築家の道を歩んでいるが、彼の親戚などの青年はこの政権には絶対協力しないと、官庁などで働くことを拒否しているとのことだ。彼のいとこも外務省をやめた。タノム－ラパート政権（当時の首相・副首相）が続くかぎりタイは汚れた国になってしまうと嘆く。どれだけ彼らが悪いことをしてるか知ってるか。とくにタノムの息子の奴はゆるせない。彼の言葉を聞いていると、タイの支配者たちも身近なものになってくる。だが、現支配者に対する悪口雑言のかぎりとは反対に、国王に対する尊敬と愛情は尽きないようだ。どんなに国王を崇敬していることか、どんなに彼がすばらしい存在であることか、民衆に愛されまた民衆のために尽くしていることか、国王に対する鑽仰《さんぎょう》はいつまでも続く。

「国王のためなら、ぼくはいつだって死ねる、いつでも命を捧げられる。」

夜など拳を固めて自分に言い聞かせるように熱っぽく彼は言った。そこにはタイ国を国王のものとして愛するナショナリストの面目が躍如としてあった。彼の愛国のイメージが王を中心としたものであるとはいえ、その熱情には胸をうつものがあった。

私は感動した。仏教と国王とは、彼にとって絶対的な存在なのである。それは限りのない高みにまで昂揚された情熱の対象であり、その尊敬はそれに従う者すべてに存在の根拠をあたえる。仏教なくして国王なくして、彼らは生きる根拠がないのだ、とさえ感じられた。

タイにくるようになってから、国王が人々の間に遠いようでごく近い存在として敬われ親しまれていることは実感したが、このような情熱の対象になっていることをみたことはなかった。私は彼と親しくなり、彼の属する世界が理解されてきて、タイ社会との距離がいく倍もせばまったことを感じたが、同時に身近なところにタイ社会のもう一つの現実が存在することも否定できない事実として感じていた。それは私の僧生活を助けてくれたデクのムックを通して伝わってきた世界である。私には、チャイニミトーの姿とともに、私のデクをつとめてくれたムックの姿も忘れるわけにはゆかないのである。南部タイのヤラ市から出てきたこの二十二歳の青年は、バンコクの体育大学の四年生であるが、親もとからの送金がなくなり行くところがなくなってワットに転がり込んできた。あと一年足らずのことでもあり、ここで中途退学するのはもったいないから、デクをしてでも卒業したいという。

私とは気が合って彼に助けてもらって私も僧生活を順調に送ることができた。インド系の血が若干入っていることを思わせる彼はハンサムで、素直な勘のよい青年であるが、あるとき、日本の青年の自由な生き方を羨んで、

「タイには自由というものがない。自分のしたいことができない。がんじがらめに縛りつけられてしまっているのですよ。タイでは仏教と国王と法には服従しなくてはならないのです。その権威は絶対です。どうにもならないんです。あなたにはこの気持わからないでしょう。」と言った。その口調の激しさに私は驚いて、

「だけど君、タイの若者は日本の若者よりはるかにリラックスして伸びのび生活を娯しんでいるよ。」というと、

「あくまでも表面だけのことですよ。たしかに遊ぶことは多いです。だけども、私たちには何ら選択の可能性はないのですよ。だって、一部の金持は別ですよ。タイ国の全財産はほんの一握りの支配者が独占しているのです。三千万人口のうちの二十万くらいが財産をもち、あとの二千九百八十万の人々は裸一貫無一文に等しいんだ。

自由な国《タイ》（ムアン・タイ＝タイ国）とはよく言ったものです。自由なんかこれっぽっちもないところなんだ。大学を出ても就職はまともなものはない。軍人、警察、官庁以外は、外国の会社や工場ばかりだ。それも一流のところは一握りの二十万人に占められてしまう。すべて身分とコネですよ。ぼくのような血筋も財産もない者に何のチャンスがありますか。ぼくだってタイ国は大好きだ。この国以外に住むところはない。この国をよくしなければと愛国の念は人一倍もっています。仏教も国王も尊重したい。だけど、現在のこんな有様じゃ、もうどうにもなりません。政治は嫌いだし過激なことはいやなのですが、このままじゃ、どうしようもない。

国民は仏教と国王を絶対敬えというのはよいのだけれども、それが何を生み出すのですか。あとは軍人による独裁政権ががっちりと抑え込んでしまって、手も足も出ない。不服をとなえることなんか許されやしません。日本人であるクッタチットーにはこうして言えますけれども。」

その真剣な表情と断固たる口調には私も圧倒されずにいなかった。社会のあり方に対する不満は、表面にはまだ現われてこないが、底部にはまさに充満していることがわかってきた。ムックにいわ

れるまでもない。タイ社会の、というよりも東南アジア社会の構造的矛盾はおおうべくもないことである。これは誰の眼にも明らかなことだ。だが、こうした理解の仕方は単なる知識の上だけのことである。日本社会に安全に暮しながら「タイに革命を」といった勝手な傍観者（そして侵略者）の立場をとることが、どんなに破廉恥きわまりない「暴力」的言動であることか、気づかない人間は幸せである。

タイ社会に深く入ってゆけばゆくほど日本人たる私の役割は限定され、行動の可能性は少なくなって、勝手な批判はゆるされなくなる。それだけタイ社会は私に重くなってくるのである。せめて私は理解はしよう、この異社会の仕組と論理とを。

ムックは私にそう言ってしまうと、けろりと明るさをとり戻してにっこりと笑う。別段私に同意を求めるわけでもない。私は「ピク」で、彼は「デク」だ。私は一段と高い座に坐り、彼は床で手を合わせてワイ（拝礼）をする。さあ、お茶でも入れましょうか。

しかし、私たちはいく度となくタイ社会をめぐる問題を語り合った。彼の友人たちや恋人もきて議論した。反日問題は焦眉の急の論題であったはずだが、憎である私の前では遠慮して日本のことは話題としない様子がみえた。それがかえって問題の深さを感じさせた。というのは、学生たちの口ぶりや態度には、あらわな「反日」姿勢はおおうべくもなかったからである。

ワット・ボヴォニベーへ今期パンサーに入った八十五人のピク・ナワカのほとんどは、ムックのいう「一握り」の人々に属していた。モム・ルアンから大会社の経営者の息子や将軍の息子まで、タイ国支配層のすべての領域から出てきた人々である。胸を張り誇り高く教養があった。半数以上は海外生活の経験者である。そして、反面、デクたちがいた。デクの数は僧の数を上まわる。彼らは満足に生活の成り立ってゆかない家庭からきていた。素直で従順で明るく僧に仕えている。彼らは「一握り」からはみ出た「その他大勢」に属する人々である。

この二つの層の差はあまりに歴然としていた。この格差の二元性はピク・ナワカとデクの間だけにとどまらない。ワットには八十五名のピク・ナワカの他に少なくとも一パンサー以上の永続僧が六十六名（この数は若干時期によって変動がある）いた。この六十六名には、ソムデットや私の師も含めて一人としてバンコク出身者はいなかった。皆、地方の農村地帯から出てきた者ばかりである。ソムデットはカンチャナブリ（クワイ河の橋で有名な地）の農村、師のチャオクンはナコンサワン（中部タイ）の農村で、ともに極貧の農民層出身といってよい。その他、南部タイ、北部タイなど、すべて村落社会から出てきた者ばかりの一大田舎者集団である。それがバンコクの中心部の、しかも国王の修行寺を預かる僧侶の中の「貴族」を構成しているのである。

各々のチャオクンが主宰するクティ・カナは、チャオクンの出身の地方の者が僧もデクも集まって、血縁と地縁の紐帯《ちゅうたい》を誇示する一大社会集団を形成している。この結びつきは非常に強力である。すべて血縁か地縁のひきによって決まってゆく集団の形成原理なのである。

この原理についてはここでは深追いしないけれども、この何たる差違、全員がバンコク出身でありかつ都市上層部の子弟であるピク・ナワカと較べて、先輩僧たちはその身体格好までが違うのである。ここにも存在の二元性がある。二元性はどのレベルでも、こうして社会のレベル、さらに象徴や認識のレベルにも見られるものであった。

14

パーティモッカ——戒律

僧の守るべき二二七条の戒律のことを、パーティモッカ（あるいはパーティモック）という。テラワーダ仏教は、別名戒律仏教といわれるくらいその信仰実践において戒律の占める割合は大きく、これなしには成立しないといってもよいほどだ。僧の生活が厳しく大変であるというのも、タイの人々が僧の生活に尊敬の念をもつのも、ひとえにその生活を律する規律の厳格さによるところが大きい。

僧の生活に入る前から、ともかくさんざん友人たちから脅かされたり、お前など一週間ももたないよ、などと冷かされたのも、すべて戒律の厳しさに堪えられないだろうという予測からきている。それだけに私の恐れながらの期待も大きくふくらんで、一種の戒律幻想が全身を支配してしまっていた。

とくにワット・ボヴォニベーは、戒律厳守のタマユット派の総本山であるから、その幻想はいやますのだった。さて、僧となって実際に体験してみると、確かに厳しいことは事実であり、パーティモッカがよく守られていることは解ったが、幻想をいだくほどにまで期待したものとは、少し異なっていた。

その点は、戒律というもの、また修行の厳格さというものに対しての、彼我の相違があるらしい。私などはすぐ永平寺とかヒンドゥー苦行寺などで行なわれるしごきのようなものをつい想像してしまうので、何か身体的な恐れをいだいてしまうのだが、テラワーダ仏教ではそういう面でのしごきは存在しないといってよい。

第一、瞑想に際しても、座禅の場合のような姿勢の正しさを厳しく要求されることもないし、叩き棒をもった先輩僧に監視されるわけでもない。パーリ語聖典には、瞑想については詳しい教えがあるが、その具体的な方法については記述がないという話であり、姿勢は一応坐る形をとっても、上体はかなり自由である。背を屈めていても、別にとがめられない。

これをみても、戒律のあり方が想像されるというものである。日本流の手厳しいしごきのようなものはないが、熱帯の空の下、万事が性急にならず、感情を荒立てることもなく、悠久に過ぎてゆく。

だが、ではそれなら戒律は緩い厳しさのないものなのか、というと、決してそんなものではない。パーティモッカは厳として存在し、僧の生活は整然としたものである。いうならば、悠揚せまらぬゆるやかな厳しさとでもいうのだろうか。便法はなきにしもあらずだが、戒律はゆるぎもなく守られているといわねばならない。タイのサンガはその点決して乱れることはない。非行僧の噂や、しでかした事件が巷間を賑わすことはままあるけれども、一般に戒律の遵守という面では見事なものであるといってよい。ワット・ボヴォニベーなどはタイ仏教の規範を自ら示すところだから当然としても、他のワットでも一般によく戒律は守られている。

さて、そのパーティモッカであるが、二二七条とは如何なるものなのか。

ピク・ナワカ（新入り僧）にそれが教えられる順序に従って、簡単に触れてみよう。パーティモッカに入る前に、僧が常に心しなければならぬ僧生活のいわば大前提ともいうべき基本的要諦があることを知らなければならない。前にも触れたが、繰り返しておく。

それは八つのアヌサーサナといわれるもので、いわゆる訓戒である。このアヌサーサナは各々四つからなる二つの群に分けられる。

第一は、四つのニサヤである。ニサヤとは僧の生活を基本的に支える生活の手段である。これは、一、ピンタバート（托鉢《たくはつ》）に行くこと、二、パムスクーラの衣を着ること（がらくたの廃棄された衣料の断片から採られたもの）、三、木の下に住まうこと、四、薬を摂ること、の四つであり、僧の生活はこの四つの条件によって成立すべきものとされるのである。今日では、もとよりこの通りに生活が行なわれているわけではない。僧の住居は木の下ならぬ階上であることが一般である（サマネーラやデク・ワットは階下）。またその黄衣は廃棄された衣料ならぬ特別製である。薬湯（般若湯）はないから、一と四は守られている。

しかし、この四条が僧生活の基本的条件として繰り返し説かれていることは今日も変わりない。かくあるべしとの意識は強くもたれていて、あまりにかけ離れた生活に走ることはないようだ。清貧は僧の第一の条件であり、僧生活の支持者である民衆もその点はよく心得ているようで、あまり贅沢はさせていない。人々の監視の眼は意外に厳しいものである。

次に、四つのアカラニヤ・キッチャとよばれるものがあり、これは絶対に犯してはならないとされていることである。

それは、一、性交渉をもつこと、二、盗むこと、三、生きものを殺すこと、四、（さとりなどの）境地に達したとほらを吹くこと、の四つであり、これらを犯すことは許されない。

この四戒を犯した者は僧籍を剥奪される。ピク・ナワカが何よりもまずウパサンパダを終えた後ただちに教えこまれるのが、以上の八つのことである。

次に、僧の修行を律する基本的な三つの概念が示される。すなわち、三つのシッカであり、シッカとは修行上の訓練を意味する。この三つはテラワーダ仏教のもっとも重要な中心概念である。

一、シーラ、これは肉体と話し方をコントロールすることで、それによって、身体と話し方の双方が正しく秩序立ったものとなる。話すことを、それも正しく話すことを、テラワーダでは重んずるのである。

二、サマーディ、これは心が動揺しないように保護する行動である。例えば、呼吸の調整などの行動を通して心の迷いをなくしてゆく。テラワーダの瞑想の中核をなす考え方である。

三、パンニャ、これはサンカーラ（肉体も心も含めたすべて条件づけられた存在物――つまり、この世に存在するもの）のすべてを完全に知ること。これはテラワーダの究極的な達成目標である至高の知のことを意味する。

テラワーダの修行とはパーティモッカを守り、この三つの状態に至る途のことであり、救いもすべてそれにつきるのである。

ブッダによれば、規律をよく守らないで犯した誤謬は、アーパティとよばれ、それは七種類に分類される。

すなわち、一、パーラチカ、二、サンカーディセサ、三、テューラチャーヤ、四、パーチティヤ、五、パーティデサーニャ、六、ドゥカータ、七、ドゥバーシタ、の七つである。このなかで、パーラチカとは、僧として絶対に犯してはならないこと、である。このパーラチカに含まれる戒を一つでも破った者は、自動的に僧の地位を剝奪される。次に、サンカーディセサとは、これを犯した僧は特別の懲罰を課され、身心を浄化するために厳しい修行を行なわなくてはならないが、それを守ればゆるされる戒律である。のこる五種類のアーパティは、もしこれを犯した場合、僧はそのことをサンガに告白し(同僚の一人にでもよい)、破戒の身を浄めなければならない。

ワットで新入り僧に教えられるこうした律は、大変素気なく、淡々としていて、その守律の是非は大部分個人の意思に委ねられているといってよい。

さらにこうしたアーパティが犯されるときの理由として、六つの場合が一般に説明される。それは、一、羞恥心の欠如、二、アーパティであると知らないこと、三、アーパティであるかどうか危ぶみながらも行なうこと、四、実際には行なってならないときに、何かを行なうべきだと思うこと、五、実際には行なうべきときに、行なうべきではないと思うこと、六、何も考えずに何かを行なうこと、の六つの場合であるが、このようなことがアーパティを犯すことにつながるわけなので、こういう身心の状態をつくり出さないように、いつも心がけていなければならないとされるのである。考えてみれば、単純明快な論理ではあるが、ブッダの教えはいずれにせよこの単純明快な論理を徹することのできない人間性に向けられているのだから、複雑に考える必要はまったくない。複雑なのは人間の身心なのである。

さて、ブッダが僧の守るべきシッカーパダ（戒律）として定めた規則は、パーティモッカに含まれるものと、含まれていないものがある。パーティモッカに含まれる規則は、七種類に分けることができる。

それらは、一、四つのパーラチカ、二、一三のサンカーディセサ、三、二つのアニヤタ、四、三〇のニッサギヤ・パーチティヤ、五、九二のパーチティヤ、六、四つのパーティデサーニャ、七、七五のセッキャワッタ、である。これで合計二二〇の戒律となり、これに加えるに、パーティモッカ以外のものとして、七つのアディカーラナサマータがあって、全部で二二七となるのである。

しかし、一般にはこのような厳密な区別は考えられていなくて、普通二二七条の戒律をもってパーティモッカといっている。

ところで、このパーティモッカの第一番目にくる戒律群は、四つのパーラチカであって、これは先に触れた四つのアカラニヤ・キッチャとほぼ同じ内容である。性、盗、殺についての三つの戒に加えて、ウタリマヌサダンマ（人間を超越したダンマの状態に達したこと）を騙《かた》ることの戒である。

この四つは繰り返し強調される僧生活の基本的な戒であって、これさえ犯さないでいれば、まず無事な僧としての生活がおくれるものといってさしつかえない。また、よほどのことでもないと、これは破戒できることではないと思う。こんなことができるほど、タイのワットは通常甘くはない。僧の生活はほとんど衆人環視の下にあるといってもよいくらいだから、私の場合を考えてみても、どうにも隙を見出すことはできないようだ。

もっとも、地方のワットでは滅茶苦茶な破戒の噂もまま聞くし、事実、ときとしては僧が女性に妊娠させたりということもないことはない。私も身近にその種の噂を耳にしたことが再三あった。だが、ワット・ボヴォニベーでは、私もかなり調べてみたのだが、そのような事実はないようだった。ワットの構造がどうにも秘密をつくるのにうまくできていない。気候のせいもあるだろうが、すべてがあまりに開放的でありすぎる。

もちろん、これは決して悪いことではない。僧の生活に秘密は必要ない。とはいっても、こうした感じはどうも日本人である私にとってのものだったらしい。開放的と感じたのも、わが国の寺院の構造が、あまり御縁のない衆生からみると、何やら秘密めかした奥の院の存在をにおわしめるようなところをもっているからである。私の想像力の働くところいつしか暗い本堂の裏の妖しげな雰囲気などを想わしめる偏見がどこかにはびこってしまっているからであって、タイでもつい僧院とは同じようなものと決めつけようとしていたからである。

だから、実際に出会った現実をみて、これまた極端に驚いてしまった。あまりにあけっぴろげの印象が焼きついてしまったのである。だが、タイの友人たちの話によると、タイの一般の人々からみれば、ワットと僧の生活は何やら閉ざされた秘密めいたところもあるように感じられるらしい。わかり切っているようで、やはり黄衣の生活には何らかの神秘性がつきまとっているようだ。秘密めいたというのは、ゴシップ的なものというよりも、神秘性・秘儀性に傾いた性質のものと感じられた。

さて、次に一三のサンカーディセサであるが、この内容は僧の個人生活に関する規律を定めたもので、サンガ（僧集団）の生活のあり方の基本を述べており、性や居住のあり方などについて決めてある。

例えば、その第一条には、僧が意識的に精液を出したなら、それはサンカーディセサに相当するとあり、第二条は、僧が性的に興奮して女性の身体に触ったならば、それはサンカーディセサであるというように述べてある。第三条は、性的に興奮して女性に話しかけることを禁じており、第四条も、性的な関係に誘い込むような話を女性に対してしてはならないとし、また第五条では、結婚の仲立ちをするようなことをしてはならないとする。

第六条、第七条は僧の居住する場所についてのもので、僧の住む小屋は一三スガタ・スパン（一スガタ・スパンは約三三・八センチメートル）の長さのものに定め、幅は数スガタ・スパン、建てる場所は前もってサンガの許可を得ていないと無効となること、などである。

第八条から第一三条は僧の行ないについての戒であり、他の僧をそしったり、サンガに損傷をあたえ、宗派活動を起したりすることを禁じ、また俗人を迷わしたぶらかすことを禁じている。いかなる宗派活動も禁じていることは注目に値するものであり、今日、テラワーダ仏教諸国では宗派というものは一応存在しない。あくまでもサンガの統一の保持が建前とされているが、派的活動は存在し、その解釈をめぐっては論争がある。

スリランカやミャンマーではこの活動は顕著であり、タイではそれほどでもないが、タマユットニカイの存在をめぐっては、議論がある。だが、マハーニカイとタマユットニカイの両者ともタイ・サンガとしては一つの教団に統一されているので、セクトとよぶことはできない。いずれにしても、日本のように宗派が独立して各々競い合いながら宗教闘争も行ない、互いに己れを正統とみなし、他を異端だとして活動を行なっているような状態はみられない。

タイの場合、両派のちがいは、パーティモッカの解釈のちがいからくるもので、ダールマの解釈その他はまったく同じだからであって、いわば「イデオロギー」は異なることがないからである。

次に、二つのアニャタであるが、これは、不定のものとされているもので、これを犯した場合の罪科は、その都度、状況如何によって判断される。

この戒は次のようなものである。

一、もし僧が女性と二人だけで外から見えない場所にいて、それをみた信頼できる俗人が正しくパーラチカなりサンカーディセサなりパーチティヤなりを指摘し、僧もそれを認めるならば、その違犯の程度に応じて、懲罰が課されるべきであり、もしくは、信頼すべき俗人が指摘する懲罰の種類があてはめられるべきである。

二、もし僧が女性と二人だけで外から話が聞えない場所にいた場合、それを聞いた信頼すべき俗人が正しくサンカーディセサなりパーチティヤなりを指摘し、それを僧が認めたときには、その違犯の程度に応じて、懲罰が課されるべきであるし、もしくは、信頼すべき俗人の指摘する懲罰の種類があてはめられるべきである。

これが、二つのアニヤタの内容であるが、私の経験では、テラワーダの懲罰は、外的な形式において他者の眼の前で犯されたことに対して向けられており、というよりも、慣習上そうなってしまっており、外的な形式を守ることこそ重要なのである。俗人の監視もその点では厳しく怖く、どこに眼が光っているかもしれないので、たとえ個室で一人になっているときでも、油断はできないのであった。戸の隙間、壁の穴など、外から室内を覗くことはいくらでも可能だからである。どうも、いつも誰かが僧としての私の生活に誤りはないかと視ている気がつきまとって離れないのであった。幸いにして、私は大それた違犯は犯さなかったけれども、僧であるとはいってもニッパンに至る途上にある生身の人間のことだから、いつ魔がささないとも限らない。

僧たちは、自分の妻が訪ねてきたときでも（多くのピク・ナワカは妻帯者であり、妻や子供が訪ねてきた）、ちゃんと自分の部屋の前の廊下で、話もよく聞え、衆人環視の場で、会っていた。個室には絶対女性は入れていない。もっとも、第三者が同席する場合には、個室で会ってもかまわない。ヨームのパイチューン夫人やチュラロンコン大学の女子学生の友人なども複数で訪ねてきたときには、個室でお茶を飲みながら歓談した。しかし、この日本人僧は大丈夫かと、そのような複数の場でも、タイ人のお目付役であるデクの一人が（これはお茶をついだりのサービス役としてでもあるが）必ず同席したものである。

ところで、次の三〇のニッサギヤ・パーチティヤとは、没収処分に関することで、これに違犯するとその行為（物）は失効し没収される。この戒律は、各々一〇条ずつの三つの群に分かれる。

最初の群は、チワラワッガとよばれ、黄衣に関する一〇条の規則である。第一条は、僧の黄衣は普通一着であり、それ以上の余分の黄衣は十日以上手許に所有しておくことはできないと述べる。

第二条は黄衣をまとうことなしにたとえ一夜なりとも過ごせば、サンガによる特別の許可がない場合、それはニッサギヤ・パーチティヤとなると定め、その後の八ヵ条は主として黄衣の贈与に関する詳しい規則が述べられている。少しでもよい衣からできた黄衣や高価な黄衣を俗人から貰おうとしたり、また俗人に黄衣を贈るよう要求したりすることが厳格に禁じられている。しかし、僧の親戚のものやパワラナを捧げたものがする場合には、例外とされる。このあたりはよく解らないことである。

そのせいか、タイ人僧の場合、ブッダの戒律の原点を離れて、黄衣の贈呈は頻繁に行なわれ、高価なものをまとうことが多い。もっとも、高価とはいっても、たかだか黄衣のことであって、大したものではないが、死体から剝ぎ取った衣の断片や、いらなくなって放って置かれた衣の断片から黄衣を作るべしというブッダの教えからは遠いものといわねばならない。また、通常、二衣までの黄衣の所有が今日では許されているが、これも、一種の戒律違犯の慣行となっている。

第二群は、コシャワッガとよばれ、絹に関する一〇条である。第一条は、僧の敷物のことで、絹のまじった山羊の毛で作った敷物をもっていたときには、ニッサギャ・パーチティヤとなると述べ、第二条では、全部山羊の毛から作られたものでもだめである旨をいい、第三条では白と赤の山羊の各々の毛の一部だけを用いてしか作ってはならないこと（他は別のものを用いる木綿とか綿とかの）、第四条では一度作った敷物は六年以上所有してはならないことが定められる。

こうした面は、ブッダ在世当時の北インドでの一般生活を知らないと理解できないが、もちろん、今日では東南アジア諸国において山羊の毛など用いられるわけはない。絹は用いられることは多いが、絹製の敷物はみたことがなかった。もっとも、枕は絹の多い衣で作った場合があった。

重要なことはこの戒律群には、絹＝金銭についての戒律も含まれていることで、第八条には、もし僧が自ら金と銀（金銭）を受けとるか、ないしは他人に受け取らせるか、あるいは、僧のために貯えられた金銭をみて喜んだりした場合は、この戒律に触れると明記されている。タマユットニカイが僧に金銭にさわることを禁じているのはこの項目に依っているが、タイの大部分の僧（マハーニカイに属する）はこれを無視している。

ワット・ボヴォニベーではこの項目は効いていて、六ヵ月の間、私は金銭に触れたことはなかったが、不思議なことに、そのようにして戒律を念頭におきながら生活していると、金銭がとても汚ないものに感じられてきて、近寄るとぞくっとするような戦慄感に襲われるようになったことであった。タブーの効力は恐ろしいものといわねばならない。しかし、必要な額の金銭（お布施として貰ったりしたもの）を所有していることはかまわない。ただ、直接触ったりしてはいけないだけである。

巨額の富をもった高僧はいくらでもいるのである。だが、享楽のためには使えない。数年前に亡くなったサンガラーチャなど遺産が数億といわれたもので、サンガと遺族（親族）との間に深刻な相続争いが起ったくらいだ。私のみるところでは、師のチャオクンもかなりのものと見受けられ、またソムデットなど予想外の大金持であろう。貯まるばかりで、出てゆくことはないのだから、それも当然というべきか。金銭の消費は許されていないのに、それへの執着は、一般に僧の間で大変なものである。金持以外相手にせず、という態度が露骨に感じられる僧も多かった。私など、お前は学校の教師なのか、金はないな、といやらしい蔑みの眼で尊敬すべき高僧からみられたことがあって、心中煮えくりかえらんばかりになったこともあった。

ほとんどのところで、初対面の僧から、お前の給料はいくらだったか、と聞かれる有様なのだ。こういうときばかりは、私のタイ仏教への思い入れも瞬時醒めてしまって、どうにも心の空白を埋める術がなかったことである。私のワットではあまり聞かれたことはなかったけれども、決して皆無とはいえないのは残念である。アメリカ人のヒッピー上りの真面目な瞑想修行僧など、タイ人の高僧のこうした金権的振舞に対して、いつも批判やら愚痴やら述べること述べること、それをなだめるのが大仕事だった。

さて、第九条は売買行為を禁じ、第一〇条では物の交換行為を禁じている。

第三群は、パッタワッガといい、ピンタバートのバアツ(鉢)に関する規則である。これは第一条でピンタバートにもって行くバアツ以外の余分のバアツを十日以上もっていてはならないとし、第二条ではバアツに裂傷ができたときには、十指間以上長い裂目の場合は新しいバアツを要求することができるが、その贈り主が親戚の者か既にパワラナを捧げた者でない場合は、この規則に違犯すると述べている。この群の第一〇条には、もし僧が誰かをしてサンガへの贈物を自分向けの贈物とさせてしまった場合は、違犯であるというのもあったりする。

この三群は、概して僧の日常生活における身辺の雑事の取扱いについての規則といってよいであろう。これらの項目は今日ではもう役に立たないもの(例えばピクニ——尼僧との関係に関するもの)もあるが、僧の生活で一応意識されていることがらばかりであるといってよい。これらのうちの主なものは、一般の人々もよく知っていて、そのためによく監視していることになるわけである。

さて、次は九二条のパーチティヤであるが、これは一種の権利没収の小罪であって、僧としてのあり方を定めた細かな規則である。

パーチティヤは、九群に分かれている。第一群は、ムサーワーダワッガとよばれ、誤った話し方に関するもので、一〇条からなる。第一条は、僧が嘘をついた場合、パーチティヤとなる。第二条は、他の僧に対して悪態をついたとき、やはりパーチティヤ、第三条は、他の僧を中傷したとき、第四条は、三晩以上俗人と同じ部屋で寝た場合、やはりパーチティヤ。この条項から、デクも三晩以上同じ部屋でやすむことができない。デクの寝場所がないとき、仕方なしに僧の部屋に泊ることがあるが、三晩以上になると、彼らもよく知っていて、他の僧の部屋へ行って泊る。第六条では、僧が女性に対して六語以上ダールマについて教えるとパーチティヤとなると述べ、しかるに、第三者がいて僧の説教の内容を理解しているときはよい、と但し書がくっついている。こういうところが面白いというか、細かいというか、パーティモッカの面目のあるところである。第一〇条には、僧が地面を掘ったり、誰かに掘らせたりしたら、パーチティヤとある。

第二群は、ブータガーマワッガといって、植物に関することであるが、居住に関することも含まれている。第一条では、もし僧が生育する植物を引き抜いてそれが生育しているところから断ち切ってしまうとき、それは違犯となると指摘する。第二条は、僧の振舞が悪くて、サンガがそれをとがめて問い質したとき、ちゃらんぽらんな答え方をしたり、黙して答えなかったりして、サンガが「公式の声明」を発した場合、パーチティヤとなるとあり、以下、他の僧の居所であるのに無断で使ったり、寝台を勝手に使って放置したり、水の中に生き物がいると知っていながら地上にそれを捨てたり草にかけたりした場合、と詳細な規則が続く。

第三群オワダワッガと第四群ボーチャナワッガは、食物に関する規則である。

第一条は、食事をする場所についてのもので、もし僧が病気でないときには、公共の食事場所（つまり、そば屋やレストランの類）での食事は一日だけなら許されるが、二日、三日と続けてはならない。食事場所もそば屋くらいならよいが、高級レストランは入ってはならない。タイ仏教では、タマユット派では僧は金銭に直接触れないから一人で僧院外の食べ物屋にはゆけないが、マハーニカイ派の方は金を所持できるので、よく屋台のそば屋などで食べているさまが見受けられる。しかし、高級レストランにはよほどのご招待でもまず行けないし、だいいち僧が一人でそんなところへ行って食事でも注文しようものなら、レストランの持主が気持悪がって、断わる。

その点、日本から南方仏教研修のため派遣された若い僧たちが、バンコクの日本人ホテルとして名高いアマリン・ホテルなどのレストランに午後入って、何やら食しているさまをよく見かけたが、陰でタイの人々が「あんなのは僧ではない。」と悪しざまにこき下ろしていたことをご存じだったのか、どうか。タイでは生活上の形式性が重んじられる。僧としての振舞には慎重でありすぎるということはない、とにわか僧の私など、肝に銘じていたものだった。もっとも、すでに日本での職業僧である方々には、別種の規律というものもあったにちがいない。ただ、その振舞の端々には、タイ文化のコンテキストとは合致せぬことが、あったようだ。

タマユット派でも、時たまのことであるならば、デクを連れて、まともなところなら、食べに行けた。その前には、ワット長の許可がいる。おそるおそるワット長のところに行って、今日は、図書館へ行きたいのですが、と申し出ると、よろしい、とこれは文句なし。それで一〇時頃に出てゆくと、どうしても、一一時の昼食（夕食）は外ということになる。必然的にチュラロンコン大学の学生食堂とか、サトン路の日本人会館の食堂とか、へ行って食べることがあった。わがデクも、これくらいのところなら許してくれる。ともかく、デクをはじめ一般の人々の僧の守戒状態への監視も厳しいものなのである。

サトン路の日本人会館の食堂は安く日本食を食べさせる。通常はあまり寄りつくこともないのだが、僧のときには時々行った。友人のタイ人僧や米人僧などが、日本食を食べてみたいと所望するので、まず図書館へ行き、勉強をしてから、あっ、もうワットへ帰る時間がない、と、外で食べなくてはならないようにして、仕方なしに、しようがありません、行きましょうということになるのである。

チュラロンコン大学の学生食堂のおそばとか、日本人会館の食堂の御飯のおいしかったこと、本当においしかった。舌に沁み透り、ほっぺたが落ちそうだ、とはあのときのことをいうのだろう。けれども、ワットを出て、俗人に戻って暫くすると、もう、どうしてこんなものがあんなにおいしかったのだろうか、と不思議に感じるようになるのだった。しかし、日本人会館食堂のコック長の方はとても篤信の方で、タン・ブンをよくしにきて、私のところへ訪ねて下さった。大阪出身の若い方だったが、実によい人で、本人は包丁一本の気楽な渡世といっていたけれども、時折、ワットへ差し入れてくれるお弁当には、こんなおいしいものがあるのかと涙が出そうになった。

さて、食物の禁止のことは恨めしいもので、いろいろと空腹時のことも合わせて思い出はつきない。ボーチャナワッガの第二条は、ご招待のときの食物について述べてある。それによれば、ダーヤカ（僧とサンガに寄進をする者）が僧たちを招くときに、次の五種の食料のいずれかについて言及した場合、四人以上の僧が行ってそれを受けたり食べたり持ち帰ったりすれば、パーチティヤとなる。五種の食物とは、蒸した御飯、菓子、薄焼きのパン、魚または肉、である。だが、この種類の食物も、次の場合には許されるとある。すなわち、一、病気、二、ワッサ（雨安居のこと）が終了する日、三、黄衣を作るとき、四、長い旅に出るとき、五、舟旅をするとき、六、ピンタバートに行ってももらえる食物が十分でないとき、七、サマーナ（篤信な人）によって食物が与えられるとき、の七つの場合である。

この規則は、あくまでこういう食物があるからと「言及しながら」招いた場合のことで、五種の食物が食べられないということではない。タイでは「精進料理」という考え方は存在しない。蒸した御飯も魚も肉も、ピンタバートでいただいたものなら、何でも食べなくてはならないといった方が正しい。この規則はむしろ豪華な美食で僧をもてなすことを禁じたものであって、美食の類は一切なすべきではない。タイ人の一般家庭では僧用の食物が定められてあって、どんなに富裕な家庭でも、魚はプラ・トー（アジの一種でタイではもっとも安い魚とされている）などが決まって出される。もっとも、これでも僧の日常生活にとってはかなりのご馳走であることに変わりない。私のニーモンの経験からいうと、この規律は必ずしも守られてはいなくて、中国系の人々の家に招ばれていったりした場合、フルコースの豪華な中国料理が出されて、大いに幸せだったことがあり、チャオクンも大喜びで、たらふく食べていた。私なども、このときとばかり一杯食べたのであった。

その他、このボーチャナワッガには、食事の時間についての大事な規則が定められてある。これこそテラワーダ僧の誇りとするところである。つまり、第七条に、もし僧が間違った時間に食べた場合、すなわち、正午から翌日の夜明け時までの間に食べた場合、それはパーチティヤとなる、とあるのである。これは一般に正確に守られている。タイ仏僧の存在前提のような戒律で、僧になるつもりだというと、そりゃ大変だ、食べられないのをご存じか、とくるのである。

夜明け時、とは文字通りの意で、掌が見えるくらいに明ければよい、とされている。掌が見えるようになると、僧たちはピンタバートに赴くのである。

第八条では、ピンタバートその他でもらった食物は一日越してもつことはできないこと、が述べられており、夜になると、余った食料は全部どんなものであろうとも、捨てられる。

夕方、デクが盆一杯の白米を惜しげもなくごみ箱に捨てているのをみて、何だか、とてももったいない気がしたものである。日本人の感覚からいうと、およそ無駄なことというか、白い御飯を捨てるのは、しのびないものがある。いくらお米と魚は無尽蔵という諺のあるタイ国であり、戒律が禁じているからといっても、ピンタバートでもらった折角のものをもったいない罰が当らんものか、と思ったものだ。しかし、戒律といったものは、そういうふうに考え出して、いろいろと理屈をつけながらゆるめてゆけば、いつの間にかがたがたの隙間が空いて、無意味なものとなってしまい、事実上、存在しないと同然のことになってしまう、というのも明らかである。大乗仏教の場合がその典型であろうか。妥協はしない方がよろしい。

第九条では、美味なものを俗人に要求することを禁じている。第一〇条は、俗人によって一度正式に捧げられていない食物を呑み込むことはパーチティヤになるといっている。この点、タイではしつこいくらいに形式（深々とワイをして捧げる）をやかましくいっている。あるとき、日本人の友人宅に招かれて行ったことがあるが、奥さんがお茶を出してくれたのはよいのだが、この形式を踏まずに前に置いたきりなので、手が出せずに困ったことがあった。女性の場合は直接捧げて手渡すことはできないとされており、僧はナプキンでもハンカチでも、またそのための黄色い布があれば一番だが、それをまず広げて、その一方の端をもち、その上に女性に捧げられたものを置いてもらう手続を踏むのである。面倒くさいけど仕方ない。それだから、デクなど一般人がいないと、折角、食物はあるのに、手が出せず食べることができない羽目になる。僧の単独生活は、タマユット派の場合には、こうしてまず不可能となる。ただし、生水と爪楊枝の場合はこの限りではない。

第五群は、アチェラカワッガといって、僧の行動に関して一〇条の規制を示している。第一条は、もし僧が自分の手で食物を他宗教の聖職者に渡した場合、その行為はパーチティヤとなると述べている。第二条ではピンタバートへ他の僧を連れて行って、悪いことを唆《そそのか》すことを禁じ、第三条では、一般人の家族が食事をしているときに坐り込んで邪魔をしたりすることを禁じている。また第八条では、戦いに臨む軍隊を見に行ったりしてはならないと定め、何かの理由で軍隊と行動を共にしなくてはならないときでも、三日以上一緒にいてはならないと第九条で述べる。戦争や軍隊と仏教とは相容れないものにちがいないが、従軍僧といった存在はテラワーダ仏教ではまず考えられないものなのである。

第六群は、スラパーナーワッガといって、飲酒についてのものからはじまる規則である。第一条は酒を飲むことは一切禁じる。第二条は僧が他の僧をくすぐったり、ふざけてさわったりすることを禁じ、第三条では水泳を禁じている。さらに第五条では他の僧を驚かしたりしてはならないとし、第六条では自分の暖をとるために火を燃やしたりすること、また、他人に命じて自分が暖まるために火を燃やすことを禁じている。他に特別の理由があった場合は、その限りではない。第八条では僧のまとう衣について、まとう前に必ず青か粘土色か濃茶の三色のいずれかに限って染色して着用することが明記されている。いわゆる黄色の色だが、今日のテラワーダ仏教では青はなく、黄色の濃淡による三色がみとめられている。

明るい黄色、濃い黄色、あるいは緑色がかった黄色の三種だが、タイでは伝統的に、森の中の瞑想寺で修行する僧たちは、この最後の緑色がかった黄色を着ているのが普通である。しかも、ジャングルの瞑想寺の僧たちには一種の呪力がそなわっていると信じられていて、昔は街でその色の黄衣をまとった僧がくると、恐れて皆逃げ出したといわれているところから、そのかっこのよさに憧れて、一、二ヵ月経つと、ピク・ナワカたちの中のある者はこの色に染めかえる者がいて、それをまとって得意になっていた。大体、新入りは明るい黄色の衣をまとい、ふるくなってくると、濃い目のものをまとうようになる傾向がみられた。しかし、別に定めがあるわけではない。私は染め変えるのが面倒で、ファッションを気取るのは断念した。

第一〇条には、他の僧の所有物を何であれ、たとえ冗談にでも隠したときには、パーチティヤになると述べてある。ふざけ合っても冗談にしても、いけないのであり、スポーツは水泳のみならず、一切御法度である。ともかく、僧はみだりに走ったり激しく身体を動かしたりしてはならぬ。私の隣室にいる、タイ東北のラオスとの国境地帯の警察署長は身体がなまるといって、毎夕、空腹をかまうことなく、腕立て伏せを数十回行なっていた。「それは君、いけないんですよ、パーチティヤになりますよ。」とは一度もいわなかったのだが、これは見つかればもちろんいけないことに属する。しかし今日ではこの程度は見過してもらえる。これも三ヵ月で出てゆくピク・ナワカのことだからで、一年も二年も修行をしている僧にとってはゆるされないというよりも必要がないし、第一そんな余分の体力は残っていない。私だって、そんなこと到底できる相談ではなかった。空腹をまぎらわすおしゃべりならよいが、なるべくじっとして体力の消耗はさけるというのが本音である。修行を長く続けていると、いつしか形式が決まってしまって、余分のことに気も肉体の力もまわらなくなるのだ。

第七群は、サッパーナワッガといって生きものに関することである。第一条は一切の殺生を禁じている。第二条は、もし僧が水の中に生物が棲んでいることを承知でその水を使ったらパーチティヤとなるといい、第三条ではサンガ法を守ることを命じ、第四条では他の僧が犯したアーパティを知っていて隠しているときにはパーチティヤとなると指摘している。第五条は二十歳以下の男子であることを知りながらウパチャーヤとしてウパサンパダの儀礼を受けさせた場合、パーチティヤとなると指摘しているが、これは意外に大事件ではないようだ。第六条では密輸商人と一緒に旅してはならないと説くが、古代インドの密輸商人とはどのようなものだったのだろうと思わせる。

第七条は女人とは小さな村落を通りすぎるだけであっても、一緒に旅してはならないとし、第八条はブッダの説いたことに反する言動を禁じ、第九条はこのようなダールマに反する僧と一緒に付き合ってはならないという。第一〇条では同じ誤りを犯したサマネーラと一緒に付き合ってはならないとする。

ブッダ・ゴータマの説いたこと（ダンマデサナー）に叛くような言動は、厳として慎むべきであることはいうまでもないが、その罰はパーチティヤであって、修行の過程でブッダの説く真理が解ってくれば自然となおってくることが期待されている。こうした面は、仏教ではあまり厳格ではない。異端がゆるされないことは当然であるが、キリスト教やイスラム教ほど峻烈なる区別はないのである。しかし、実際には一時気まぐれ的な反抗はないことはないとしても、一般にタイ仏教では「異端」に近い現象が起ったとしても、むしろブッダに帰れというような主張からサンガのあり方を批判するような場合が多い。

第八群は、サハーダンミカワッガといって、ダンマについての一二条である。第一条は、もし一人の僧が間違いを犯して、それを他の僧がみつけてさとした場合、それにもかかわらず、もっと戒律をよく知った者に問い合わせるべきだと抗弁したようなときはパーチティヤとなる。

第二条では、パーティモッカを誦えているときに僧の一人がこの戒律は厳しすぎるというとすれば、パーチティヤとなる。第四条では、僧が怒って他の僧を殴ったりすれば、パーチティヤとなる。第五条ではさらに厳しく、殴ろうとして手を振り上げてもパーチティヤとなり、暴力こそもっとも僧の行動にふさわしくないものとなる。その他、黄衣や贈物について若干細かい規則が続く。

第九群は、ラタナワッガで、富に関する規則である。この第一条は少しく変わっていて、前もって許可を得ることなしに、王と王妃が一緒にいる部屋へ入ってはならないとする。こんなことが普通起りうることは想像できないが、タマユット派は王室に近いし、ワット・ボヴォニベーのワット長なら王と密接な関係にあるから起るかもしれないが、ソムデットの顔を思い浮かべれば、そんなことがありえないことに気づく。

第二条は、一般人の落し物を拾って持っていたり、誰かに拾わせたりすることを禁じ、第三条では許可を得なくして一般の人々の居住する場所へ赴いてはならないとする。また第四条は高いベッドを僧用に作らせてはならないという。低いところに眠る、これは僧生活の基本である。私などは床に薄敷一枚の生活だったが、これが実に快適きわまるものであった。どうも人間の身体には寝るところは固いにこしたことはないようだ、もっともあまり固すぎてもいけないが。寝台の高さは、八スガタ・スパンまではよいとされている。座ぶとんや傷口をおおう布やバスタオルなどについても大きさが定められてあって、それを越えたものを持つことはゆるされない。

僧となって以来、多くの人々からたくさんの贈物を受けたが、だいたいは座ぶとんか枕の類である。これは正確に大きさが合わせてあって、僧用の日常品を売る専門店がワット・ボヴォニベーのあるヴァランプー通りには何軒もあるのである。

さて、以上で九群に分かれたパーチティヤの規則がおわる。パーチティヤは小罪だから、改めれば許される。

次にくるのが、四つのパーティデサニヤであって、これに触れた場合には、告白して裁決を仰がなければならない。第一条は、もし僧が親戚でもないピクニから食物を受け、自分の手にとって食べたとき、これはパーティデサニヤとなると述べている。

以下の条項は、ピクニの行動に関すること、また特定の俗人（サンガがセカアとよぶ人々）から食物を受けてはならないこと、またジャングルの中の瞑想寺では見知らぬ者から食物をもらってはならないこと、などが記してある。今日、テラワーダ仏教には正規のピクニは存在しないから、パーティモッカの中でピクニに触れているものは、実際上は関係しないものとなる。タイなどでよくみられる剃髪白衣の女性たちはピクニではない。

次は、七五のセッキャワッタとよばれるもので、訓練事項である。僧が行なわなければならない訓練はセッキャワッタといって、四群に分けられている。

第一群はサールッパであり、正しい行いに関するもの。第二群は、ボーチャナパティサミユッタといい、食物についてのもの。第三群をダンマデサナパティサミユッタといって、ダンマを教えること。第四群はパキンニャッカといい、その他の物事に関すること。

さて、第一群サールッパであるが、これは二六の事項からなっている。僧のとるべき正しい行動について詳しく定めたものである。

第一項、私は上衣を正しく着けます、第二項、私は下衣を正しく着けます、とはじまってゆく。この衣服を正しく着けるのにはなかなか時間がかかり、私のように不器用な人間にとってはずり落ちないように形が崩れないように正しく着けることは並大抵の苦労ではない。いく度もいく度も注意され、形を直され、手伝ってもらって着け方を覚え込まなければならない。ともかく、一枚の衣なので、これを正しく巻きつけて着けて、動いてもずり落ちないでいられるようになるまでに、二、三ヵ月は優にかかる。結局、私は正しく着けられずに終ってしまったようだ。

タイ人僧たちが、ぴったりとまとう姿は、ほっそりと骨細な身体とうまく合っていて、優美なものである。そろそろ太り気味になってきていた私は、いくら厳しい修行のおかげでやせたとはいっても、見苦しい格好から脱け出せなかった。それで動き出すと形が不様に崩れるのだから、もうどうしようもない。リールッパの厳守は大変な問題であった。

さて、第三項は、ワットを出るときには身体を正しく覆って行きます、とあって、これはワットの中では通常チーオン（黄衣）は一枚で、片肌むき出しの着衣でよいが、ピンタバートをはじめとして、ワットから外出して行くときには、チーオンを二枚重ねにして、首から下は全身を覆って行かなければならない。大体、自分のクティにいるときには、スヴォンという下衣だけで、上半身は露わにしている。いわゆる腰巻き姿であるが、これは大変気持よい格好なのだ。

ただし、慣れるまでは立居振舞に気を付けなければならない。ついうっかりして、立ち上がるときにスヴォンの下に何もはいていないのを忘れてしまって、前に坐っている人があっと驚いて思わず眼をそらさなければならないような光景に出くわすことになりかねない。まさに僧の正しい行いに反することなのであるが、私たちピク・ナッカの寄り合いにはよく現出する光景であったので、やはり触れておくべきだと思う。

他の僧たちが仕出かす失敗を見て、私も己れの行動に含まれる気づかない失敗に気づいて、慎重に立居振舞をするようになったのは事実なのである。しかし、この光景、ときとして厳粛なるタン・ブンの儀礼のときなどに現われて、何とも複雑な感じにさせられたものであった。

以下、手足を正しく動かすこと、視線を下にしていること、などが続くが、これらはすべて、これから先の事項も含めて、俗人のいるところでは、という但し書がついている。

　俗界にあっては、サールッパの二六事項は厳守されなければならないが、ではワットの中なら守らなくてもよいのか、というと、決してそのようなことはなく、言動の仕方は厳格に監視されている。しかし自室やワット内での僧の間では上半身むき出しでくつろぐことができたりするように、俗界における僧の行動とは自ずから異なった規準となる。僧には「私生活」も存在するのである。

　あと、黄衣をぐいとたくし上げてはならない、大声で笑ってはならない、大声でしゃべってはならない、腕を振りまわしてはならない、頭を振ってはならない、両手を腰に当ててひじを張ってはならない、頭を布で覆ってはならない、走ってはならない、膝を抱えて坐ってはならない、と続く。頭を振ったり、大声で笑ったりすることなどは歩いている（立っている）ときも坐っているときも、すべて駄目となっている。

　こうした正しい行いの規準に照らしてみる僧の姿とは、一般人からみたら、どうであろうか。静かで、決して視線を上げず、身体を激しく動かすことなく、ゆっくりとおとなしくしゃべり、急がず騒がず、慌てず、だれることはない。いつも正坐できちんとしていて出しゃばらない。

　考えてみれば、私の日頃の言動や姿勢とはまったく異なる人間の状態がみられるということになる。恐ろしいことだ。私などは、ワットに入る前にはこうした正しい行動に徹した僧が下をむいてしずしずと前から歩いて来るのに出会ったりすると、下を向いている視線にいかにも偽善的なものを感じて、こいつ、どんなに腹黒い奴なのか、などと悪態をついたものだし、また悪態をつきたくなるような存在もいないではないのだが、いざ、ウパサンパダの儀礼を通過してみると、いつの間にか、こうした態度が自然に身についてしまっている。これは意識的というのともちがう。何となく気がつくと、そうなってしまっているのである。

だから、昨日までキャバレーのバンドマンをやっていた悪童がサマネーラになると、まったくの別人となってけろりとしている。この変身の妙は、やはりすばらしいといわねばならない。偽善的というのとは明らかにちがうのである。俗―聖の変身の論理によるものといったらよいだろうか。この変身の論理は、タイ文化のさまざまなレベルに現われるもので、その都度、そのあまりに見事な変身のさまに、驚嘆の念が起るのを禁じえないのであった。

第二群のボーチャナパティサミユッタは、食物に関する三〇の規則である。

これは、まず、僧は次のように自己訓練をしなければならない、とある。第一条、私はピンタバートの食物を受けます、第二条、ピンタバートの食物を受けるときにはバアッ（鉢）の中だけを見ています、第三条は、私はカレーを御飯に対する正しい位置に受けとります、とある。これはインドの作法に従ったものである。タイでの私のピンタバートではカレーを受けたことはなかった。

このあとは、ピンタバートの食物を受けるときはバアツのふちまで一杯になるだけしか受けないとか、ピンタバートの食物を喜んで食べる、食べるときはバアツの中をみながら食べ、視線を散らさないとか、病気でないときにはカレーなど特別の注文をつけてはならない、他の僧のバアツの食物を間違って食べている僧がいるかを捜したりしないとか、大口を開けてぱくぱくやらないとか、食事中には指を口の中へ入れない、口の中に食物が残っているときにしゃべらない、などと細かい礼儀作法も定められてある。

食べかけの食物をぺっと吐かない、ぐちゃぐちゃ音を立てて食べない、バアツを叩いたりしながら食べてはならない、舌を出して食べたりしない、と細かい注意がしてある。私の注意してみたところでは、俗人の前では別として、ワットの中では僧は犬のように喰らい、これらの多くの規則は必ずしも守られていない。

しかし、俗人宅などに招かれたりしたときにはかなりこの規則はよくいきわたる。もちろん、この規則にはワットの内外の区別はない。

私にとってはソムデットの作法は完璧にみえた。秘かに私もそれを真似しようと決心した。ゆっくりと背筋をきちんとのばして、悠然とたべる。正直いって、相当な高僧でも、食事のときには、飢えた犬のようにがつがつと食べるのが少なくない。床の上にバアツを置いて、かがむようにして食べるので、どうしても犬のような食べ方にもなってしまう。だが、空腹病からがつがつしている、といえなくもないのだった。私など空腹で仕方なく、ソムデットの食べ方をはじめてみたときに、己の姿の浅ましさに思い至ったのであった。

第三群のダンマデサナパティサミユッタは、一六条からなるダールマの教え方についての規則である。

まず、僧は次のように自分自身を鍛えなければならないとあって、私は次のような者にはダンマを教えない、とする。つまり病気ではないのに、第一条、手に傘をもつ者、第二条、手に杖をもつ者、第三条、鋭い刃のついた武器をもつ者、以下、武器をもつ者、サンダルをはいている者、靴をはいている者、乗物に乗っている者、寝台の上にいる者、膝を抱いて坐っている者、ターバンを巻いている者、頭を覆っている者、僧が床に直接坐っているのに敷物の上に坐っている者、僧が低い席についているのにそれよりも高いところにいる者、僧が立っているのに坐っている者、僧の前を歩いている者、僧が道端にいるのに道の真ん中にいる者、こういう人々に対してダンマの教えを行なってはならないと命じているのである。

この条項はおそらくもっとも厳しく今日のタイ社会では聖俗両方において守られている。まさに平身低頭して僧に接するというのが偽らざるタイ人の態度なのであって、その徹底ぶりには、僧である私自身、表面は当たり前に振舞っているものの、内心驚いて動揺すらしたことであった。

だが、ワットをひとたび出て、俗身に戻って、ワットを訪ね僧の前に出ると、それがいくら同僚として仲良く付き合った仲間であっても、私自身、知らぬ間に深々とワイを捧げ、まさに徹底した態度を示しているのであった。この態度はいまも変わらない。というよりも、僧の前にゆくと、気のつかない間に自然とひざまずいて正しい作法を守ってしまっているのである。

次は、パキンニャッカといって、三つの一般的な心得といったもの。だが、重要なことばかりである。僧は次のように自分を鍛えるべし、とあって、もし病気でないときには、一、立ったまま用便をしない、二、緑の植物の上で用便をしない、三、水の中へ用便をしない、の三条である。

この条項は切実であり、恥かしい話だが、私はこれを知らず、僧となってから一週間ほどこの第一条に触れるようなことをしていた。一週間ほど経ったある朝、例によって景気よい音を立てて小さい方の用を足して、便所から出てきたところ、先輩僧に叱られてはじめて知ったような次第であった。どうも周りは皆気づいていたらしいのだが、そのうち気がつくと思ってか、黙っていたのがいっこうに改まらないので、たまりかねてということらしい。

僧になる前にはパーティモッカについて別段習ったわけでなく、入ってからも細かい条項についてとり立てて教えてくれない。そこで、こういう不始末を仕出かす羽目となってしまった。以後は改めて、坐って行なうように努めたが、日本人には、変なもので、よく馴染めない戒律であった。インド人の習慣からすれば当然のことだろうが、別種の文化に属する人間にとってはあまり意味のない戒律であるようにも思えるが、考えてみれば、用便中にあまり派手な音など立てない方がよいには決まっている。

その他の二項目は、よほどのことがなければ犯すような戒律ではない。ただし、水洗方式は使えないことになるのか、と思うと、水洗のあるワットもある。クティ・カナ・スーンなどにも水洗便所があった。この戒律は古代インドの話であるし、みだりに植物を汚し、水を汚さないというのは、生活の要諦にはちがいあるまい。

さて、以上の二二〇戒律がパーティモッカである。ピクニに関するものなど現在では必要のないものも多いが、些細なことでも、日常生活では、とくに人のいる前では、よく守られている。人のいないところではどうなのか、これは誰も知らない。しかし、タイの僧の生活は密室的な構造ではないので一人になったところでそれほど勝手ができるというわけにはいかない。私など絶えず誰かが見守っている感じでいたが、それも特別気にならないのが僧の生活なのである。

この気分はなかなか言葉にはならないものだ。一種、舞台に立っているような高揚した気分が張りつめているとでもいったらよいだろうか。僧の生活は、タイ社会にあって、一種の舞台に上がった役者に似たものなのである。ある意味では、その社会の花形に近い。もちろん、私は花形ではないが、聖を演技しながら演技が日常化するという現象がいつしか自然に生ずる仕掛になっている。文化の仕掛の典型的なものといえようか。

しかし、あの高揚した気分は忘れがたい。もう一度僧になってみたいと思う。この気持は、微妙な感覚を含んでいる。快感が伴わないことはない、といったら大変な不敬を犯すことになるだろうか。実際には苦しい厳しい修行自体が、一種の快美感を伴っているものなのだ。

タイ文化における僧のあり方、それは何といっても美学に属するところが多い。タイ文化の洗練のエッセンスがそこには存在している。タイ僧の剃髪し眉を剃り落した形姿には、この世のものとも思えない美がある。いま一歩を踏み外せば、エロティックにもスキャンダラスにもなってしまうであろうような危険な美が、そこに漂うことは事実だ。美しさ、両義性、危なっかしさ、そして、厳格。

さて、この二二〇に加えて、七つの戒律が続く。それはアディカーラナサマータとよばれる法的措置に関する条項である。

これは、パーティモッカには記されていないが、四つのアディカラニャといわれる法的過程を定めるためのものである。四つのアディカラニャとは、一、これはダンマであるからヴィナヤ（戒律）だ、とか、これはダンマでないから、ヴィナヤではない、と論争すること。これをヴィヴァーダーディカラニャとよぶ。二、アーパティを犯したと他の僧を非難すること。これをアヌヴァーダーディカラニャとする。三、すべてのアーパティとそれに係わる行動。これをアノパタディカラニャという。四、サンガが行なわねばならぬ事業。これはキッチャディカラニャとよぶ。

この四つのアディカラニャをまとめるために七つのアディカーラナサマータがあるのである。それは、これらの四つのアディカラニャが起った場合のその決裁の方法なのである。一種のサンガによる調停であり、裁判であるといってよい。七つの方法には、サンガの集会で、俗人の前で、ダンマの前でなど法的措置が考えられている。アラハン（さとりの境地に達した人）であるとみとめられるためには、サンガの読経による公式の見解発表が必要であるとか、狂気の治った僧がサンガに戻ることをゆるされる方法とかが記されている。

私自身は一度もこういう場に立ち会ったことはなかったが、現在では、サンガにはこうした裁きを厳格に行なうような力はないように見受けられた。というよりも、僧が戒律を犯して裁きを受けるといったシーリアスな場面が展開される以前に、ワット長が個人的に裁いたり、戒律を守るのが重くて耐え切れなくなったら、「チーオン（黄衣）が熱くなった」といって、還俗してしまうというのがタイ人の一般的な処理法であり、態度であるからである。

15 対立

私の師のチャオクンは、かなりの実力者で他の僧からは恐れられている。大音声でどなりつけられたことはしばしばであるが、こんなことをする僧は他にいなかった。一般にタイ人僧はソフトで角がないのである。

彼はパンサー歴三十三年、十四歳でサマネーラになったというから、もう四十年近く僧生活をおくっているわけである。その点では芯から叩き上げた僧のみがもつ貫禄がそなわっている。堂々たる坊主である。

この人はかなり桁外れな存在だった。夜、遅くなるとお気に入りの取りまきの俗人たちが数名やってきてはチャオクンを中心に雑談に花を咲かせる。楽しそうに談笑するさまは、どこか卑猥なところがあり田舎の小父さんたちが座を組んで笑い興ずるといった感じである。ときにはチャオクンが妙な歌を唄ったりする。ナコンサワン（中部タイ）の村落からでてきてバンコクのこの国王寺の高僧にのし上がったのだから、大変な出世ということにもなろう。私は毎夜この寄り合い談話が深更におよぶのをうつらうつらと眠りながら耳にしていた。

大音声でどなりつけるかと思うと、クッタチットー、はっはっはっはと大笑いをする。よしよしと眼が笑いにほころびると、もう実にやさしい顔になる。と、次の瞬間、ぷいと横を向いて黙りこみ、表情はかたくなに一切何ごとも受けつけない。その変化は目まぐるしく、このチャオクンと接していると、いつ変わるかとその法則はとらえどころがないので、緊張のしっ放しであった。

ともかく、さすがというべきかチャオクンの性格は、一筋縄ではゆかない複雑きわまりないものであり、一体、何を考えているのか最後までよくわからなかった。金銭に執着し、俗的関心は旺盛で、権力欲も強烈であったが、また反面、このチャオクンは面倒見がよく恩恵を受けている者は多く、慈悲に富んだ存在でもある。驚くべきイノセントな面もあって、これらの要素が常に交錯する。チャオクンに何か差し上げたいのですが、と申し上げたところ、お前は学者で貧乏なはずだから無理をするなとにべもなくいわれたことがある。

私にはどうにも大変な師であったが、ときとして示すやさしい笑い顔には、本当にこの世のものとも思えないすばらしい魅力があって、全身が打たれるような思いになる。そこには純粋無垢な魂とでもいうべきものが発現するかのように思われた。そのやさしさは存在へのいつくしみとでもいったらよいであろうか。粗野といってもよい野卑といってさえよいかもしれないこのチャオクンであるからこそ、おー、クッタチットー、と笑うその顔から発するものは貴重で効果があった。

チャオクンは全タマユット派の幹事役であり、政府が推進している僧をタイ社会の開発教化に用いるタンマチャリク運動の代表者であって、その実力には政治性も含まれていた。彼の影響力は並々ならぬものがあり、この師の後光のおかげで、私はどこに行っても歓迎された。お前がクッタチットーか、タン・チャオクンのところにいる日本人僧《プラ・ジープン》か、チャオクンによろしく、という具合である。

彼はワットでは三番目の地位にあるといわれていたが、これは役目柄である。というのは、一般に僧の位階を決める指標は三つある。これは私が徐々に理解していったことなのであるが、まず僧の序列を決するものは、パンサー歴である。これは厳格なもので、同じ日に僧となったものであっても、一時間でも前にウパサンパダを受けたものは上位の位階に属する。サンガにおける位階制とは、本来ブッダの時代にはこのパンサー歴以外には存在しなかった。だから、チャオクンなどと威張っていても、パーティモッカ斉唱儀式とかいわば純仏教的な行事の場になると、このパンサーによる秩序が支配する。この秩序は基本的には尊重され、パンサー歴の長い僧はそれだけで一種の敬意を払われている。

次に、タイ・サンガが定める位階制がある。これには二つのレベルがある。まず、サンガラーチャ（サンガ王）を頂点とする僧のヒエラルヒーが存在し、ソムデットとかチャオクン、プラクルーなどの地位が官僚的な位階秩序にならって制定されている。

その資格は、一つはパンサー歴とパーリアンとよばれるパーリ語の僧のための国家試験による資格検定である。パンサー歴三、四年から始めて、パーリアン三級に挑戦する。毎年二月に一回行なわれる国家試験によって資格を上級に上げてゆくことができるわけである。

パーリアン九級が最高位であって、普通ドクター号と同じといわれ、ワットに一人いればよい方である。この学問寺でもソムデットを除くと他に一人いるだけである。パーリアン八級が一人、七級が三人で、あとは四、五級ばかりである。七級以上ともなると大したもので、尊敬されているだけでなく、プラクルーの地位を経ずしてパンサー歴二十年でチャオクンになれる。タイ・サンガの官僚制におけるキャリア組であるといってよい。パーリアンの上級資格は、位階制の階段を昇ってゆく大きな条件である。僧の位階制における評価を決めるのはワット長だから、一方でパーリアン資格とパンサー歴を考慮し、他方で修行における態度・人望・勤勉などの人間的価値をみながら、昇進を決めるのである。

私のチャオクンはパーリアン五級だが、それ以外の点で力量が認められたわけである。やはりサンガといえども生臭い人間の世界であることには変わりないのであって、政治性その他が意味をもつこともある。もっとも、評定はワット長が独自に行なうからその人の考え次第であるともいえる。タイ・サンガの位階は社会的な意味も大きい。チャオクンともなれば大したものである。ワットの中でもクティ・カナ（一群のクティと僧を擁する部門の責任者）を任せられたり、公の役職に就いたり忙しい。一般に僧の弱点は名誉欲にあるといわれている。マハマクート仏教大学にあまりたくさんの役職と地位があるのにあきれていたカラワァット（俗人）がいたが、しかるべき地位がないことにはすまないのである。

さて、いま一つの僧の評価は、人望である。人々が頼りとして殺到する僧とそうでない僧とがある。人々が慕って集まってくる僧と集まってこない僧がいて、その差は歴然たるものがある。

人々が特定の僧のところに集まってくるという原因には二つある。一つはソムデットのような本当にサーサナ（教え）に通じ人格的にもある高みに達した僧がもつ人を惹きつけずにおかない力である。ソムデットとかアーチャン・ボーマとかいう人は修行の厳格さも人々の間に聞えていて、人はその存在が発散する「ありがたさ」を求めて集まってくるのである。いわゆる「アラハン」の境地に達した僧とでもいおうか。現在タイにはこの境地に達した僧がいく人かいるといわれているが、アーチャン・ボーマもその一人である。外見はぼさっとした田舎坊主にしかすぎないが、そのカマタンの教師としての力は絶大で、欧米から瞑想を求めてやってくる白人の僧の志願者はこのワットで僧になった後、東北部タイにあるアーチャン・ボーマの瞑想寺へ行って修行に励むのである。

こうしたアーチャン（文字通りの師であり、パーリ語のアチャリアからきている）は、サンガの位階序列には自ら入らない。「俗世」の地位は望むところではないのである。こうしたアーチャンがときとしてバンコクのワットへやってくると、早朝から人がひきもきらず訪ねてきて少しでもその徳にあやかろうとする。

アーチャン・ボーマがきたときなど大変な騒ぎであった。朝の五時にはアーチャンが滞在しているクティの前には人が一杯詰めかけている。アーチャンの説教に耳を傾けて、アーチャンに捧げ物をしてタン・ブンをするのである。

同じことは「俗世」のワット長であるソムデットについてもいえる。この僧のところにも人が群がるのである。その高徳にあやかろうとするわけなのだ。

さて、こうした高徳の僧とは異なって、パーリアンの級もなくサンガの位階も低いが、人々が押し寄せて大変だというタイプの僧がいる。

私をワットへ紹介してくれたプラクルー・パリットの場合がこれであって、この僧も絶大なる民衆の支持を集めている。それは彼の「呪術師」としての卓抜さによるもので、プラ・モー・ドゥー（呪術僧）としてこの僧はタイ全土に名の響いた存在なのである。私はとんとこんな事情は知らず、気軽に「先生」といっては話に行ったりしていたが、同僚のピク・ナワカまでが「見て」もらいにゆくというので驚いて、はじめてその高名な存在を知ったわけであった。プラクルー・パリットは私には興味深い存在で、この人だけはワットの人間関係の中で超然としているので親しみを覚えていたが、一般には気難しく容易には「見て」もらえないのだということであった。

このような存在は他にもう一人いて、朝夕のスワットモンのときに出欠をとる色の黒いやせた僧だったが、ソムデットさえ、何かあるときにはこの二人のところに相談に赴くという噂であった。ワットの行事や重要事項の決定の際にである。

こういう力をもった僧にも人々は集まり、その呪力にすがろうとするのである。ただ、面白いことは、パンサー歴と高徳と呪力が各々僧生活の場によって分けられて活用されているわけである。つまりそれぞれの面で優れた存在が主役となって出場する場面が作られているわけである。各々の評価面は互いに排除し合うのではなく、相補し合う形でタイ仏教を形成するものである。私にとってはこの形こそタイ仏教のみならずタイ文化のもっとも基本的な特徴であるように思われるのである。

さて、以上が一般的にみて私に了解されてきたワットにおける僧の評価法であるが、僧修行を送ってゆくうちに、私はワット内にある種の人間関係における「対立」が存在することに気づいてきた。表面上は実に波瀾のない生活である。

しかし、一歩内部に入るとそこには複雑な僧どうしの相互関係が存在している。その関係ないし対立にはさまざまなレベルがあるが、大きくみて二つのレベルにおける対立がある。一つは、民族派対国際派とでもいうべきもので、一方にわがチャオクンに代表される民族派があった。これはタイ・ナショナリズムを明らかに意識しているが、右派に属する伝統固執派であり、権力志向が強い。もちろん、外人僧を排斥したりすることはないが、タイ意識丸出しの部分があって、タイ仏教を至上のものとする。どちらかというと派閥的であり徒党的集団を作りやすい一種の保守的な（この場合は政治的にも）勢力である。私は期せずしてこの集団のど真ん中に放り込まれたわけである。それはワットにおける隠然たる多数派勢力である。

いま一つは、ソムデットに象徴される開明派というか、高い教養と洗練されたマナーをもつ心の広い国際派であって、バンコク在住の欧米人も好んで集まってきて教えを請うような存在である。ワット・ボヴォニベーにきて僧となった欧米人は、すべてソムデットのこうした性格に惹かれてきたといってよい。カンティパーロ師のように他のワットへ一度入った者までソムデットの噂を聞いてまた入り直した例がいくつかあるくらいである。こちらに属する僧の数は多くはないが、よりすぐったような存在であった。

この二つの極を軸としてワットの僧の関係は展開している。この対立は、決して表面化することはない。私のみるところ普通ならば当然かなり険悪になるところだと思われるのだが、一方のチャオクン派に対して他方のソムデットが一人あまりにも高い存在なので、多勢に無勢とはいっても、事実上は勝負にならないのである。両者は姿から何からあまりにも対照的すぎてこれまた比較にならない。

私はチャオクンがいくら頑張ってもソムデットにはかなわないので歯ぎしりして口惜しがるような表情を一瞬ではあったがみたことがある。わがチャオクンは太った赭《あか》ら顔のボス・タイプであり、いかにも成り上り者といった感じがあるのを否めない。ソムデットは背も高く、やせすぎず太りすぎず、その風貌は高貴な気品に満ちていて人を惹きつけずにはいない。私のような者が一度で魅入られてしまうところがある。

それにこの民族派対国際派の対立といっても簡単には説明しにくい。確かにそうした両者の特徴づけは可能であるし、また民族派に属する僧たちがファラン（西欧人）が嫌いだという発言をしているのを再三耳にしたことはあるのだが、この対立関係は、国際派の象徴であるソムデットが国王のもっとも身近な僧であり、もっとも信用ある相談役であり、王室がもっとも敬愛し頼りとする僧であり、タイ仏教を代表する一般のタイ人が誇りとする僧であるという事実によって、実際には対立となりようがない面があるのである。国際派を代表するのが他の僧であれば、事情はまったくちがっていたにちがいない。

容易に外人僧が定着できそうにないことを思わせる要素は、ワットで生活するうちに私にも感じられていた。タイ人僧にはどこか卑小にかたくなで、打ちとけないところがあるのは否定できないからである。もちろん、これは日本人である私がタイで自分たち日本人のことは棚上げにして感じていることである。このワットで会った欧米人の僧たちが禅にひかれて日本に行ったのだが、日本の寺と僧は閉鎖的でとうてい入れてくれないのでタイにきたといっていたのは事実だからである。

さて、いま述べたワット内の対立関係であるが、ある意味では私はこの関係によって生ずる弊害をもろに浴びてしまったといえる。私は他の外人僧とまったく異なって、民族派の中心であるチャオクンのところに弟子入りしたわけである。後にも先にも彼の直接配下となった外人僧は私以外なかろう。この事実は私にとって一面大変幸せだった。というのも、タイ仏教の伝統の中に、いや、もっともタイ的な人間関係の中に全身ではじめから浸ることができたからである。それに実力者チャオクンの配下として安心して迎え入れられた面があるのは否定できない。

後述するとピィーとか占いなど、これはもうなかなか正面から経験することは難しい世界を経験できたからである。もし国際派として入っていれば外人どうしの付き合いに終始してしまって、タイ文化とはいく分別世界に属してしまうからである。チャオクンのおかげで私はニーモンにもタン・ブンの儀式にも、ヒク・ナワカの分際で参加することができた。

しかし、これは外人僧の嫉妬をかった。とくにインドネシアのジェートー師などぶつぶつ言っていた。それは同僚の他のタイ人僧でも同じであったろう。生意気だぞという眼つきに出あったことは再三ある。しかし、チャオクンが連れてゆくのであれば誰にも文句は言えないし、クッタチットーは別格だとチャオクンが他の僧たちに言っているのを聞いたこともある。もっとも、こうした嫉妬は、二ヵ月ほどで消え去った。まあ、私のタイプは明るくて単純なので無害だということになって好かれはじめたのではないかと思う。もとよりこれは自讃していうわけではない。

こういう恩恵にあずかる反面、私がチャオクンの行き方にある種の違和感を覚え続けていたことも否めない事実であり、少しやり切れないものを感じずにはいられなかった。

ソムデットに会うとほっとする。私の心はますますソムデットに傾斜してゆく。私は両者の間を往き来しなければならない。民族派と国際派などという対立に気づいたのも、私のこの立場を抜きにしては考えられないかもしれない。私はチャオクンも好きである。そのやさしさは直接心に訴える。ソムデットにはこうした個別に注ぐやさしさは求められない。その存在は気高くそびえ立つ高峰であり、私は仰ぎ見るだけで幸福なのだ。私はジレンマに陥る。両者はあまりにもちがいすぎる。とうてい同じレベルで較べるべき存在ではない。どちらも私にとっては貴重な存在には変わりはないのだ。しかし、現実はある意味では二者択一的なことを要求する。日常生活にあっては行動となって現われざるをえないからである。

私のヨーム（僧院入りのためのパトロン）がニーモンをしたいといってきた。ソムデットは如何かということなので、チャオクンにお伺いを立てる。チャオクンは自分が中心となって招かれるものと思い込んでいる。ソムデットもというと露骨に嫌な顔をする。しようがない、チャオクンに主役となってもらいましょう、チャオクンにお願いしたいと改めて申し出ると、破顔大笑だ。こんな気遣いをするなど愚かしいのだが、チャオクンは嫉妬深いのである。しかし、ニーモンでは上機嫌で振舞ってくれた。私は嬉しかった。

あるとき、私は気づく。国王が来訪されて儀式があるとき、決してチャオクンがウポサタでの儀礼に招ばれないことを。国王が訪ねてきての儀礼には、ワット長が選んだ僧だけが限られた数（二十一人とか三十一人とか）だけ招ばれる。もちろん、これはソムデットの意思によるものである。それからチャオクンがはずされている。ワット三番目の高位にある僧がである。これは釈然としない。国王がおいでになると、一般の僧はみなサラデンに出迎えるが、その中にチャオクンもいるのである。はじめは不思議に思っていたのだが、やがてこの「対立」がわかって理解できたような気がした。若干勘ぐりのしすぎかとも思ったが、チャオクン・タムもチャオクン・ラートも招ばれているのにわがチャオクンが招ばれない道理がないのだ。

こうみてみると、二つの権力の図式が成り立つように思える。すなわち、

国王――ソムデット

政府――チャオクン

という図式である。こう考えると、わかり易い。けれども、これはあくまで私の理解の仕方である。国王と政府とはやはり潜在的に対立しているから、こう考えれば辻褄はうまく合う。だが、図式をもてあそぶつもりはまったくないので、この辺でやめておこう。

しかし、チャオクン・テープの機嫌の変化も相当なもので、ソムデットのところに話にゆくと、彼までがチャオクンのところにも話にゆきなさいと忠告する有様であった。その点、ソムデットは何もかも見通しなのだ。この人には何事も隠してはおけない。私のジレンマも苦しみもわかってくれているという確信があった。あるいは甘えだったかもしれない。

チャオクンが次第に私のことを快く思わないようになっていることは、直接、彼が態度で示すというよりも、その弟子たちの私に対する何となくよそよそしい態度によって察することができた。それは決してあからさまなものとはならなかったが、何となくひっかかるものが生じていた。だが、彼らの態度にもアンビヴァレンスがみとめられた。というのも、チャオクンの弟子ではあるが、内

心では彼らもソムデットを尊敬し、愛し、誇りに思っていることは事実であるからである。だから、一方ではチャオクンの感情を慮って行動しながら、他方ではソムデットのところに出入りする私を羨ましく思い、かつ一目おくことになる。

ソムデットのところでは何を話しているのかい、と兄弟子のショーティナンドー師が訪ねてきてきく。私は説明する。ふーん、と彼は感心したように説明を聞いている。そこにはソムデットに対する敬愛が覗けるのである。明らかにワットの僧の誰もがソムデットを誇りにしている。

だが、ここで僧として「ワット・ボヴォニベー」の僧として、人々に敬われる誇り高い修行生活をおくるためには、クティ・カナをあずかるチャオクンとの血縁・地縁のつながりなしには不可能である。チャオクンの教導によって、その庇護の下に僧としての生活が成り立つのである。

ワットにはこの大きな対立を軸として、あとは中間派というか正体のはっきりしない無関心派があり、私にとってはあまり近いつきあいができない僧たちがいた。何となくきっかけもないままに話すこともなく過ぎてしまった。誰とでもつきあうというわけにはゆかない。意図するわけでもなく、私はなるべく数多くの僧の話を聞きたかったのであるが、自ずから交流の範囲は決まってくるものである。考えてみれば、私は二つの極の間を中間をすっとばして往来していたことになる。

もちろん、僧生活のすべてがこうした対立の狭間にいるようなジレンマの中で過ごされたわけではない。普段は別に何の不都合もない平穏な生活である。静かな類稀な修行環境である。このことは私の愛するワットのためにも強調しておかなければならない。ジレンマを意識するのは何か特定のことがある場合である。そのとき潜在していたものが表層に現われるのであった。このことばかりによるものとも思えないが、いつしか私の頭のてっぺんにはぽっかりと円形脱毛症になってしまっていた。医者は神経的な原因によるものだという。私は意識しないうちにかなりの神経を使っていたようだ。この鈍感な私が、である。考えてみると後にも先にも、こんなに神経（というのは、僧修行全般についてもいえることであるが）を使ったことはない。己れを空しくしてゆくための修行と、これまでついぞ経験したことのなかった人間関係の谷間に苦悩する空しくない自己の姿と、私もこの基本的な二律背反の中にあった。これは解決のしようのない問題であった。

　私は自分をなるたけそのまま出してゆく他ないと思った。別に悪いことをしているわけではない。どちらが良い悪いの問題でもない。大体が私自身これまでの生き方で誰の系統にも属さなかった。派閥にはなじまないタイプの人間である。先にも記したように、私には「集団主義」が性に合わないのだ。結果的によかったのか悪かったのか、私はワットを出てからもこの二人の高僧のところに従前通り出入りしている。

　二人は変わることなく話相手になって下さる。それでよいのではないか。内奥にあることは明らかではない。ワットにおける関係には特別の利害は伴わない。感情は所詮が一時的なものにしかすぎない。私は尊敬できるところは絶対に尊敬している。この態度はチャオクンにも通じていることであろう。私は信じている。毎年一回か二回は私はお二人のところへ顔を出すだろう。チャオクンにタン・ブンをする。チャオクンは喜んでお祓いをして下さる。私は安泰だ。チャオクンのお祓いが強力なものであることを信じている。他にタン・ブンをしたい人物はいないのだ。ソムデットのところでは、いつに変わらぬ気高い姿を見出してほっとしながらも身は緊張に引き締まる。存在することの厳しさに打たれる。

さて、次の問題に移ろう。ワットにおいて明らかにみられる「対立」は、新旧の世代的対立である。

二十代から三十代後半にかけての中堅層の〝若い〟僧たちには、上層部のチャオクンたちの保守的な伝統主義に飽きたらない態度がみられた。私は若い世代の僧たちが、どうにもやり切れないという表情をしているのをみた。彼らには明らかにワットの外の社会の動きの激しさが意識されていた。世界は変化し社会は揺れているのに、僧とワットは旧態依然として旧い保守主義にとどまっている。僧の意識もただ民衆の支持に頼るだけで、社会の変化に対して無関心である。政治的な発言は避けてはいるものの、僧とワットのあり方に対する不満と不安がそこにはみられた。サンガの体制への批判までは口にしなかったが、折にふれての現状〝批判〟は暗に多くのことを含んでいた。

ある若い僧はいった。「民衆はサイ・バートその他あらゆる面でサンガを支援している。それに対してサンガは何もあたえない。これですむとは思えないのだ。」と。僧は人々にタン・ブンをさせるための「ブンの器」であるだけでは駄目なのか。この若い僧の口調には、「ブンの器」にも状況に応じた変化があり、僧のあたえるもの（ブン）は無形ではあっても、社会の要求に応じて変わるべきだという態度が現われていた。確かにサーサナもいまや、重大な変化の局面にさらされているといってよい。

依然として平和で静かな僧の修行生活ではあったが、このままではすまないという予感は、意識の中に忍び込んでいた。若い僧たちはこれを敏感に感じていた。

政治的中立、というよりも俗社会のことには口出しをしない、干渉しないというのがタイ・サンガの特徴であったのだが、政府の方針として数年前から強化されている僧に積極的に社会の開発計画に参加させようとする企ては大規模になりつつあった。これはタイ・サンガの伝統を「政府の権力」が介入して破らせたもの、ということができる。僧はもう捲き込まれているわけである。政治権力は、僧が有する潜在的な影響力を利用して、村落での教育や少数民族への仏教布教によるタイ化の推進などに参加させている。これはテラワーダ仏教の伝統からみても大きな変化である。

それにインドシナ情勢の変化の影響は、やはりワットにも押し寄せずにはいないであろう。私はこの点についてはいかなる明確な反応も見出せなく、ワットの新旧両世代から仏教は中立であるという公式的発言に接しただけでおわったが、じわじわとした変化が底部に伝わってくる感触があることは否定すべくもないのであった。

マハー・ニベーのところにオーストラリアと米国から留学の誘いがきた。けれども、費用の提供は彼一人分である。タマユット派に属する彼は、お付きのデクなしには海外旅行は思いもよらない。金銭に触ることはゆるされず、捧げられない食物に触れることもゆるされない身で、いかにしてオーストラリアやアメリカまで行けるであろうか。デクの助けなしに生活はかなわない。いく度も一人で行かせて下さい、とチャオクンにもソムデットにも請願した。けれども、このタマユットの僧としての原則は曲げられない。暗い顔をしてマハー・ニベーは「残念だけど、仕方ないのだ。」といった。「タマユットではどうしようもないのだ。」ともいった。

しかし、タイ・サンガに関するかぎり、ここにいるのが最上であることを彼はよく知っている。

どうしようもなく原則を曲げられないタマユットとこのワット、それに無限の愛着はあるのだ。しかし、その現代社会における限界も感じないわけにはゆかないのである。しかし、若い僧たちの改革意識は、反体制的な動きや仏教の改革運動などと外へは向かってゆかない。その意識は個人のレベルで解消され、彼は僧でいることに不満であるかぎりワットから「出る」ことを選ぶ。パーリアン七級のマハー・ニベー、ワットの将来を担う僧として嘱望されているこの得難いタイ・サンガの人材は、僧院を出てゆく。彼とともにもう一人の優秀な若い僧、私たちピク・ナワカにパーティモッカの見事な暗誦をウポサタでみせてくれた彼も続く。

ワットはいま中堅層の人材の大幅な欠如に悩んでいる。信頼すべき将来性のある若い三十代の僧はもういない。

16

ピィー——悪霊

ある夜、階下に住んでいるインドネシアのジェートー師がやってきて話していると、急にあらたまった顔になって言った。

「クッタチットー、君、気をつけなくてはいけないよ、ここにはピィーが出るんです。ピィーとは悪霊のことだ。ここの僧たちはみんな怖れている。ぼくも怖い。夜、怖くて眠れないことだってある。」

「どうしてこのクティにでるのですか。」

「いや、六月初めにデクの一人がこのヴェランダから下に落っこちてね、死んだのさ。それで彼のウインジャンがピィーになったと大騒ぎになって、僧の中にもピィーをみたというのが現われたりしてみんな恐がっている。」

「本当に、ピィーが現われたのか。」

「そうだ。隣のクティのジナダモーのところまで現われたらしい。ぼくの部屋の壁がざわついたり、真夜中にヴェランダの端に白いものが立っていたりしたのをデクがみたと騒いでいた。本当だよ、パンサーでたくさんピク・ナワカが入ってくるまで大変だったのだ。」

ジェートー師の話は本当のようだが、話しながらもその眼はよく動く。ピィーといわれて半信半疑というところだが、実は私にもこれは用心しなければいけないと思う心の素地はできていた。というのも、ここに移る前の二ヵ月ほど、チャオクン・テープのところでピィーについては大分脅かされていたからだ。

チャオクンのクティに入れてもらってから一週間ほどしたある朝、まだ明けきらない薄明の中で、チャオクンが私に傍に来いという。近くに寄ってゆくと、クッタチットー、お前どんな夢を見た、と聞く。はい、別に見ませんでした、と答えると、じっと疑い深そうな眼つきでみつめて黙っている。こんな時刻に、一体、何事かしら、と両膝を床についた中腰のまま困っていると、かっと眼をむいて、

「ピィーだよ、プレタだ、お前恐くないのか!」と狂暴に錯乱したような顔つきで吠えた。そう、まことに吠えたとしか言いようがない。こちらはびっくりしてしまって声もない。ただ身体を硬直させてじっとしているだけである。

チャオクンはそんな私をじっとみて、「ラフー」とことばにならない音を洩らした後、もう行けと手を振った。私は何のことかよくわからず、ちょうど実行しはじめたばかりのピンタバートに赴いた。どうもよくわからない。夢にどのような意味があるのだろうか。ピィーのことはこれまでもよく聞いていたし、むろん関心はあったのだが、こう面と向かって、しかも仏教の師からぶつけられるとは思いもよらなかった。驚いた話である。

その日から三日後にまた早朝四時というのにチャオクンに叩き起された。クッタチットー、起きてブッダルーパの前に坐れ、との命令だ。チャオクンはブッダルーパの前に寝起きしている。高僧といってもテラワーダ仏教の場合、個人生活は質素なものである。特別の寝所もない。

さて、金色のブッダルーパの前に正坐すると、ナモータッサを唱えろという。ナモータッサ、パガワトー、アラハトー、サンマサンブッタッサ、と三回。次はブッダン、サラナン、ガーチャーミーだ、これを三回まで。一体どうしたことなのか。

クッタチットー、夢を見たか、いや、チャオクン、疲れて夢どころじゃありません、まだ僧になりたてでもう皆に従いてゆくので精一杯ですよ。

この頃はもう精一杯でどうにかこうにか僧生活に慣れようと必死であった。慣れぬ正坐、脚の痛さ、毎食後の手酷い下痢、パーリ語の経文、そしてパーティモッカ。大変な毎日だった。にわか修行の馬脚をあらわしそうになるのをどうにか抑えるだけで、夜九時をすぎて自由になると、もう何もする元気はなく、ござの上に崩れ落ちてぼうーと天井を仰いでころがっているばかりであった。眠り込めば前後不覚だ。何しろ朝が早いのだから。チャオクン、夢なんて無理なのですよ。勘弁して下さい。

しかし、チャオクンはなかなか許してくれなかった。それから二日とおかずに朝といわず午後でも夢のことを尋ねた。私がたまに見たつまらない夢のことを話すと、ふむと熱心に耳を傾けている。

そのうちに暗示にかかったのか、夢をよく見るようになった。断片的なものだが、それをつなぎ合わせてチャオクンに話して聞かせた。ふむ、チャオクンは聞いている。だが、それだけだ。別に何とも答えてくれないのである。そんなことが数回繰り返された。

ある日、思い切って聞いてみた。

「タン・チャオクン、夢にどういう意味があるのですか。」

「うーん、夢に何がでてくるか、よく気をつけてみろ。決して夢にでてきたことをいい加減に考えてはいけない。」

それ以上は何もいわずに、ぷっと横を向いてパイプをくわえて私のいることなど忘れてしまった。これはチャオクンのやり方で、癖といってもよいだろう。こうして、ぷいとそっぽを向かれて後、六ヵ月間一口も喋ってもらえなかったという僧もいたそうだ。私の場合は新入りであったためか、この頃はまだ気がつかなかったのだが、あとで考えれば、五日間は顔を合わせても口をきいてもらえなかったように思う。

で、しようがないから、マハー・ニベーに聞いてみた。チャオクンが夢にピィーを見たかときくのですけど、一体、どのような意味なのですか。

マハー・ニベーは困った顔をして、

「私もよくわからないことなのだが、夢の中で起ることと、現実の生活に起ることと、普通分けて考えているが、実はその二つを区別することにはあまり意味がないのだ。チャオクンはいつも言っているけれど、夢も夢でないときも、そこに生ずることは人間にとって同じく経験となる。ただ、夢の世界の出来事の方が先見性がある。夢が先行し、現実が後に続く。だから、夢の内容を検討することは重要なのだ。現実では多くの場合間接的にしか経験できないようなことがとくに夢では明確な形をとることが多い。

悪霊に関することなどがそれだ。人間の生活を脅かす悪霊の出方について、夢ははっきりと予示をあたえる。少なくともそう信じられている。チャオクンは君にこのことを教えたかったのだと思う。人間が経験することにはすべて意味がある。夢だといって放っておくことはゆるされない。心をとぎすませるのだ。それこそ正しい道である。」

といつの間にか説教になっている。そんなものか、とこのときは思った。

ピンタバートにゆく。横町から一人の中年の男が飛び出してきて、茶碗に一杯の御飯、干魚一匹、バナナ一本をひざまずいて捧げ出す。どうして今朝サイ・バートをしたのかと聞いてみるがよい。昨晩、悪い夢を見たからさ。ピィーに取り憑かれてはかなわない、タン・ブンをしたのだ、と答えるだろう。

私にも徐々にこの世界が理解できるように思えてきた。

もちろん、「近代的合理主義」の支配する日本からきた人間として、この夢とピィーの世界を一笑に付すことは易しかったろう。しかし、その易しさとは何なのだろうか。悪霊なんているはずがないというのは私たちの世界で通ずる論理だ。

人々があるリアリティをもってある種のものの存在を信ずるのであれば、それがいかにそれを信ずる人々の思考と感情の範囲の外からやってきた異人にとって容認しがたいことであれ、異人の論理の押し付けによるきめつけを行なう前に、その存在の世界をできるかぎりそれ自体の論理の中で理解するように努力しなければなるまい。私たち外側にいる者にとって見えないものが、内側にいる者にとっては自明のものであることは多々ある。

ピィーということばをタイの人々が発音するときには、それはすでに実在感を伴ったものである。このことばを、霊とか悪霊とか、スピリットとかゴーストとか訳すと、その過程でタイ人のいうピィーということばの意味の大半は失われてしまう。

夕方ピィーと聞いて悪寒を感じ、怖気《おぞけ》をふるう。わっと泣き叫ぶ子供もいる。肌にぱっと鳥肌が立つ女性もいるだろう。ピィーと聞いただけで、にやにやしながらも何となく薄気味悪く周囲を見まわす。真昼であっても、何だピィーなどと冗談いいなさんな、と笑い飛ばしてみせる大人たちの眼は笑っていない。ピィーとは何なのか。同僚の僧たちに尋ねてみた。誰も明確には答えてくれないのだ。

ジェートー師がピィーのことを話したとき、私は意外な感じがしなかった。誰も明らかに捉えてはいないが、確かに存在して人間の生活に影響をあたえずにいないもの、それがピィーなのか。それだけではよくわからない。ピィーにも善いものもある、人間を護る役目をするものがあるのだという。けれども、私にはとうてい現在の人々の口調と反応からピィーに善き力があるとは思えない。何かしらおどろおどろした怖い存在なのだ。取り憑かれたら百年目という感じなのである。

ピィーは遍在する。どこにでもいないというところはない。人々は僧のところにピィー対策を聞きにくる。取り憑いたピィーを逐《お》い払うために僧の手をかりる。ブッダの光輝ある力を頼みにくる。ピィーには油断も隙も決してみせることはできない。少しでも緊張を解いたら最後、取り憑かれてしまうのである。

だが、こういう手ごわい相手でありながら、ピィーとは何かといわれると、口ごもってしまう性質のものなのだ。私などは何でもはっきりと知りたいと希う。これこれしかじかのものである、という明確な説明が欲しいと思う。それが得られないと、結局、なんだたいしたことではないのではないか、と考えがちである。明確に概念化されないと満足しない。すべてが知的に解剖されないと納得しないのである。

タイの人々がピィーにはっきりとした説明をつけられないのをみて、わけのわからないことと決めつけてしまうことは簡単だし、そうしがちである。研究者というものはそういうものである。だが、そう思い込んだときからタイ文化の理解は遠くなってゆく。それだけは確実に言える。

ジェートー師に聞いてから大分後になってチャイニミトーや他のピク・ナワカにこのクティにはピィーが出るそうだが、と聞いてみると、皆いっせいに苦笑して、この話題には少しも乗ってこない。なるべくピィーのことは話したくないという態度なのだ。

そういえば、いつかの夜にも隣室にいる修行中のノンカイの警察署長とヴェランダで話していたら、チャイニミトーがきたので三人で雑談となったことがあった。いろんな話題がでた後で、日本の宗教について聞かれたので神道のことなど説明し、その後、幽霊、お化けのことなど超自然現象に及ぶと、署長が、それならタイにもピィーが、と話しかけて、チャイニミトーと眼を見交して、いやあ、とやめてしまったことがあった。どうしてなのかな、とそのときは思っただけであったが、いまチャイニミトーをはじめみな困ったような顔をしているので、これはいけない話題かと思った。どうもあまり触れられたくないらしい。

そういえば、私がまだカラワァット（俗人）であったときにも、ピィーをめぐっては同じような気まずい思いをしたことが再三あった。インテリになればなるほどタイではこの話題はタブーに近いことが実はわかっていたのだ。それなのに正面からピィーのことをもち出したのは、ワットに入ってからチャオクンをはじめ誰もが大ぴらにこの話をしているようにみえたからである。

しかるに、ピク・ナワカのような教養ある都会紳士の間においては、やはり一種の禁句となっているらしいことがわかった。話したがらないときには深追いはしないことである。

タイの人々のピィーに対する態度は、まさに二律背反的なものだといってよい。近代国家タイ国を担う西欧で教育をうけた（あるいは西欧型の）エリートたちは、ピィーを心中深く怖れている事実を「恥部」として隠したがる傾向にある。私はいく度もそうした硬直した近代主義的姿勢に出くわして面喰らった。ピィーの存在を信ずるような非合理性を有することをみとめたくないのである。タイ国には仏教という正統的大宗教が「国教」としてあり、それはもっとも合理的精神で貫かれた教えなのであって、呪術などタイ人は信じない。「未開人」とはちがうのであるという姿勢であり、近代国家としての存在主張である。それは「宗教」を調査研究することについての極度の神経質な対応にも示されている。仏教の研究ならよろしい。しかし、他の宗教は存在しないから、そうした研究は歓迎しない。宗教研究に対しては宗務庁の許可が要る。厳重なチェックがなされるのである。

私には最初この論理がよくわからなかった。折しも「先進」文明諸国では「合理主義」「近代科学主義」の行き詰りが論じられ、進歩至上の文明の終末が叫ばれていた。事実、公害、人心の頽廃、都市の過密、精神錯乱など「文明」社会の示す徴候は理想とは程遠いものであった。その矛盾はますます露呈している。

私にはどこかにピィーを信ずるような社会・文化のあり方に心惹かれ、これまで「後進」と蔑視されてきた人間の生活の仕方の中に私たちにとっては失われてしまった貴重な何ものかを求めるという欲求があった。科学よりも呪術を、合理よりも非合理を、といった一種の人間と文化の価値の再発見への希求である。

しかし、私のこうした安易な発想は、タイのインテリにはすぐ見破られてしまった。近代化を必死になって推進しようと努力し、先進大国の脅威の中でかろうじて独立を守って生きのびてゆかなければならない人々にとって、合理に行き詰まったからお前のところの非合理を研究させろなどとは、まことにとんでもない話である。これは勝手きわまる「先進国」の「インテリ」のスノビズム以外の何ものでもないのである。侮辱する気かと感じられても仕方のないことといえよう。タイでは政治・経済・社会すべての面で、まず「合理主義」の確立こそが国家的目標でもある。これこそが近代国家としてのタイの面子である。これは絶対守らなくてはならない。

しかし、そういう彼らの心の奥底にはピィーの存在についての確たる信仰がある。それは彼ら自身どうにもならない衝動である。表面と裏面と、この二元性は彼らの存在を規定するものなのだ。といって、必死で裏面のこの信仰を払拭しようとしているのか、自らの非合理性を恥じてその抹消を計っているのか、というと、決してそうではない。そこにはもうひとつの感情がある。外部に対しては隠さずにはいないこの感情を、西欧=近代の思想的見地からみて劣性の恥かしいものだと見なしているかといえば、それはもうまったく「否」なのである。

確かに私のような者が異人の厚かましさと無理解からそれに触れることは、タイの人々は嫌がり、隠し、恥辱とする。けれども、彼らの内奥においては、そのあり方は逆になっている。心の奥には生々としたピィーへの感情が息づいているのである。それは実に底深い感情の基調に位置するものである。外側からは容易に覗けない文化の深層なのだ。生存の一切が、ブッダの光輝とピィーの暗黒との対応によって決められる、といえば図式的にすぎようか。

あるいはそれは民族文化の底深い襞《ひだ》に巣喰うものといってよかろうか。所詮、こういうものに直面して、私のような外側の存在にとっては、図式化してしまう以外に理解の方法はないのかもしれない。だが、それではいけないのだ。それはこれまでの「科学」の方法である。そういう外側からの図式化を至上目的とする「科学」による理解が目的であったとすれば、この私が存在する必要はないのだ、というより、私の経験は無意味なことになる。他の人類学者に任せておけばよいのだ。私の出る幕でないことになる。私は不満だった。私は何とか「科学主義」の壁を打ち破りたいと希った。異文化に「加入《イニシエート》」すること、そして内側の内在的な論理を自ら体得して「文化」を身に着けること、これこそ、私が夢に見、渇望し、秘かに野心を抱くことなのである。いうならば、これまでの「人類学主義」を捨てることである。

ピィーについて触れられることを隠し恥かしいとする。しかし、その内奥にはピィーを怖れ（畏れ）、貴重なあるもの、存在の核、民族の魂、文化の深層とする赫々《かっかく》たる感情が存在している。この二律背反を見逃したとすれば、この文化と人間に関して盲目たるに等しいことであろう。永久にそれは理解の圏外に置かれてしまうことであろう。私にはこのように思われた。もちろん、インテリのジレンマは、民衆にはない。民衆はもっと直截な反応を示している。

夜、クティ・カナ・スーンの二階のヴェランダに独り立って腕を組み、眼の前にひろがる空間を視る。まったくの闇だ。暗黒のべったりと閉ざされた世界だ。昼の陽光はどこへいってしまったのか。寂とした世界。熱帯の闇は深くて底がない。全存在がすっぽりと包まれてしまうかのようだ。

あの明るさ、あの太陽、昼の輝きの中では存在物には裏というものがない。すべてが陽光によって照射されてしまう世界だ。それにひきかえ夜の、この闇の深さはどうであろうか。存在のすべてが闇の限りない深さの中へ降りてゆく。時は止ってしまった。上半身は物憂い暑気の中にいながら、足許には冷えびえとしたものが伝わってくるようだ。この奇妙なアンバランスな感覚、いまやまとまりのある存在の統一はない。私の立つ存在の基盤はどこにあるのか。それは揺れて危なっかしい。昼の明るさの中であれほど絶対にみえた私の存在はどこへいってしまったのであろうか。私は突然はっとする。あっと一瞬寒さが身体を貫く。私は縮むのを感ずる。全身が、全存在が、縮まってゆく。何という脆《もろ》さ、何という弱さ、何という存在の卑小。ピィーだ。ピィーがいる。ざぁーとピィーが闇の中から迫ってくる。圧倒的な強さだ。あーあっと存在が吸い寄せられそうになる。ぐいぐいとピィーが迫ってくる。私にはもう何もわからない。私は盲目になってしまっている。何も見えない。何も聴えない。ただ、闇の中からピィーが迫ってくることがはっきりと感じられるだけだ。これがピィーというものなのか。何も形定かなものはない。何ものかがひしひしと迫ってくる感じ、肌に触れるような……。

はっとして眼が覚めた思いだ。傍をみると、チャイニミトーが笑いながら立っている。どうしたのか、クッタチットーといわんばかりだ。私はどうしていたのだろうか。

「ピィーが……」

「ピィーがどうしたのだ。」

私は説明しようとする。いままで迫ってきていたもののことを。だが、よく舌が廻らない。残っているのは圧倒的な感じだけである。感じだけなのか。そう、私は闇の中を見ながら立っていて、その闇の中から何かが現われて迫ってきたのだ。何かが現われたとは、その何かをお前は見たのか、どんな形をしたものなのか。いや、よくわからない。はっきりと何かを見たのか、いや、思い出せない。見ていない。何もはっきりしたものはいない。ただ、感じただけだ。ざぁーとのしかかってくるような、またわぁーとつつみこんでくるような、感じだけである。うまく表現できないが何かがあったことは事実だ。

チャイニミトーは笑っている。私のまとまりそうにない説明を聞いている。じっと耳を傾けてくれている。冗談事ではないのである。私はすっかり興奮してしまっていた。まあ、お茶でも飲もうか、とチャイニミトー、その底太い声は人を安堵に導く。珍しいことだ、今日はこのクティ、この時刻なのに誰もいないのだ、私たち二人だけしかいない。彼のクティに落ちつく。魔法瓶から湯を出して紅茶を飲む。外出する前にデクが捧げていったお湯だから戒律違犯ではない。熱い紅茶にほっとして、ようやく口が軽くなってきた。

「クッタチットー、先ほどの話、ぼくにも似た経験はある。ピィーのことは真剣なことなので冗談や雑談の種にはしたくないのだ。ピィーを畏れる気持は誰でもタイ人なら持っているだろう。

ピィーのことを考えずして物事を決めることはできない。何事かを始める場合、すぐピィーとの対応を考える。何事か変わった事が起ればピィーが介在していると思う。仏教もピィーがあるからこそ存在する。

いや、ピィーがあるために仏教が必要なのだ。人間をピィーの脅威から護ってくれるもの、それがサーサナ（教え）であり僧の存在なのだ。ピィーの災いを避けるためにタン・ブンをする。タン・ブンをしてピィーの影響をまぬがれたい。そのためにプラの存在が要り、サーサナの導きが必要だ。仏教はガイダンスだ。これ以上のものはないというほどの高みに達したガイダンスなのだ。それは単に人間だけにとどまらない。森羅万象すべてにおよぶ光明の途だ。

その光の下にすべての混沌が形をあたえられ、万物は一定の秩序をもてるようになるのだ。デーワ（守護神）もピィーもこの光明のガイダンスによってその棲息の場があたえられる。ブッダとサーサナがないならば、秩序はなくなり、存在は混乱を極め、人間はやたらに右往左往するだけである。」

彼の説明は熱を帯びてきた。それはタイ人のコスモロジーについての説明になっていた。

「さて、ピィーに戻ろう。ピィーは怖い。ピィーを畏れる。災いのもと、人を惑わせ、病や事故をもちこみ、人を不安に駆らせずにいない。だが、ピィーは必要だ。もしピィーを欠いたとしたら、存在のバランスが崩れ、宇宙は混乱する。君も見たことがあるだろう。ウポサタ堂のブッダルーパの上の天井にはデワタ（あるいはデーワ）が守護を司っている。デワタは善き霊だ。天使のようにブッダを護り、人々を守る。けれども、これは自らは動かない。僧の働きかけによって、ブッダの光輝ある存在の下に、はじめて善力の作用をもたらすのだ。

それとともに、ピィーはなくてはならない。ピィーをかぎりなく怖れ畏れながらピィーをかぎりなく愛する。この気持がわからないかぎりタイ人の心の奥は理解できない。タイ文化も理解できないであろう。」

こうしたチャイニミトーの説明は、それ自体私もかなり整理図式化していたことであった。けれども、この夜、情熱をこめて語る彼の姿にはタイ人の魂が語る風情があった。私は興奮が静まった後で、今度は新たな感動をもって彼の話を聞いていた。これはタイのインテリが胸を開いて心の内奥を語る稀な瞬間であった。彼は続けた。

「ピィーについてはぼくには特別の思い出がある。ぼくをとっても可愛がってくれていた伯父さんがいてね。ながらくパリにも住んでいたことのある西欧型の紳士だったけど、この人がピィーを怖れて大変だったのだ。毎日、ブッダルーパの置いてある壇の前で祈って、ひたすらピィーから逃れようとしていた。夢見が悪いといってはプラをよんでタン・ブンをする。デワタ、デワタ、と必死に守護神を呼びよせようと叫ぶ。狂気一歩手前というところだった。

この伯父さんにすすめられて十歳ぐらいのときに別のワットでサマネーラになった。三ヵ月だったけど、そのとき以来、サーサナはぼくにとって欠かせないものとなった。国王とサーサナへの尊敬なくしてぼくの生活は成り立たない。この伯父さんは、占いにも凝って占い僧《プラ・モー・ドゥー》のところへ入り浸ってばかりいた。だけど、占いといって馬鹿にはできないのだよ。伯父さんは四年前に亡くなったのだけど、その前に占い僧のところで死ぬときを占ってもらったところ、そこでいわれた死ぬ日付どおりに死んだのだ。まったく同じ日だ。これは事実なのだ。

それ以来、ぼくも何かあるときには占いに見てもらうことにしている。実は現在の婚約者も占いで決めた。……本当だよ。香港に一人恋人がいたのだ。タイ人の恋人と二人あって悩んだんだ。占い僧のところで占ってもらったところ、タイ人の方がよいとのことで婚約した。嘘ではないよ。」

これは嘘ではなかった。香港の恋人の写真も見せてくれた。私は彼の美しいフィアンセのことを想って、笑ってよいのか悲しんでよいのか複雑な心持になった。

ピィーについてはとうていうまく語れない。ワン・プラ（僧の日）のときの説教には必ずピィーについての話が出てきた。タン・ブンをよくしなさい、そしたらピィーが出てきても、その顔を正面から視ることができる、と一人の高僧はヴィエンティアン（仏教祝日の折に、チェディのまわりをろうそくと線香に火をつけて持ちながら三巡する行事）の後でチェディ（仏塔）の前に詰めかけた群衆を前にして言った。人々はそれに熱心に耳を傾けていた。

クティ・カナ・スーンのピィーについては、パンサーが進行してゆくにつれ口にする者はいなくなっていった。私も無理に話題にはしなかった。ときどき、ジェートーと顔を合わせると、「ピィー」といってにやりと笑い合った。

しかし、その後、北部タイや東北部タイの瞑想寺で、とくにピィーについて感じることがあった。いつも僧修行にはピィーがつきまとったといっても過言とはなるまい。いつしか私はピィーの存在は、私の認識の世界を広げてくれるというふうに考えはじめていた。ピィーが存在することによって世界は確実に奥行きを深めていた。ピィーを異端視したりしてはならない。ピィーもコスモスを形成する有力な構成要素なのである。私はタイ文化の核心とでもいうべきものを経験しているのだと感じずにはいられなかった。私にとっても、いまやピィーを抜きにして世界は存在しなくなっていたのである。

17

アサイラム——保護領域

ツルのようにやせ細ったチャオクンのいるクティが、読経堂の裏にある。三階建の旧式の洋風の建物で、階上のヴェランダには植木鉢が並んだちょっと南欧風の、中庭をはさんでコの字型になったかなり大きなクティなので、何だろうと思っていた。

そのチャオクンは、ワットでは二番目の高位にある副院長格の人で、静かでやさしい眼をもった老人である。遠くからその姿に接しているうちに何となく親近感を覚えていた。

まあ、私のチャオクンとはまったく対照的な人である。もう、七十四、五歳にはなられているとのことであったが、僧身になられたのが中年をすぎてからとの話だから、それまではいろんなことをしていたらしい。同僚の僧は「いろんなことを」と、力を込めて言っていた。

それは想像にかたくない。さまざまな職業や仕事をして後、一念発起して僧修行を目指すことは可能だ。いつでも僧にはなれるのだから。それにしても、四十をすぎてからというのは、一時的なことなら別であるとしても、それなりの覚悟もいるし、動機もあるにちがいなかろう。もっとも、中年というよりも老年になってから僧になる人は多いし、現にいまでもこの時期に数名の高齢者が一時僧として入っているわけだが、いうならばこの世で俗世における仕事をすませた人が、余生を僧修行でおえるという場合も決して少なくないのである。

あるタイ語学校の先生は、「お父さんが僧になってしまって。」とうれしいとも困るともつかない複雑な表情で言っていた。彼女が主宰している小さなタイ語学校はアパートの一階を借りたささやかな塾といってよかったが、そこでニーモンをするから来ないかというので訪ねてみると、招ばれた七人の僧の中に一人小柄なよく喋る老僧がいる。こちらもついつられていろんな話をしているうちに、この坊さまが彼女の父君であることがわかった。会社を定年でやめた後、子供たちも一人前になったので、家を捨てて寺に入った、とけろりとして言っていた。奥さんも喜んでいるよ、と何くわぬ顔をしてタバコを吹かしている。娘さんは横で笑っている。

「もう一生僧でいられるのですか。」と愚問を発したところ、

「そのつもりだが。」と気楽な表情だ。父も娘もじめじめしたかげりは少しもみられない。

もちろん、父と娘といえども、存在の上ではもう関係はないことになっている。ニーモン以外に父が家を訪ねることはできない。会っても厳然たる僧と俗人の間だ。それがかえってよいのだろうが、あっけらかんとしたものである。しかし、家では困ることもあるらしい。彼女は詳しくは語らないが、母親も元気なことだし、父にいて欲しい理由は数あることと思われる。

こうした例は決して珍しくない。私も他にいくつか身近に同じような話をきいた。タイの人々の間では、これは決して深刻な話ではない。笑いながらも、その行動をやはり評価しているのである。

このような姿をみていると、何とすばらしい人生なのだろうか、と心から思わずにいられなかっ

た。俗塵にいくらまみれようとも、おわりには僧生活が待っていると考えるだけでも、心が休まるではないか。それでひとつ頑張ろう、となるならばこれほど結構なことはないにちがいあるまい。

わがチャオクン・テープ師の場合は、このようなものではなかったであろう。それはやはり深刻な生との葛藤の結果生まれたものであろう。気楽なことではなかったことをチャオクンの顔が、その表情が示している。チャオクンには修行を通してある境地にまで達した人のもつ独特の風貌がみられる。それは苦しさを経たところに現われるものといってよく、何事かを達成した人特有の表情である。

私のような俗物は、そこにたまらなく惹かれてしまう。思わず憧憬をいだくようになる。残念ながら、タイ語の先生の父親の場合には、そうはゆかない。すばらしい人生とは感ずるが、気楽な余生といってしまっては修行の父君に悪いが、達成とは無縁の存在しか感じないのである。

ワットで生活するうちに、タイのワットというものが、さまざまな「使われ方」をしていることに気づいて驚いた。いずれにしても、厳しい仏教の修行をする場所であることが中心であることに変わりはないのであるが、決してそれだけにとどまるものではないのである。先に記したやせた老チャオクンのクティのことに戻ると、この南欧風の魅力的な建物は、元来、王族の子弟が僧になったときに滞在するクティとして建てられたところだそうで、現在でも、王族・貴族や政府高官のための場所としてワットの中では用いられているらしい。とくにコの字型の開いた入口から入って左側の三階には一般の僧は入れないとのことであった。

ちょうど、このことを裏書きするかのように、二人の該当人物がここで修行していた。一人は三階に住む若者で先代ラマ九世の系統に連なるモム・チャオ（王子の子息の称号）で、少し神経質な感じのスマートな二十歳の青年である。他の一人は五十五歳の政府高官で、科学技術庁の長官を務めた米国ＭＩＴ（マサチューセッツ工科大学）の工学博士号の所有者である。この二人とも私は親しく交流を重ねることになったのだが、その僧になった理由も興味深かった。

若いモム・チャオの方は、タイのエリート青年が一度は経過しなければならぬパンサーの修行だと思っていたところ、ある夕、私は意外な事実を当人の口からきかされた。彼は高校を了えたのだが、何をやってもつまらないので、僧になるまで三年ほど何もしないで遊んでいたのだという。それに、どうも神経過敏でノイローゼ気味の毎日だったようだ。何もする気が起らず、自分に嫌気もさして、自棄《やけ》になって酒を飲んだりの生活に両親も大変困ったらしい。美術が好きで、とくに彫刻がやりたいのだが、タイ社会ではそんなことをして生きてゆくのはむずかしいし、両親も反対した。

彼のようなのはよくあるタイプの典型的なブルジョアのエリート子弟で、恵まれた環境に甘えてしたい放題の遊蕩青年であるといってしまえばそれまでなのだが、それがこの二年間この厳しいワットの僧として修行してきたというのだから面白い。父の王子が息子の乱行とノイローゼに手を焼き、思いあぐねてソムデットのところに相談にきて、どうか息子を預かっていただけまいか、じゃ、やってみますか、という具合に僧になることができた。

「それでどうしたの、よく二年も続けていますね。」とこのひ弱な面貌をした青年、ともかく二年間の僧修行でかなりたくましくなったとはいえ、どことなく覚つかないような感じなのに、よくもまあ二年間も、と驚いてたずねると、

「大変快いのです。ぼくはすっかり元気になりました。僧になって辛かったけど、身心ともに洗われるような感じで、この二年間ジャングルのワットにも行ったし、北部タイの少数民族の中に入って修行したこともあったのですが、充実した毎日でした。生き返ったような気がするんですよ。」

と眼は輝いて、快活に言い切る。その姿は爽やかなものだ。

「で、あとどのくらい居るつもりなのですか。」

「いや、もう丸二年経ったし、元気になってやってゆける気もするので、ソムデットとも相談したのですが、このパンサーがおわったらスック（還俗）するつもりです。ぼくは大学へ入ることにしたのです。」

大学では工芸方面へ進みたいので、ニュージーランドへ留学するつもりだという。日本もその方面は進んでいるので日本でもよいのだが、ただ言葉が問題だとのことである。これはよく聞かされる話で、こうしたエリート子弟の多くが日本留学を望んでいることを聞いたが、みな日本語が難点でといって敬遠してしまうらしい。やはり英語圏へ行くことになる。残念な気もするが、これはしようがない。日本だけでしか学べないこととなれば、日本語に取り組むことにもなるであろう。

彼の場合は、僧修行を行なって誇り高く背筋を伸ばして生きることが、殊の外身心を鍛えるのに役立ったということらしい。サンガの集団生活ではいかにモム・チャオといえども例外というわけにはゆかない。課業は同じであり、他人の眼も甘いものではない。むしろ彼の身分に敬意は示しつつも冷やかに観察しているところがある。僧には出身による貧富の差は存在しない。もっとも、特別のクティに住み、手厚い庇護を受けていないとはいわせない。だが、生活の内容はそれほど変わらない。これは私もよくみて知っている。それにしても二年間よく頑張ったものだと思った。これで人生に目標を見出してゆけるのなら、二年間の修行は何にもまして貴重な体験というべきであろう。

しかし、この青年の場合、修行の行動面ではすばらしい効果を挙げたようだが、ダールマの理解が深まったとか、ブッダの教えから啓示を得たとか、その精神的影響に関してはついぞ何も聞くことができなかった。ワットは彼にとって一種のアサイラム（保護領域）であり、そこで修行という治療を受けて甦ったのである。もっとも、この人物は還俗した翌日、スポーツ・カーに乗ってふさふさとした長髪のかつらをつけ、かかとの高い靴にパンタロン姿でワットに現われた。この姿には私も驚いたが、もうそこには僧身であったときの面影はみつけることがむずかしかった。何しろ昨日の今日のことなので、ちょっとあれっという気もないではなかったけれども、これこそタイ青年の姿でもあり、その後、このような変身にはいく度も出くわしたので驚かなくなった。

前科学技術庁長官の場合は、若いときに留学などで僧になることができなかったから、今度、役所が改組になって任務を解かれたのをよい機会にして、休暇をとってパンサー入りをしたとのことだった。役所の改組といっても、実は彼の勤めていた技術庁が解体されて内務省に併合されたとの噂もあって、事実上は技術者上りの文官が軍事政権下で軍人にポストを逐われたといった方がよいかもしれない。威風堂々としたなかなかの人物であったが、どこか憂鬱げなところがあって心中穏やかならぬものがあるようであった。むしろ憤懣《ふんまん》やるかたないという状態であったろうか。

彼ニヴィット氏は切れ味の鋭い能吏で、日本のこともよく知っていた。これまであまり忙しかったから、この静穏な生活は実にうれしいとダールマの勉強に打ち込む毎日で、ブッダの生誕の地ルンピニーの正確な地理上の位置を割り出すのだと熱心に話してくれた。私はこの話題にあまり関心をもてなかったので詳しくは知らないが、そういいながらも彼の態度には傷心を慰めるような雰囲気がつきまとっていて、解任のショックをいやし、再出発をはかるための精神ドック入りといった気配が濃厚に感じられた。これはモム・チャオの場合とは異なるが、俗なる世界で戦い疲れた身をブッダの庇護の下に委ねて、アサイラムとしてワットを利用するといえないことはない。もちろん、ワットがアサイラムとして使えればこれに過ぎたこともないであろう。

「いやあ、毎日がすばらしい。久しぶりに心の休まる生活です。」と、これだけは明瞭に断言していた。

この二人の場合、その出身・経歴からとくに目を惹いたのであったが、同じような例はいくらでもあった。前にも記した私にスワットモンを教えてくれた十七歳のサマネーラは、学校をやめてバンドマンをしていたのだが、父親が処置に困ってソムデットに預けたのである。この青年は面白い現代タイ青年で、中国人の父親はスーパーマーケットとレストランの経営者、母はタイ人という華商の典型的な二代目である。中国語はほとんど知らず、自己の存在のアイデンティティーは完全にタイ人であり、このタイ人という概念は現在では民族的概念ではない。現代タイに生まれ育ちタイ語を話し仏教を信奉する、この条件を満たせばタイ人という存在は成立するのである。もちろん、そういう裏面の深奥部分には不透明なものが淀んでいることは事実であって、これが例えば日本人という存在の透明さとは異なるが、日常の生活はこれですんでゆく。それは暗黙の申し合わせであるといってよい。

彼自身はあまり深刻な悩みをもっているとはいえないし、私のクティにぶらりときては女性のことばかり話していく。面白いがいささか閉口もしたのだが、親にしてみれば不良息子でもワットに入れて三ヵ月でも修行させればよくなるのではないか、という期待があるわけである。華商の父親がとくに熱心であるということなのだ。口を開けばあらぬ冗談ばかりの彼も、朝夕のおつとめのときに神妙に正坐してスワットモンをとなえている様子は、ぴたりと決まっていてさまになっている。心の中でどんなことを考えようが、形式は明確に決める。これこそタイ人である。これは悪口ではない。

また私のクティの裏手にあるクティにいる二十七歳の青年は、フィリピンの大学を出ているのだが、パンサーに同期で入った者がほとんど出てしまってからも一人残っていた。背も高く体格もよい青年なのに、冴えない表情の毎日なので、どうしたのかと聞くと、目下失業中なので、と頭をかいている。知人に就職口を捜してもらっているのだが、見つかるまで僧でいるつもりだとのことだ。職待ちに僧修行とはいろんな理由もあるものだと思ったが、彼のような場合は決して珍しくないことがあとで分かった。

ワットに入る前に私が短期間いたバンコク市内のアパートにパートタイムで働きにきてもらっていた中年の女性は、一年程前に未亡人となったのであるが、二人の男の子をかかえて大変なので、十四歳の下の子はワットにデクとして預けてあるといっていた。デクたちは大体高僧の血縁か地縁のどちらかのルートでワットに高僧を頼ってきて生活をしながら学校に通っている。その手づるをもたない者は私のような外人僧のところに寄ってくる。物価の高いバンコクで文なし、住むところなしであっても、困ることはない。ワットに行けばよいのである。持てる者も持たない者もワットに集まる。いつしかそんな実感がしてくるのである。

考えてみれば、私だって同じようなものだ。東京の喧騒の中での生活の行き詰まり、人類学研究上の行き詰まり、鈍感な性質なのではっきりと意識していたわけではないが、調査研究のためといって僧修行ができるものではなかったであろう。自分の内部におけるさまざまな矛盾的要因の組み合せが、いつしかたまりにたまって必然ある行動に駆り立てる。タイでのワット入りは、そんな行為としてあったといわねばならない。

ワットにいる僧たちの話を聞きながら、私もまたアサイラムを求めていたような気になってくる。そして、この安らぎ、ブッダの懐に抱かれたような落ちつき、これこそ私にとってもまことに久しく味わうことのなかった状態にちがいない。解放されたなどといえるものではない。何しろ厳しい戒律生活のことなのだ。けれども、修行の形式に身を預けることが、どんなに身心の浄化をもたらすものなのか。それは決して「さとり」の修行などというかめしい肩をいからしたものではない。

剃髪して入ってしまえば「ごく自然な生活」があるだけなのである。自分ながらこの「自然さ」が身に着くのが早いのに驚いたものだ。その早さ、何ということのなさ、すわりの良さ、プラの地位にいつの間にか安定している自分を見出すと嘘のようにも思える。辛くてもしようがないからしているのだ、といった義務感はいつしか消えてしまっている。

毎日は同じことの繰り返しだ。退屈だと言ってしまえばそれまでだ。だが、実際はこの単調な繰り返しのうちに小さな変化が無限に存在している。行動は同じであっても、内容は異なる。内容には微妙な変化が伴っている。そうだ、タイ人の形式性といったが、形式の尊重、それにその実践は生易しいことではないはずだ。形式を繰り返しつつその内容は変わってゆきながら崩れない。それはもう大変な緊張である。崩してしまうのはある意味では容易にすぎる。形式を崩さずにこれだけ保つとは、なんとした努力なのであろうか。

進歩を信ずるものは、形式性の尊重をあざ笑う。形式を壊し限りなく新しいものを創り出してゆく。その努力もまたすばらしいことである。だが、彼らのあざ笑いの中には、何か苦々しい虚しいものがひそんではいないだろうか。

伝統的で形式主義のテラワーダ仏教のワットも、その中味は絶えず変わってゆく。ダールマに魅かれてというよりは、ワット生活の精神治療効果を狙うといって悪いわけはない。そうした要求に応ずることができることこそすばらしい。私だってアサイラムを求めてやってきた。ダールマに魅かれてといったら嘘になる。仏道の何であるかについて何らまともな知識は有していなかった。なぜ僧になったのか、と問われるならば、そこにワットがあったからだとしか答えられない部分があ る。

理由など問題ではない。ウパサンパダを無事にすます間の未曾有の緊張と、僧になろうと決意を固める前のあの逡巡を考えれば、いま経験するこの存在のあるがままの自然さは当然であるといってはいけないのだろうか。単調なこと、単純なこと、形式を守ること、その中に限りのない豊かな人間の世界が隠されていることを、私も瞬時気づいたのであったろうか。

18

アニチャ——無常

さて、僧よ、次に誦える経文はいつも胸に繰り返し繰り返し憶えておくものである。
先導僧がこのように誦える。すなわち、

ハンダマヤン　アビニャパチャヴェカーナ
パータム　バーナーマ　セー

この最後のセーは心持高く尾を引くようにして背後に立膝で控える僧たちに聴かせる、それに続いて、あとは斉唱である。

ジャラーダームモヒィ
ジャラーム　アナティト

ビャディダームモヒィ
ビャーディム　アナティト

マラニャーダームモヒィ
マラニャム　アナティト
サベヒ　メ　ピイエヒ　マニャーペヒ
ニャニャバーボ　ヴィニャーバーボ

カンマサッコームヒィ
カンマダーヤード
カンマヨーニ
カンマバントウ
カンマパティサラニョ
ヤム　カンマム　カリサムミ
カルヤーナム　ワ　パラカム　ワ
タッサ　ダーヤード　バヴィサミ
エーワム　アメーヒ　アビニャム
パチャウエキタバム

毎夜八時からの読経のおわりに、この「アビニャパチャヴェカーナ」（いつも心に留めおくこと）が誦えられる。私が覚えたスワットモン（読経）の中でも最も好きなものの一つであり、この箇所にくると、ほっとしたものである。このお経の意味は、

年を経る（朽ちてゆく）のは私の定めだ
年を経ること（朽ちること）を超えることはできない

病をすることは私の定めだ
病を超えてゆくことはできない

死ぬことは私の定めだ
死を超えることはできない
愛するものも楽しいことも、いま私の手にあるものは、やがて他のものに替えられ、私から離れていってしまうのだ
私は自分のカンマを持っている
私のカンマを引き継ぎ
私のカンマに生まれ

私のカンマに結びつき
私のカンマに支えられることは変わらない
私が行なうであろうカンマがどれであれ
善であれ悪であれ
それを私が引き継いでゆくことになる
このことを、いつも覚えておかなくてはならない

というものであるが、何かあると、私は独りでこの章句を誦えることにしていた。これはカンマ（カールマ＝業）の永遠と、存在の有限とをうたった経句にはちがいないが、何よりもここにはテラワーダ仏教の世界観の一切が示されているように思えた。僧修行で私が得たもっとも感銘深い教えは、この経文に示されたことに尽きると言ってよい。

このなかでカンマの永遠を強調していることにはそれほど共鳴しない。というよりも、実感として、それは明らかなものでない。タイではカンマは永遠に続いてゆくものとは考えられていない。そう考えられていないと断定するのは独断になる惧《おそ》れもあるが、確かに額面としての理論では（つまり言葉の上では）カンマは引き継ぎ引き継いでゆくものとされているのであるが、実際はそういうものとは信じられていない。タイ人にとってカンマとはもっと生々しいものなのである。カンマは永久だというと、いかにも漠然とした観念に思いやすい。しかし、それは書物を通してカンマを知る者にとっての話である。カンマを背負って生きる人々にとっては実に重くもあり軽くもある動

きのあるものなのだ。それは慎重に取り扱わなければならないものであり、限りなく注意を払うことを要求する変転きわまりのないものである。

時の変化と病とに打ち克つことはできないこの弱々しい人間という生きものにとって、ただカンマだけが続いてゆく。だが、そういう己れのカンマさえ、このいま現在の自分がみることのできるのは一瞬のことといってよい。所詮、この一瞬にすべてがかかっている。わが存在、わが生も、このカンマの過程の瞬時に永生をみる、そのことにかかっている。光と闇と、その交錯するとき、その瞬間でしかないのだ、といってよかろう。この想念、この理解、この真実に、耐え切ることが、果してできるであろうか。

すべてのものは有限の存在である。死を超えることは絶対にできない。すべての生きものは朽ち、そして死ぬ。これは何人も超えることのできない真実である。

ジャラーダームモヒィときくと、この真実が身体一杯に広がって、胸に迫ってくる。このことを心に銘記せよ、絶えず想い起して、繰り返して認識せよ、とブッダは言った。この経句を毎夜誦えるたびに、テラワーダの教えとは何と徹底した宗教なのだろうと思わずにはいられなかった。テラワーダというよりも仏教というべきであろうが、残念ながら、私には自分の育ってきた環境における仏教は、こうしたことを説くものとして存在していなかった。私にとって善きにつけ悪しきにつけ仏教の発見は、東南アジアでしかできなかったのだ。

何という徹底した認識であることか、という驚きは、何という素気のない酷薄なともいうべき教えであることか、という驚きにも通じている。ジャラーダームモヒィと口で音にして言うたびごとに、この酷薄な想い、そしてそれであるが故にどう否定のしようもない真実に、直面させられずにはいないのである。

生と死という永遠の二元対立をいかに柔らげてその間をスムーズに通りやすくし、このいかなる意味でも超えがたい矛盾対立を何とか受け容れられるように慰撫しながら、人間がその根源対立に面して陥らずにいられない虚無の底からいかに救い上げるか、宗教はこのことに最大の精力を傾ける。

死といってしまったらおしまいなのだ。避けられない現実としての死をちらつかせつつ、それから眼を逸らさせること、死を忘れさせること、どのような教説もそれを説く点で変わりはない。宗教とは死を超える技術なのである。

その点ブッダは素気ないのだ。朽ち死ぬのが定めだといつも心せよ、これを超えることは誰にもできない。ブッダ自身もできなかった。ただ、この定めを心して、それを直視して生きる。それは人間一人一人の避けることのできない定めであり、何人といえども、ブッダ自身でも、その定めから逃れ、救われるということはできない。

それなのに、いかにして他者を救うことができるであろうか。頼ることができるのは、自己しかない。あくまでも自己によるしか他に方途はない。自力だけが意味をもつ。

ブッダは他方でニルヴァーナを説いた。ニルヴァーナは救いなのか。確かに、永遠に繰り返すカールマの輪を止めることができるのは、ただ一つ、ニルヴァーナに至ることである。至高の到達目標、ブッダのいう救いとはニルヴァーナであった。

しかし、このニルヴァーナとは何という救いなのであろう。それはもう絶対的な無の状態なのである。あらゆる欲望の停止であるとブッダは言った。ダールマにおける欲望であってさえ消滅する状態なのである、と。欲望の消え去るところ、すなわち、ニルヴァーナなのだ。考えてみれば、これは人間の存在に対する何という皮肉なのであろうか。

生けるものはすべて欲望に沿って生きる。生きる目標は、表現の如何を問わず、結局のところ、欲望の充足にある。欲望がいかなる意味においても充たされることを否定されては、人間は生きてゆくことはできないのである。この生の原則に、真っ向から水をぶっかけるのがブッダなのだ。

マラニャーダームモヒィ、まさにその通りにちがいあるまい。死こそわが定めに決まっている。テラワーダでは原則として僧以外には救われない、と前に記した。だが、その救いの内容が欲望の消滅なのであれば、救いとはまさに空しいことなのである。この空しさに徹底して耐え切れるように自己を鍛えること、それこそがブッダの教えたことに他ならない。

ブッダが解明した人間の生の謎は、簡単なことであった。それは自然の状況そのものなのだ。しかし、その自然の状況とは人間がもっとも人間的であることを超える技術を要求され、それに応えることのできる者のみが達しうる状態なのである。私は仏教哲学からは学ばない。仏典の註解の迷路にさ迷おうとは思わない。私は黄衣を着、ピンタバートで生をつなぎ、パーティモッカすれすれに生活して、毎夜のスワットモンで、ブッダを学ぶ。ブッダの説いた途は、それ以外の形で学ぶことはできない。

ジャラーダームモヒィ、朽ちてゆくしか他に方法はない。そうなのだ。これだけなのだ。これだけであることに、人間の生の目的が朽ちることだけであることに、思い至ることの絶対的な虚無、この虚無に耐えられるか、ブッダはそう問いかけている。この虚無の顔を直視できるか、と。

もちろん、それは不可能なことである。生を虚無でもって生きることはできはしない。だが、心にそれを銘ずることのできるものはやれ、それこそ選ばれし者、テラワーダの途なのだ。

想念は遠くへゆく。僧たちの唱和は美しい。ジャラーダームモヒィというよりチャラータームモヒィと聴えてくる。ジとチ、ダとタ、これは同じである。パーリ語のスワットモンは素晴らしい。タイの僧の斉唱はとくに見事だ。透き通った美しさがある。それが死を唱うのである。死を斉唱する美しさといったらよいのであろうか。

確かに、タイ仏教の世俗性についてはいやというほど思い知らされてきた。精神性の稀薄さ、というのか、ともかく、僧たちはダールマのことなど考えたこともないような顔をして、もっぱら世俗の話題に興じていた。精神的な対話といったものが成立する雰囲気はみじんもない。あっけらかんとした黒く丸いよく光る眼には、精神の苦悩を物語るものは少しも現われていない。

私自身は、こうした雰囲気をごく自然のものとして受け入れる下地ができていたのか、あるいは私自身の性格がそういうものであるのか、あまり違和感は感じなかったのであるが、それでも先輩僧たちと話していて、一体、仏教はどこにいったのかと惑うことがあったことは事実である。ある種の欠落感がそこには時の経つにつれてどうしようもなく感じられてくる。先輩僧たちとの会話に物足りなさが残るのはおおうべくもなかった。

けれども、あまりに精神性を僧の生活に求めるのは間違いではないのか、とあるとき思い至った。

こうして生活していること、この自然さ、それは僧院内にあってもつまらぬ気取りや世俗の見栄に迷わされていることはないとはいわぬが、この自然さは何としても僧の生活の基本である。自然の動きに逆らわないようにすること、パーティモッカの規律は一見不自然にみえて、その実このことをもっとも重要視しているのではないか。

あれほど内容に無頓着で形式主義の権化であるようにみえる僧たちが、毎夜、スワットモンのおわりに、「朽ちるは己れが定め」と誦えるとき、それは自然そのものに徹することを確認することではないのか。スワットモンの時間にみなぎる統一と静寂とは、僧の精神がこのただ一点において、ブッダの得た人間存在の根本原理に接するものであることをよく認識させているもののように思われた。

僧の日常生活において、私がよく聞く言葉に「アニチャ」というのがあった。僧となって数日たったときに、シナダモー師がある夜、突然私に向かってかっと眼をむき、足もとを手で指さして、「アニチャ！」と叫んだ。私は驚いて彼の指先をみると、ゴキブリが一匹死んでいた。

またある朝、マハー・スーチャイ師が私の前を歩いていて、急に振り返ると、「アニチャ！」と言った。彼が眼で示したところをみると、ネズミが一匹道端に死んで腐っていた。

あるときにはネズミのかわりにネコであったり、ゴキブリのかわりに毛虫であったりしたが、昆虫や小動物の死体を指さして「アニチャ！」と叫ぶ先輩僧の態度に毎日のように接した。当初はいかにも奇異な感じを拭い切れないでいたのだが、やがてこれが毎夜のスワットモンの経句とも関係の深い仏教の根本原理の一つを示していることが解ってきた。

アニチャとは無常のことである。無常という日本語に含まれる一種の感傷性とは、タイ仏教でいうアニチャは無縁なのでこの語は用いたくない。だが、まあ、日本語の無常という言葉は美しい言葉で私の好きな語にはちがいないとしても、日本人は普通ゴキブリの死をさして「無常！」とは叫ばないであろう。アニチャとは死であり万物が移ろいゆく不定のものであるということであり、その点では人間の死もゴキブリの死も同じものである。ゴキブリの死にアニチャを想い、人間存在の移ろいゆくさまを考える。

「アニチャ！」

と叫んだきり、他には何も言うわけではない。眼だけが宙をにらんでいるだけである。この言葉をよく聞くのにその説明を聞かせてはくれなかった。万事がこの調子であって、説明は決してなされない。しようがないから、こちらは行為から言葉を知ってゆくことになる。はじめはとにかく唐突な気がしてならなかった。むしろ、「アニチャ！」と指されて、途方にくれてしまうといったほうがよい。他に別の僧がいてもかまってくれない。まことに「自力」によるしか仕方のない世界だった。

しかし、それにしてもひとりでいるときなど時々「アニチャ！」という僧たちの姿を想い出してはおかしくなってしまった。何という突然の変化。いつもは人懐っこく笑っているか、けろりとすましているか、どちらかの僧たちが、突如として、宙をにらんで、「アニチャ！」とくるからだ。決して笑い事ではなく、真剣そのものの行動なので、それに直面させられると、あっと驚いてしまうのはしようがない。そして、おかしくなってくる。

パーリ語の仏教用語でワットの内と外とを問わず日常語として用いられる言葉には、「メータ」（慈愛）とか「アナタ」（無私）とかいくつかあるが、「アニチャ」もその一つであるといってよいであろう。けれども、僧たちがこの語を言うときには、独自の雰囲気がある。僧の存在が「アニチャ」と結びついているからなのか。アニチャとは、僧の生活の基本的な色調であるといってもよいかと思った。

というのも、アニチャは私の僧修行の生活の後半における忘れがたい出来事と結びつくからである。

十月に入って、ピク・ナワカの生活も次第におわりに近づいてきた。すっかり修行日課にも慣れて、友人も多く、楽しい日々が続いていた。

しかし、私の修行生活はそのまま平穏にというわけにはゆかなかった。タイの人々に祝福されながらワットに入った日本人であることはよかったのであるが、外的世界の変化とともに、それが一種のスティグマとなることもある。

ワットの外の世界は動きが急になってきていた。それが私にもひしひしと感じられるようになった。

ワットの中でも、ピク・ナワカたちが夜の自由時間などに寄り合うと、ひそひそと話し合うのが眼についた。私が近づいてゆくと、急にやめてしまう。

「やあ！」と、そのあとはいつもの調子に戻って、およそ屈託がない。ささやかなティー・パーティとなって、面白おかしく談笑になるのだが、どうもしっくりとしない何かが気になるのだった。

外での騒ぎにそれが関係していることは明らかであった。もっとも、この時点（一九七二年九月末から十月初め）ではまだ秘かな形のもので、バンコクの一般の人々や日本人は誰一人気にする者はいなかった。

だが、ワットの中はちがっていた。ピク・ナワカたちは、ほとんどがこの国のエリート層に属する人々で、官僚、軍人、警察、ジャーナリスト、教育関係者など種々の職業に散らばっていたから、ワットの外での動きに対しては敏感であり、むしろ普通ならば拡散してまとまりがたい情報が集約されて入ってくるといってよいのであった。だから、学生を中心とした反日運動が徐々に大きな波へと底部でかたまりつつある微妙なうねりが、いち早く伝わってきており、その振動はワット内の小集会ではむしろ増幅されていたようだ。それは決して表面には顕わなものとして示されることはないのだが、ワット中のただ一人の日本人である私には、その振動が伝わってこざるをえないのだった。

僧となってもうタイ人と同じだといわれ、平穏で楽しくもあるサンガの集団生活に抵抗なく浸っていた私には、いまやタイ人僧の示す微妙な感情の変化に出会って、否定しようのない現実の刃を突きつけられるような気持になってくるのを止めることはできなかった。アサイラムとしてのワットの中でも逃れようのない問題はある。現実のワット外の動向は、ワット内の関係にも反映する。以前から問題となっていたタイ社会における日本人問題は、はっきりとした反日運動という形をとってきていた。新聞は連日直接的な表現ではないが、タイの有識者にはそれとわかる形で「反日」の動きが昂まりつつあることを報じはじめていた。

ある夜、スワットモンのあとで、チャイニミトーが私の部屋にきた。デクのムックが入れた蜂蜜入りのお茶を飲みながら、いつになくあらたまった態度で、

「クッタチットー、君ももう感じているだろうが、情勢はむずかしくなってきた。僧である君には何の含むところもないのだけど、日本人の行動に対するわれわれの気持は限界にまできているのだ。君はよく解っているだろうから、経済進出や公害の押し付けなどの常識をいまさら君に説明して、われわれタイ人の反日感情を説明しようとは思わない。だけど、君らにはあんまりぴんとこないようなことで、タイ人にとっては断じて許せないことがある。ごく最近起ったことの中で、そういう種類のことが一つある。それを説明しよう。」

と、チャイニミトーはタイ字紙を一部もってきて、それを見せながら、話し出した。その表情は沈痛で暗かった。

「最近、ラジャダムリ通りに面してオープンしたタイ大丸百貨店のことは知っていることと思うけど、その入口の左側にボクシング喫茶店ができた。コーヒーを飲みながらボクシングを見ようという趣向らしい。その店の経営者の日本人はタイ・ボクシングのプロモーターとしてよく知られているが、これまでにもいろんな芳しからぬ風評のあった人物だ。

質の悪いタイ・ボクサーばかり日本へ連れていって、わざと負けさせたり、タイ人の間にはいろんな噂がある男だ。しかも、タイの国技であるボクシングをキック・ボクシングと称して勝手に歪めて日本で流行させようとしている。まあ、それも国外でやっている間はよかった。

タイ国の外で何をやろうが、それはしようがない。だけどだよ、この男が今度はことあろうに

国内でそれをやろうとしているのだ。こんなことってあるだろうか。タイ人の民族感情を逆撫でするようなものではないか。これを見てみろ、この新聞のインタビューを。」

といって日本人経営者のインタビュー記事を示した。それによると、このプロモーター氏は胸を張って、タイ・ボクシングの世界への紹介者としての功績を誇り、いまやタイ・ボクシングはローカル・スポーツの段階を抜け出してキック・ボクシングとして脱皮し、オリンピックの競技種目にも加えられるような世界的スポーツになるべきだといい、そのために自分がこうしてキック・ボクシングの普及のためにバンコクにもジムを開こうとしているのだと答えていた。

チャイニミトーはこの発言に接して怒り心頭に発したらしい。プロモーター氏がいかなる人物であるかは別として、この発言は日本でならば正論として通ることであろう。けれども、チャイニミトーをはじめとするタイの人々には無視できないばかりか、タイ人を侮辱する国辱的発言と映った。「ボクシングはタイの国技であるばかりでなく、タイ人にとっては神聖なる競技なのだ。国王や仏教と並んでタイ・ボクシングはタイ民族の統合の象徴であるといってもよいくらいなのだ。それが普通のスポーツと同じではないことは、試合に臨む前にボクサーがブラーマンの神々に加護を祈り、伝統的な音楽と踊りが行なわれ、タイの民族文化を象徴するところをみてもわかるだろう。この聖なる儀式をとっ払って、ただの殴り合いと蹴り合いだけを取りだして、世界的スポーツになどと言ったって、タイ人は誰も信用しない。

タイ人にとっては、何よりもタイ人の尊ぶ聖性を踏みにじられ、汚されたという気持になる。日本人はとうとうタイ人の神聖国技さえも強奪にきたのかという気持なのだ。タイ人の国民統合の象徴を壊され汚されたという抑えようのない怒りであり、恥辱の感情なのだ。君にはこれが理解できるか。ぼくは国王を愛している。国王とは何よりもタイ民族の統合の象徴なのだ。国王あってこそタイ国もある。国王のためならいつでも死ねると誇りをもって言うことができるのだ。

そして、仏教だ。サーサナはタイ人の精神を統合する。仏教がなかったらタイ国はばらばらになってしまうだろう。こうしたものはタイ国の統合の象徴なのだ。異民族の混在によって形成されているタイ国は、日本とちがって、こうした統合の象徴なくしてはすぐさま解体してしまう。この危機感は君にわかるか。

ボクシングと馬鹿にするなよ。ボクシングであっても、神聖なものとして、タイ国の統一の象徴として、誰からも好かれ尊《とうと》まれてきたタイ人の誇りとするものなのだ。この間も日本からきたボクサーがタイ・ボクサーと対戦して総ノックアウトを喰ったのを知っているだろう。タイ人の誇りなのだ。かつて柔道もそうだったにちがいない。この日本人の言動はその大切なタイ人の誇りを傷つけたのだ。こういうことは絶対に許せない。ぼくは本当に悲しくなるのだ。」

話しながら興奮して怒りに身を震わせるチャイニミトーの姿に私は言葉もなかった。一体、何と言って答えたらよいというのだろうか。それに、私の胸を打ったのは、チャイニミトーの言葉の中にタイ人の深い民族感情が現われていたことである。タイ国の統合の象徴だという彼の言葉には、底深い感情が秘められているように思われた。それを前にしては、異人である私に、しかも不当な侵入と糾弾されている者と同国人である私に、何の言葉があろうか。私はただひたすら自分の行動をもって私の立場と理解を示すことができるだけである。一切の同情の言葉、一切の慰め、一切の皮相な自己批判は意味をなさない。言葉でなく行動で示す。その行動を評価してもらう以外に相互理解の方途はないのである。

チャイニミトーが去った後、私は茫然として独りとり残されて、坐っていた。お茶は冷えていた。私の心も冷えて沈んでいた。

やがて、いよいよ反日の動きは盛んとなり、連日、その騒ぎはバンコク中に響き渡るかのようであった。いまはもう同僚のピク・ナワカたちも隠そうとしなかった。有名なサイアム・ラアト紙の敏腕記者は、早くワットを出て報道の戦列に加わりたいものだと洩らしていた。

友人たちが、「クッタチットー、お前はちがうけど。」といいながら、日本人批判をすることに私自身は苛立ちを覚えていた。私もまた自分が日本人であることに誇りをもつ一人だ。しかし、それだからこそ、卑俗な形での力の誇示には批判的にならざるをえない。誇りをもち、自信をもつことは、己れの欠点を堂々と自己批判できることにちがいあるまい。卑下も傲岸さもないことだ。

そうしたある夜、私はソムデットの前に坐っていた。ダールマについての話がひとしきり続いた後で、私は日本人僧としてはなかなかむずかしい毎日です、と申し上げた。

その意味をすぐさま受けとめられたソムデットは、静かに微笑みながら、

「そうだ、クッタチットー、すべては流れのままなのだ。いまは静かに待つがよい。すべてのものごとは川の水が流れてゆくように流れてゆく。アニチャの意味を考えるがよい。」

とだけおっしゃった。その言葉は、私の五体に沁み渡った。私は身体の中が洗われるように感じた。透き通ってゆくような血のめぐりを感じながら、私は思わずソムデットの前に拝伏していた。

ヤター　ワリワハー　ピュラ　パリプレンティ　サーガラム
エーワメーワ　イトゥ　ディナム　ペータナム　ウパカパティ

水で一杯に満ちた河が大海を満たすが如く
ここに死者（餓鬼や幽鬼）にさえも恩恵が与えられる……

タン・ブンの儀礼でいつも誦えるこの経句が胸に浮かんだ。

19

僧の世界

パンサーが明けると、僧の生活は自由になる。自由になるといっても、もちろん、パーティモッカに縛られる戒律生活であることに変わりはないが、僧院の中に一種の解放感が訪れることは事実である。僧院にこもっての修行はおわり、僧には外出の自由と旅行とが許される。また学習も堅苦しい詰めこみ式のものでなくなって、個人本位ののびやかな勉学となる。それに、何といっても、僧院の人口の大半を占めるピク・ナワカ（新入り僧）がほとんどスック（還俗）してしまうことが大きく僧院の雰囲気を変えずにいない。八十数名のピク・ナワカが一斉に出ると、僧院は閑散として静かになる。これまで新入りの指導に忙しく、また模範を示すために肩に力が入っていた先輩僧たちも、何となく緊張を解いた感じになる。パンサーがおわっても、まだ残っている私のことを怪訝な顔をしてみる先輩僧もいるが、大抵はこれまでよりもはるかに親しげに近づいてきてくれる。

季節も雨期から乾期へと移り、空気は澄み、川には水があふれて、自然は情感をたたえ、人々も生き生きとしてくる。社会にとってもパンサーはおわるのであり、息子はスックして家に戻り、街の人々の精神的な緊張は解ける。パンサーの間酒類を断っていた人々もいまや元気を取り戻す。

パンサーがおわると、ピンタバートに行ってもあまりサイ・バートしてくれる人がいなくなるぞ、とはインドネシアからきたアガパローの話だったが、確かにタイ社会全体をつつんでいたパンサーの謹慎は解け、宗教熱は少し冷える。ピンタバートにいっても、パンサー中と比べて、半分くらい人々の「出」が減っているのがわかった。しかし、ピク・ナワカが出てしまって、僧院人口も半減しているから、数の上ではちょうどよいことになって、サイ・バートにあぶれてくるというような事態はみられない。むしろ、カラファット（俗人）との関係は密になってくる。いくつかのピンタバートのコース上で馴染みとなった家庭では、いまや顧客もよいところで、親しくサイ・バートしてくれる。だが、いつもたくさんの食物を用意して待っていたいくつかの大きな屋敷の前には誰もいなくなり、門は閉ざされたままである。妙に白々しい感じもする。

八十五名のピク・ナワカのうち、残ったのは私を含めて三名である。七十六歳の老人とフィリピンの大学を出たという青年と私であって、老人は科学技術庁の高官を務め、かつてはＭＩＴに学んだこともあるという。いまは引退し、噂によれば大変な資産家であるとのことであったが、財産の大半をワットに寄贈したといわれていた。しかも、パンサー中に奥さんが年下の愛人に殺されるという事件が起ってその事件は新聞を賑わせた。そのときもけろりとして変わった様子はみせず、もちろん、ピク・ナワカでパンサー修行中のことだから事件のために家に帰るということもなかった。その心中が如何なるものであったか外見からはまったく疑われなかったが、そういう事件もあってのことなのか、今後もワットに残るということである。

新聞の写真でみるかぎり奥さんはなかなかの美人で年もずっと若い。相手は自家用車のベンツの運転手に雇っていた青年である。この青年は死刑になるだろうといわれていた。小柄で頭をそっているのに白髪が目立ち、ちょこちょことせわしげに歩く老人の姿には、こういう事件を経験した者の打ち沈んだ様子は一向にみられない。僧としてあるいは当然の姿というべきかもしれないが、といってその眼つきや表情には悟りきった上での平静さといったものも現われていない。むしろ俗的で軽い感じがして、私は同情をする気になれなかった。

技術者特有の割り切り型とでもいうのか、ニーモンの席で一度同席したときに、何となく卑俗な振舞いに年輪は感じられず、失望したことがあったからである。後で聞いたところによると、奥さんとは長年の別居生活であったらしく、むしろ奥さんに同情したくらいである。もっとも、こんなことをいうのはとんだ度を越した私の出しゃばりであって、これこそまったく私の修行の足りなさによるものである。

ところで、犯人の青年の犯行動機には財産がからんでいたらしく、愛欲と物欲がからんでこじれたわけだが、この種の犯罪はよく起っている。犯罪としてはもっとも人間的な動機によるものである。この事件は僧院生活で同期に入った同僚僧の身に起った生々しい愛憎の劇として記憶に残ったのであるが、仏教はこうした生々しさを人間の存在にまつわる根本的条件として認め、それを自らの手によって克服し、自らを救済しようと試みる教えなのであり、決して超自然のレベルへ逃れようとはしないものである。だから、生々しい人間的現実を忘れ、それから逃れるわけにはゆかない。「アニチャ」を視つめるために、葬式のとき火葬の死体の前で僧たちはスワットモンを誦える。これも死を視つめ克服するためである。だが、少なくとも表面的には、同僚僧の身辺に起った醜聞に関してまったく素知らぬ振りをするのも僧の勤めというべきである。もちろん、噂は陰では進行している。私のところにさえ伝わってきたほどなのだから。事件を報道する新聞には同僚僧のことは修行中のことゆえ敬意を払ったのか一行も出ていない。噂さえなければ誰も知らずにすんだことにちがいない。生々しい出来事は、僧には格好の話題の種を提供するのである。まあ、僧院生活において、同年輩や若い僧との談合において、前にも記したが、仏教や高邁なる哲理についての話題が出たことは一度もない。こちらが、教学や哲学の問題を出すと、黙り込んでしまって白けるよりも不快な顔すらされるのが事実であった。それに反して、こうした事件やボクシングの話となると、もう話に花が咲いて、和気藹々となり談論は風発する。そういえば、僧が一人で読書に耽るということもみた覚えがない。本など読む姿は、タイの僧の姿勢としてさまにならない。

ある日、午後遅くチャオクンのクティを訪ねると、脇に大判の分厚い書物を重ねて、何やらページをめくりながら調べているので、何についての本なのですか、ときくと、ちょっと照れたような戸惑った様子で、大分経ってから、ぽつりと、「占いについての本だ。」と一言答えて、ぷいと横を向いてしまった。どのような神秘が記された本か知ることができなかったが、何の本かと正面から訊ねられたチャオクンが、あまり誇らしげに示すことができなかったもののようである。

さて、オク・パンサーとなって、多くの僧たちが練るのは旅行の計画である。旅行といっても、別に費用は大してかからない。僧は民家に泊ることはできないから、各地のワットを訪ね歩くという形になる。僧の旅は、それゆえ、必然的に巡礼行となる。

この年、パンサーが明けた（つまり、オク・パンサー）のは十月二十七日であった。しかし、それは世間一般のことで、一斉にスックの許されるオク・パンサーは、各寺院とも独自の方式によって異なり、このワットでは十一月四日がスックの解禁日とされた。そこであと一週間程待たねばならない。もう世間の恋しくなったピク・ナワカたちはそわそわして、気もそぞろに、思いは社会に復帰したことに飛んでいる。いままでのしかめ面した僧スタイルはどことなくとれて、嬉々として家へ帰ってからの楽しみに気は向いてしまっている。どこの風俗店がよいとか、バンコク郊外の小さな町にある遊び場の話とか、酒の話など、不謹慎極まりのない話ばかりがピク・ナワカの談話の大半を占める。大多数のピク・ナワカにとっては、スックして家や会社に帰ることは、尊い苦役をすました後の慰労に満ちた楽しいご帰還を意味することなのである。心が弾むのも仕方のない話だ。

けれども、それに反して、先輩僧の姿には何となく寂しげな風情が漂ってくる。彼らは多く帰るところもない人々である。ピク・ナワカとはちがい、彼らは社会のエリートたちではない。むしろ、ワットの生活がもっとも恵まれた生活であるといってよいくらいの人々が多い。もちろん、そこにはみじめったらしいところは一切ない。また彼ら先輩僧がそうした様子をみせたり、口にしたりすることもない。

だが、あまりに弾みすぎるスックを目前に控えたピク・ナワカたちとの対照によって、先輩僧たちの姿が沈んでみえるのである。年輩の僧にはもうそれを超越した僧らしさがみられる。こういう生活のみをひたすら送ってきた者だけにそなわる一種の存在感がある。それは容易には犯し難い何ものかである。だが、若い僧にはそれはないし、僧生活をいうなれば仮の身として送っている者も多いのである。

またそういうのとは別に、ウパチャーヤとしてウパサンパダの儀礼を授けたソムデットにとっては、オク・パンサーを迎えるのが我が身を切られるような辛いことであるといわれている。それはこの達成した僧ならではの感じ方で、毎年多くの弟子を迎え、そして送り出すことにまつわるテラワーダ仏教僧ならではの感慨である。

ソムデットにとっては、我が子という以上に個々のピク・ナワカが感じられるらしいのだ。その気持は到底私などでは推し測ることはできないものであろうが、このソムデットをみていると、私にはタイ仏教の中に一人孤高にそびえ立つ「最後のテーラ（長老）」だという気がしてならないのであった。眼をつむって、身体を小刻みに震わせながら、カマタン（瞑想）の修練を説く姿には、この世のドゥカ（苦しみ）を全身に引き受けてぎりぎりに緊張した生を生きるテラワーダ僧の形があった。柔和な中にも底深い知と哀しみをたたえたその眼。私はこれほどに存在の虚しさを視つめている眼をこれまでみたことがない。透徹した何かがそこには宿っていて、一度それに捉えられた者を離さない。私はその眼に哀しみの表情がみえてならなかった。そして、その哀しみに気づくたびに、秘かに心の裡で、「トリステ」だと叫んだ。どういうものか、私にはその哀しさがうまく言葉で捉えられず、出てくるものは「トリステ」という外国語なのであった。当たり前のことであるかもしれない。私の如き怠惰な生活を送ってきた者に、ソムデットの心中が解るはずがないであろう。けれども、その眼の中に深い哀しみを視てしまって以来、ソムデットの心は私にある親しく通い合うものをあたえるような気がしたのである。それはタイ社会の加速度的な変化に仏教がいかんともしがたく取り残されてゆくのを予感せしめる表情であるといえようか。また頑固にテーラの道を厳守するタマユット派の行き方が、どこか伝統の滅びを漂わせているところに由来するのかもしれなかった。私はこの人に接するたびに、その達成された人間を感じ、と同時に、その孤高な哀しみを想った。

しかし、テラワーダの達成の道は感傷ではない。私の感じ方には私自身の甘い感情移入があったに相違ない。私は多分に感傷的になりすぎていただろう。ソムデットの眼はこちらの心の状態に応じていくらでも違って映ずる。それは限りのないこちらの心の発展を映す鏡となりうる可能性を有している。私の感じ方の甘さは、それだけでこの人物についての私の理解の範囲を限られたものとしている。だが、そんな私にさえもソムデットの眼は語りかけてくる。その表情はいく様にも彩りを変えることのできる存在の根の万華鏡のような無限の可能性を秘めているのだ。

それにしても、この人ほど完璧な人を私はみたことがなかった。穏やかな性格で、決して他の僧を批判したり、とがめたり、叱ったりすることはない。口で物を申すことをしない。言葉でもって説くことに頼らない。常に自らの行動を通して語らしめる。その形姿、物の言い方、戒律の守り方、勉学、動じない姿、すべて完璧といってよい模範である。その声、その歩き方、そして、何ともいいようのない人柄の魅力、それら全部が見事な形であって、範となって余りがある。私はいく度も欠点を探そうと試みた。弱さをみつけようとした。しかし、この人はいつも上手をゆく。決して逃げはしない。決して無理もしない。決して力を張ったり、誇示をしようとしない。すべてが、あくまでも素直、あくまでも自然なのだ。食事の仕方、事物への対処の仕方、普通であって平凡ではない。その何気ない所作の一つ一つが、いかにも自然そのものに見えながら、その一つ一つを検討してゆくと、底深い複雑さを秘めているのに圧倒されてしまう。どれ一つをとってみても、考え抜かれ鍛え抜かれた上でのものであることが徐々に明らかになってくる態のものなのである。

ソムデットは、あり余る寄進にも拘らず、毎朝自らピンタバートに赴く。この些事は当たり前と言ってしまえばそうもいえるが、高位のチャオクンとしては稀有のことである。そのピンタバートへゆく姿はまさに一幅の絵になるすばらしいものだ。私は秘かに後から従いてゆく。後姿は上背があることと独特の背の曲げ方とで容易に分かる。速くなく遅くなく、すべてが定まっていて、少しも不自然なところがなく、淀みのないペースで流れてゆく。私はだんだんとペースが乱れて、やがて従いてゆけなくなる。呼吸が乱れ、気が急いでしまっている。

ソムデットは日に一回しか食事を摂らない。だが、お昼のニーモンにゆくではないか。私は同席したタン・ブンの儀礼で彼が食べるのをみている。しかし、よくみてみろよ、あれは招び主のことを考えて付き合っているだけなのだ、食べるといっても果物ぐらいだから今度よくみていて、ごらん、と同僚のジェートーにいわれた。ニーモンで食事をするときにはその前か後の一回は、はぶいていられるともきいた。次に同席する機会があったとき、よく見ていると、本当にごく少量ほんのお付き合いといった程度にしか食べていられないのに気づいた。それもよく見ていないと分からないくらい、何気なく行なっているので普通人々は気づかない。だから、私にはスタンドプレイの感じはなく、いつもながらのソムデットの見事な自己抑制の産物であると受けとれた。

ソムデットの魅力は、こうして記してくるといかにも修行僧のリゴリズムを思わせるかもしれないが、実は自分の一挙一動の隅々にまで神経の行き届いた完璧な（としか言いようがないのだ、実際）スタイリストであることからもきている。スタイリストというと誤解を招く恐れがあるが、何ともいえないエレガンスがその存在にそなわっていて、素晴らしい。あるいは私がもっとも惹かれたのは、彼のこの面だったかもしれない。私はいかに偉大にみえる人であっても、その存在がエレガントでないものに一切魅力も感じないし、敬愛も抱かない。どこか本質的な欠陥があるものとして映る。私がソムデットにぞっこん参ってしまったのは、如上の達成度プラスこのエレガンスだった。この要素を私はタイで出会った他のいかなる僧にも見出すことはできなかった。

　僧にとっておしゃれは、もちろん、通常の意味では許されようはずもない。身にまとうものが黄衣だけというのではおしゃれもしようがないであろう。黄衣を美しくきれいに着ることはできるし、いつも清潔に洗濯のしてある状態でまとっていることは美徳にちがいない。その点での端正さは当然のこととして、他におしゃれをする余地はあるのか。それがあった。僧は肩に引っ掛けてもつショルダーバッグ型の布製のバッグをもつことができる。ある日、ソムデットの話を聞く会に出ると、皆が待つ席へソムデットが現われた。彼は目の前の大きな机の上にそのバッグをまず置く。その動作は彼の身体の動きの一部のように自然である。ところがわれわれ出席者の目前に置かれたバッグを気をつけてみると、色、形、材料それぞれ異なるものがわれわれの目の前にさりげなく置かれる。それを前にして、ソムデットは話す。否が応でも誰もがバッグに目を留める。毎回かわる美しい手編みのバッグなどを眼にするにつれ、これこそおしゃれの真髄ではないかと心から感じ入ってしまった。この人が並々ならぬ審美感の持主であることもよくわかった。私は修行の全期間を通して、この人の一挙一動に気を配らざるをえなかったのである。

昼下りのウポサタ堂で、ピク・ナワカにカマタンの講義（といっても、スワットモンを調えて自ら形を示すのだが）をしているときに、激しい雷雨があった。もうほとんど真上に落雷かと皆総立ちになって動揺するのに、ふとみると、彼は一人微動だにしないで坐っている。こんな光景にいく度出会ったことか。彼はいつも変わらない。いや、そういっては真実でなかろう。アニチャ！　彼も変わっている。しかし、変わっていることが変わらなく映る。これこそ「流れ」そのものではないのだろうか。存在の無は、こうした不変の不動の姿をとりつつ現われるのではないか。私はこの人の存在を怖れ、そして敬慕の念をもった。感情ではない知をもって、存在を敬愛することができた。タイへ来て、この人の存在を知っただけで、私は何と幸福であることかと心から思う。

しかし、こうしたソムデットを頂点としてこのワットにいる僧たちの姿をみると、実にさまざまなタイプの僧がいることに気づく。タイのサンガは整然とした官僚組織をもっているが、その末端組織である個々のワットはそれ自体が独立した単位であり、一つの世界である。

そこではチャオ・アオ・ワットの絶対的な権威の下に、位階とパンサー歴とによるヒエラルヒーは存在するものの、まず各々のクティ・カナ単位に集まった僧たちの自由な生活が保証されている。チャオ・アオ・ワットの権威は絶対的であって、外出許可その他些事に至るまで僧の行動はチャオ・アオ・ワットの監督下にある。年一回の位階昇任の「人事」を決めて、宗務庁に推薦するのもまったくチャオ・アオ・ワットの判断によってなされる。僧は各々どこかのクティ・カナに属することになるが、大抵はワットへ入るについて紹介してくれたチャオクンのところに弟子入りの形となる。

その結びつきは地縁・血縁を中核として、あとはかなり自由な結びつきになる。この点、タイ社会の組織原理と同じであって、固定した血縁・地縁の関係構造は存在しない。バスで偶然隣り合わせた僧と仲良くなってそのワットを訪ねているうちに誘われて僧になったというような例から、知人の知人による紹介とか、行きずりの関係といったものまである。堅苦しいことはない。タイ国(ムアン・タイ＝自由の国)の意味そのままな「気にしない」結びつきである。上位の者に対する徹底した恭順の表明が、一系的な人間関係の構造化を促進せず、むしろ個人の自由(あるいは勝手さ)を保証するという、日本とは表面上似ているようで構造上異なる形がタイ人の社会と人間関係の独自さであるといえよう。

その特徴はワットにおける僧どうしの関係にも現われている。目上の僧や師に対する絶対的な服従を示すことは事実だが、自分個人の生活に干渉はさせない。お互いがその限度を上下関係にあってもわきまえていて越えようとは決してしないのである。付かず離れずというか、タイ人的な距離感覚が対人関係においてみられるわけであって、これはどうもタイ人独特の感覚である。これは国際関係においても遺憾なく発揮されるタイ人の特性である。従属と独立との中間を巧みに操ってゆくとでもいったらよいだろうか。

絶対的に服従するようだが、自分のことは自分で決めてゆく、この辺の矛盾した論理を無理なく振舞ってゆくことはタイ人以外にはむずかしい。とかく、私など外人にとっては矛盾の方が目につ いてしまって、それから脱け出せなくなる。そうするともういけない。タイ社会は耐えられないものとなってしまう。

僧どうしの関係も、上下の関係は本質的にこの矛盾の原理によっているから、ある日、けろりとしてチャオクンのところを去っていっても、後に尾を引くものはない。本来的に、この不即不離のクールな人間関係が存在しており、それが面白いことにテラワーダの「自力本願」に通じている。もちろん、大変便宜的な解釈ではあるが、宗教の教理の解釈はどうにでも理解できる面がなければ人口に膾炙《かいしゃ》しない。民衆の宗教理解には常にその時々の状況に応じた勝手な理解がみられ、それが莫大な宗教信仰のエネルギーの源となっている。逆説的にいえば、誤解によって信ずるのもまた真ということになろう。

ところで、ワットを支配するおよそ愚かしいほどにみえることもある上位に対する絶対従属の表明の形式性、あくまでもそれは外的な形によって表現されるものであるが、この形式性の尊重というより形式性の絶対視と、実際の僧生活を送ってみて味わう自由さと、この本来二律背反するものが現実の場において統合されていることが、タイの僧の社会・人間関係の特質であり、禁欲生活に伴いがちな重苦しさというものから解放されている原因の大きな要素である。

僧の世界は、この関係構造を中心として、さらにいま一つ別のレベルでの二律背反的構造を矛盾なく統合するところに成立している。すなわち、正統的な大伝統の仏教教理の説く仮借ないニッパン（ニルヴァーナ）への達成の道の世界と、民衆の求めるサワン（地上天国）への俗的快楽の達成を仲介するタン・ブンの呪的世界との、相矛盾し、本来葛藤し合うものを、現実の僧生活において統合するという役割である。あぶなっかしい理念と現実の綱渡りを自然そのものの形に行なうところに僧の世界が成立している。

ソムデットの哀しみは、この矛盾の世界での全責任を担うことのできる人間のみに現われるものといったらよいであろうか。このような「世界苦」ないしは「存在苦」を背負うことのできる人格が出て、はじめて一般の僧の世界の「調和」もまた存在できるのであろうか。

日々が過ぎ去ってゆくにつれ、私にはこのように感じないではいられない修行の毎日となっていた。

20

スック——還俗

私の周囲ではすっかり打ち解けた仲間たちが、スック（還俗）の準備をはじめている。オク・パンサーになってあれほど騒いでいたのに、いまスックを明朝に控えて、四十四名の明朝スックするピク・ナワカ（いや、もう一パンサー過ごした後の僧であり、ナワカではない）たちの表情は沈んでみえる。私のクティでは警察署長だけが明朝組に入っている。他の仲間はまだスックしない。

実はこのスックをする日（ワン・スック）を決めるのは大変な難事なのである。というのも、スックをいつするかによって、その後の将来が決まるからである。タイの青年たちにとって、ようやく苦行を了えて、スックをする日は新しい門出、新しい人生の始まる日を意味するのだから、その日、その時を決めるのには自分にとって最大の吉日を選ばなければならない。スックはまさに「一人前」となり「徳のある熟した人間」としての新しい世界を開示する日を意味するのである。慎重の上にも慎重にならざるをえない。オク・パンサーを迎えた僧たちがそわそわする原因には、このワン・スックを決めるという大事も含まれている。

通常、僧たちはプラ・モー・ドゥー（占い僧）のところへ行って、しかるべき日時を占ってもらう。それにはもっとも信頼のおけるプラ・モー・ドゥーが必要とされ、ワット内に限らず、他のワットへも出かけて行って、占ってもらうのである。僧たちの占いについての気の遣いようといったらもう大変なものであって、端から見ていても気の毒なほどである。

そういえば数日前、チャイニミトーがきて、深刻な顔をして黙りこくってお茶を飲んでいる。「どうしたの。」と訊ねると、クッタチットー、困ったことになった、という。

「実はスックの日取りに関して、二人の僧のところに相談に行ったところ、各々決められた日時がちがうのだ。一人はぼくが以前サマネーラとして入っていた親しいワット・ラチャポピトゥーの僧だけど、十一月十日と言った。もう一人はここのプラ・シーさ。あの黒い小さな坊さまだ。プラ・シーによると、十一月十七日がよいそうなのだ。まったくどちらをとってよいか分からないよ。困ったよ、本当に。」

チャイニミトーの表情は真面目に悩んでいる様子だ。事実、これは困ったことにちがいない。それで、どうして二人のところにみてもらいに行ったのか、一人にしぼれば悩むこともないのにと聞くと、それはそうはいかないという。一人では不安なので、二人にみてもらって一致するところをとりたいのだ、とこれは少し贅沢なことを言っている。けれども、こうした複数の占いを「かけ合わす」ことは決して珍しいことではない。タイの人々は普通そうしているからである。

だが、二人の信頼すべき占い僧のいうことが食い違ってしまったのだ、もっとも大事なスックの日取りに関して。これはまさに人生の一大事にちがいない。チャイニミトーの悩みが深刻にならざるをえないのも、いや当然というべきであろう。

では、どうしたらよいのだろうか。

チャイニミトーのいうには、この二つの食い違いを解決するために、わがチャオクン・テープのところに判断を仰ぎに行くという。チャオクンもなかなかその道では大家であって、役者に不足ということはない。それはよい、きっと立派に解決してくれるに相違ない。

次の日の夜にまたチャイニミトーがやってきた。今度は明るい表情だ。

「チャオクンのところに行ってきた。十四日にしろということだ。われわれ国王のヨームで入った者三人全員一緒だ。これでほっとしたよ。」

四日からスックを許されるのだから、十日間まだ僧でいられるわけだ。何よりも私がほっとした。皆スックしてしまうと、さぞ寂しいだろうと思っていたからだ。チャイニミトーのようないい友人は容易には得られない。

それにしても、明朝にスックを控えた僧たちの表情が冴えないのは、いまになって、僧生活の感慨が一挙に押し寄せたからだという。あらためて三ヵ月半の修行の重みが、それこそ全身にかぶさってきて、どうしようもなく身体がふるえてくるのだというのだ。

翌朝、私がピンタバートに出かける頃には、もう四十四名の僧たちはスックしていた。私は立ち会わなかったから知らなかったが、警察署長も含めて、スックの儀礼に際しては、全員が身を打ちふるわせて泣いたということであった。

しかし、スックしたいま数時間経って、多くの者は流行の幅広い裾のパンタロンと粋なシャツ姿にぱりっと身を装って、すっきりとした表情である。

「クッタチットー、おはよう、ピンタバートはどうだったかい。」と言いながら、いまや俗人に戻った彼らは私に向かって深々とワイをする。ほんの数時間前までの先輩僧たちに対して、私は礼は返せない。もう立場は逆なのである。

それにしても、彼らのさっぱりとした晴れやかな顔つきはどうだろう。そこにはこれまでの人生で最大の通過の儀礼過程を了えた者の、すこやかなかげりのない表情があった。還俗という日本語に伴う一種の脱落感とはまったく対照的なものがそこにはある。

それからあとの十日間は楽しい想い出だ。チャイニミトーと一緒にバンコク中の名刹《めいさつ》を訪ね、あるいは彼の一門の主催するニーモンに招かれ、朝に夕に語り合った。それにしても感じたのはこれは本当に信頼のできるノーブルな人間だということである。私は夜一人で床に横たわりながら、こうしてこのワットで修行生活を送り、こうした友人を得たことの幸せを身に沁みて感じた。

そして、十一月十四日午前十時、わがクティの裏手にあるチャオクン・ラートのクティで彼ら三人のスックの儀礼が始まった。

チャオクンをはじめとして七人の前で三人はスワットモンを誦む。しかし、うまくゆかない。みると、三人とも涙をあふれさせて身体が震えて声にならないのだ。いよいよ、スックする時がきたのである。この感動、スックすることがこんなに感動にみち、情感にあふれたものだとは！

いまや、私にも一時僧の修行の本当の意味が分かったように思えた。この感動、この感激、チャイニミトーが泣いている、他の二人も泣いている。七人の僧は眼をつむって、読経に耽る。

やがて、うながされて、三人は白衣に着換え、黄衣を捨てる。その後、クティの前の台に坐って、僧たちが代わる代わる彼らの頭から聖水をかけて、祝福し、浄めを行なう。頭から水を一杯に浴びて、彼らは眼をつむったまま、ひたすらスックの瞬間に耐える。

その後、別室で白衣を脱いで出てきた三人はもう一般人の姿だ。あらためてタン・ブンの儀礼を請い、僧にスワットモンを誦えてもらい、儀式が終ったのち、食事を捧げる。

これでもうスックしたのだ。食事を捧げ終り、僧が食べるとき、もう彼ら三人の表情はきれいさっぱり新しい人間となって、晴々とした表情である。

それを見ながら、私は自分のことを考えていた。

オク・パンサーの後の一ヵ月間はトー・カチンといわれ、僧に新しい黄衣を贈呈する行事が東北部・北部タイを中心に行なわれる。連日のように、一人のチャオクンが中心となって俗人とともど貸切りバスを連ねて田舎に招かれてゆく。チャオクンたちの出身地やその他の僧の出身地、また各地の篤志家たちの招待による大抵一泊のトー・カチンの旅であって、カオ・パンサーを過ごしてきた僧たちにとって楽しい息抜きの遠足である。もちろん、一人とか数名が招ばれてゆく場合もある。

私はワンドゥームに誘われて、中部タイのナコンサワンの一村落に赴いた。部落の中の小さなワットに泊る。老僧のチャオ・アオ・ワットと二人の僧がいるだけのワットである。村ではトー・カチンのお祭りで、村人総出の催し物が華やかに繰り広げられ、チャオ・アオ・ワットに新しい黄衣が捧げられ、タン・ブンの儀礼が盛大に行なわれて、さまざまな贈物が行なわれる。このワットはワンドゥームがサマネーラとして一時いたところだというが、ワンドゥームがどこで生まれたのかは教えてくれない。彼の故郷というのでもないらしい。

ナコンサワンから帰ってから、いつもワンドゥームと話し興じていると、おとなしいショーティナンドーが、ある昼、ワンドゥームのいないときに私に口寄せて、あいつはよい奴だがベトナム人だ、タイ人ではないんだ、といった。どうも私があまりワンドゥームと親しすぎるのを牽制したらしい。タイ人でなくベトナム人だとは、どういうことなのか。とっさのことで私に反問の余地はなく、ショーティナンドーの表情も突き放したようで、訊ね返すことはできなかった。私はそれまでいく度も「あれは何々人であって、タイ人ではない。」というのを聞いたことがあったのだが、ショーティナンドーのいう「ベトナム人」には明らかに蔑視がこめられていた。ワンドゥームの悪口をいったことは明らかである。民族意識は微妙なものであり、主観的なものであり、状況的なものでもあるから、それが発言されるコンテキストによって、意味も微妙に異なってくる。「ベトナム人」「中国人」も実体としての言葉ではなく、抽象的な意味も明らかでない言い方にすぎないのではあっても、気持のいいものではないし、こういう感情的な集合主義は嫌いである。しかも、明らかにショーティナンドーも「純粋のタイ人」ではない。中国系であろう。この辺の事情は複雑すぎて、単一民族国家に育った者には感覚的に摑めない。しかし、こういう言葉の用いられ方や人々の態度のなかに、現在のタイ社会の性格が示されていることは事実であろう。

それで、ワンドゥームが家族のことや故郷のことを語りたがらない理由がある程度解った気がした。何か居心地の悪い事情が介在するのであろう。彼は眼のくりくりしたやせて小柄な男だが、裸になると筋肉はものすごい。腕に隆々と筋肉を盛り上がらせると、大した迫力だ。僧になる前はボディ・ビルをやったり、タイ式ボクシングの選手だったといっているのもうなずける。

ある夜、彼に連れられてトンブリのワット・アルンを訪ねた帰り途、彼が前にいたことのあるボクシング・ジムに寄ってみた。薄暗い小さな、掘立て小屋のようなバラックの建物の中にリングが作ってあり、隅にサンドバッグが吊ってある。四、五人の若者がサンドバッグを叩いていたが、ワンドゥームと私が入ってゆくと、にっこりと笑ってその中の二人が近寄ってきた。ワンドゥームにワイをして懐しげに話しかける。それに対して、ワンドゥームの方は照れ臭いような表情(これはいつもの彼の表情なのだが)で、笑っている。すると、奥から三人ほど上半身裸の若者が出てきた。これをみるとすごい。三人とも筋肉隆々の大した身体である。私の前で腕に筋肉を盛り上がらせてみせる。かっかっと無邪気な笑いだ。ワンドゥームにはこの三人の方が親しいらしく、肩を抱き合って、談笑。ここでは黄衣の不触の権威もないらしい。ワンドゥームは喜んで、眼玉をきらきら光らせている。自分のホーム・グラウンドに戻ったという感じだ。私が彼らの一人にワンドゥームはボクサーとして強かったのかと訊ねると、いやあ、と笑って答えない。皆、にやにやしている。そうか、ボクサーとして強くなかったから僧になったのか、というと、どっと笑った。ワンドゥームは、そんなことはないぞ、と私の腕を叩く。それがきついので、わかった、わかった、となだめなければならなかった。面白い夜だった。ボクサーたちの笑い声に送られてジムを去り、暗い道を舟着場の方へ二人で向かっていると、ワンドゥームが声を落していう。

「クッタチットー、どうするつもりだ、いつスックする。」

「まだ決めてない。なかなか調子もいいから、もう少しいたいと思っている。」

「君はいいなあ。スックしても戻るところがあるからな。ぼくもスックしたい。いつでもスックすることを考えている。だけど、スックしても行く処がないんだ。いま、トンブリに有力者がいて、スックしたら来ないか、というのだけど、決心しかねている。」

「チャオクンは何と言っている。スックしたら君は何をするつもりなのだ。」

「チャオクンはまだ待てといって話を聞いてくれない。反対なのだ。マハー・ニベーもプラ・スーチャイも、みんなスックしたがっているので、チャオクンは困っているんだ。ぼくは美術がしたい。トンブリのスポンサーはさせてやると言っているんだけど、はっきりしない。絵を描いてやってゆくのはタイでは大変だ。職は何でもいいけど、絵が描けないとな。僧の身には無理だしね。」

このワンドゥームが絵を描きたいとは驚いたが、何だか愉快にもなった。行く処がないという話には答えようがない。ボクシング・ジムへ帰ってみたらという冗談は言えなくなってしまった。結局、ワンドゥームはこの夜の一年後にスックして、いまはトンブリのガソリン・スタンドで働いている。絵を描いているかどうかは知らない。

十一月は空気が乾燥して秋である。タイ人にとっては冬だ。朝夕は涼しく、黄衣を二枚重ねにしてピンタバートに行くのが快い。一枚だと寒く感じるほどだ。

僧院は僧たちも各々郷里の寺へ里帰りをしたり、旅に出たりで、寂とした雰囲気になる。スックした友人たちが時折訪ねて来てくれるぐらいが慰めとなる。

私はプラクルー・パリットに連れられて、バンコクからシャム湾沿いの海岸地バンセン近くの森の中にある瞑想寺へ出かけて一週間を過ごした。小さな仮小屋のクティに僧が一人で生活するカマタンばかりに明け暮れる生活である。朝は九時に近くの村人が食事をもってきてくれる。またあるときは近くにある精神病院へ招ばれて、プラクルー・パリットと彼の一番弟子との三人で出かけて、数日後に渡米するという四十歳前後の精神病医のもてなしを受けた。前にも来たことのある病院で、以前プラクルーが入院治療を受けたところである。

バンセンから帰ると、今度は東北部タイのウドンの奥にあるワット・カマタンへ一週間ゆき、そして、十二月には北部タイでワット・カマタンへ一週間滞在した。その間、呪術をみ、悪霊祓いに参加し、コブラに出会った。いくつかの巡礼寺も訪ねた。

どこのワットでも気軽に泊めてくれる。タマユット派だけということはない。マハーニカイのワットでも、親しくもてなしてくれる。ただ、パーティモッカの日だけはタマユットのワットでの儀礼に参列しなければならない。通常、オク・パンサーになると、マハーニカイのワットでは、パーティモッカをしなくなる。その点、タマユット派の厳格さは守られる。

バス旅行をしているかぎり無料であるから、どこにでも行ける。泊るところを探すのに不便はない。どんなところにも必ずワットはあるからだ。折りたたみ式の蚊帳だけ持ってゆけばよい。蚊だけは困る。コブラは黄衣に敬意を表してくれるので怖くはなかった。どういうものかこの蛇には意思が通ずる。人々に神と敬われ畏れられるのもむべなるかな。コブラはナーガ（神聖な蛇）であり、国王もナーガだし、僧院へ入るのも人はナーガとなってゆくのであり、まことに聖なる存在というべきであろう。

ある日、ジュティンダローが来て雑談をしているうちに、「近くスックするつもりだ。」といった。

私は驚いて、思わず「どうして。」と強い口調で訊ねた。ジュティンダローはタイへ来て十一年になるこのワットで一番古い外人僧である。私と同年同月の生れ、誕生日も二日しか違わないイギリス人だ。やさしい人物で、この人物とは午後のお茶を一緒によく飲んだものだ。ジョン・ブルはタイで仏僧となっても習慣を変えようとしない。お茶の習慣は素晴らしい。私はトワイニング・ティーを一緒に飲み、イギリスのことを聞き、日本のことを話した。

私より背はひくいが、スマートな男である。なかなか気取りのある神経のよく行き届いた人物で、何よりも相手に対する配慮が細かく、しかもおせっかいなところはまったくない。ジェントルマンというべきか。後で知ったが、「ジェントルマン」は彼の追い求める理想像なのである。ウェールズの田舎に住む両親は健在で、これまで二度バンコクに彼を訪ねた。彼には英国で暮す気持はない。タイに永住するつもりでいて、永住許可もとってある。

「だけど、十一年間の修行生活は大したもので、いま止めてしまうのはいかにも残念だし惜しい気がする。もったいない。どうにかして続けてゆくことはできないものなのか。」

と私が言うのに、彼はいやいやと首を振って、

「もう何度も考えて決心したことさ。ぼくは僧院を出ることにしたのだ。」

と頬に皺を寄せて、ふふと笑って言った。そのブルーの眼は澄んできれいだ。大学を中退して来たという彼の「秘密」は分からないが、中流家庭に育った彼のウェールズの田舎といっても日本と事情は異なるから、立派なお屋敷をもった家庭の出である。田舎者とはちがう。

面白いことに、英国のことをイングランドというと嫌な顔をするのだった。自分はウェルシュだというのだ。そういえば、トンブリのワット・ポーにいる頬に深い傷跡のある英国人僧も、自分は

スコティッシュだと言っていた。いずれにせよ、このジュティンダローが僧院を出るという話は、私にはいかにも残念な気がしてならなかった。

タイ人僧の場合はマハー・ニベーのような立派な僧歴をもった僧がスックするといっても自然な感じで受けとめるところがあるのだが、ジュティンダローの場合には、そうはゆかないのが妙な感じだった。「じゃ、ソムデットはどうなのか。」とソムデットと彼との暗黙の裡に理解のできている間柄を知っているので思わず聞くと、「いや、彼はぼくがスックの話を切り出そうとすると、席を立ってしまって、聞いてくれないのだ。もう少し待て、という。実は昨年も一昨年もそう言われてきたのだ。だが、何としても今年はもうだめだ。スックするよ。」

彼の決意は固いようだ。私は黙っていた。数日して、彼のクティを訪ねると、またお茶になった。いつの間にか習慣になっている。

「ソムデットはどうだった。」と聞くと、

「とうとう許してくれた。これを見てごらん、ぼくのチャートだ。」といって、小さな紙切れに、星の図が書いてある。

「これがぼくの星だ、この星の近くにヴィーナスが寄っているだろう。これはプラクルー・パリットに占ってもらったものだけど、さすがのソムデットもこれを見て、ヴィーナスがこれほど近くにいてはしようがないといって、許してくれた。諦めたようだ。」

それで十二月十七日にスックするという。それはまた早いことである。あと一週間しかない。二階のクティから下を見ると、ソムデットが私たちの会話を聞いてか聞かずかして静かに歩いていた。

その背中には孤独感がにじみ出ている。私はその姿にこの人の孤独の深さを思った。というのも、彼にとってはいまタイ人僧として最高の栄誉に輝いたばかりであるからだ。

実をいうと、この年の国王誕生日である十二月五日、年一度のタイ・サンガの位階昇進日に、彼はタイ・サンガ最高の位階ソムデットの一人に選ばれたのである。だから、ソムデットという名称は僧位名であるのだが、それ以後、ソムデットという言い方が彼のことを指すのに用いられてすっかりそれに慣れてしまって、ちょっと他に彼のことを指す適当な言い方が浮かばなくなってしまったことから、ここでも一貫してソムデットで通してしまったのであるが、事実上はこの十二月五日をもってソムデットの地位に昇進されたわけである。ソムデットの地位は通常六人、多くて八人であって、前にもふれたが、その中からサンガ王が互選によって選出される。

十二月五日の夕刻からはワットは祝福にかけつけた大変な参拝客で賑わい、僧たちはウポサタ本堂で読経の中に王宮内のワット・プラケオーで国王による昇進式を了えた新ソムデットのお帰りを待つ。

新ソムデットは夜十一時すぎにパトカーの先導でご帰還になり、集まった群衆が歓呼で迎える中をウポサタ堂へ入る。私たちは正坐してそれを迎えた。

ソムデットは中央にしつらえた席に就くと、まずワットの長老三人に丁重な拝礼をする。このワットには彼よりもパンサー歴の長い僧が三人いるのである。ウポサタ堂のブッダルーパの前ではパンサー序列が優先される。それから、チャオクン・タムによる祝辞がパーリ語経文の誦読の形でなされ、そのあと、わがチャオクン・テープがワットの僧を代表してお喜びの挨拶をする。

それから全僧の喜びを込めたスワットモンの斉唱になった。こうしてソムデット就任の喜びの儀礼がおわったのは午前一時をまわっていた。ワット・ボヴォニベー・ヴィハーンにおける年のおわりを送るにふさわしいもっとも感銘の深い行事であった。

ソムデットの正式な僧位名は、ソムデット・プラ・ニャーナサンワラという。その前は、前にも記したプラ・サーサナ・ソーポンという僧位名であり、この名称をもつ僧は常にタイ・サンガに唯一人であって、この地位に昇ると、次のソムデットの位階が保証される。次期のプラ・ササーナ・ソーポンには別のワットの僧がなった。ソムデット階位、またサンガラーチャはこのワットのチャオ・アオ・ワットから先代を除いては出ているから当然といえばいえるのだが、先代が早く亡くなったこともあってこの地位にまでゆかれなかった。そこでワット・ボヴォニベーでは、久しぶりのソムデット出現ということになり、喜びも大きいのである。

タイ・サンガの最高階位というだけでなく、タイ社会全体にとっても、この地位は絶大である。それにかねて名僧として評判の高いこの人がなったのだから、その反響たるやすさまじく、参拝客が引きも切らない。新たに閲見場所を新築したほどである。早朝五時すぎにはもう一般の訪問客が現われ、深夜まで続く。彼の態度は少しも変わらないのだが、周囲の畏敬度は高まるばかりである。

ソムデットのことでぜひ付け加えておきたいのは、彼が国際的な視野をもっていることだけでなく、英語のできることであろう。彼の英語はパーリ語とタイ語と同じような響きで喋る非欧米人が品格を失することなく英語を操るお手本みたいなものである。内面から滲み出る威厳とここでも発揮される自然さ（これこそもっとも大事なものである）が、彼が英語を話すときにも作用するらしい。それに私は感動するのだ。

初代駐タイ米大使夫人で夫の死後、タイと米国の生活を半々に送っているスタントン夫人は、いまやカマタン（瞑想）のエキスパートとして知られ、このワットの熱烈なる支援者でもあるのだが、この夫人もソムデットにはもうぞっこんまいっていて、その想いには信奉者の域を越えるものがあるのではないかとさえ感じさせたが、何しろ七十歳になる老婦人のことである。こういう熱烈なる支援者が存在し、しかもその想いも自然に受けとめて少しも動じないところに、私の彼に対する敬愛の度もますます深まってゆく理由も生じてくるわけである。そして、いまさらながら、こうした栄誉に輝いて間もないときに、この一人歩く姿の孤高な雰囲気にうたれたのであった。

その十二月五日も過ぎてジュティンダロー のスックも決まり、僧院生活も一段と寂しくなった。私は、ネパールからきているスソーバナやインドネシアのジェートー、またフランス人のタマラトー師などとの和やかなクティ・カナ・スーンでの生活を楽しみ、チャオクンのクティに寄ってはショーティナンドーやワンドゥームなど若いタイ人僧と交流を深めた。皆、よい人間だった。

またオク・パンサーになってからの大きな出来事の一つは、カンティパーロ師が東北部タイのワット・カマタンでカオ・パンサーを過ごして、ワットに戻って来たことである。

この背が高く（一・九五メートルくらいか）やせたイングランド生れの英人僧は、英文で仏教入門書も著わしていて知っていたし、また私が初めてワットを訪ねたときに冷たくあしらったことでも忘れられなかったが、ジェートーをはじめクティ・カナ・スーンの外人僧がとにかくよく噂をするので気にかかった存在だった。噂によれば、カンティパーロは厄介な人物でクティ・カナ・スーンの独裁者として他の外人僧のことを注意したり干渉したりするそうである。威張っていて鼻持ちならぬ人物だという評判なのだ。私も前に居丈高に扱われた印象があったので、そんな奴が来てはかなわんな、と思ったこともある。そうしている間に、十一月のある日、長身の青白い僧がやって来て、私の隣室に入った。こつこつと私の部屋の扉を叩く音。はい、誰ですか。ぬっと卵型だけど細長い顔が覗いて、お前が日本人僧か。そうです。部屋の前が汚れているからデクに掃除させなさい。それだけ言うと顔が引っ込んでおしまい。実にカンティパーロらしい出現の仕方というものだろう。

けれども、これから後はうまくいった。この僧は頑なで面倒な性格だけど、ユーモアがあって面白い。私は僧修行の身ではあっても性格はなかなか直らず、何かあると、かっとくる。ジェートーとも大喧嘩をしたし、カンティパーロのくどい忠言には腹を立てて僧にあるまじき「バカヤロー」と（これは日本語で）言ってしまったこともある。「キツネ奴！」といつも言ってやったりもした。いま、有徳のカンティパーロに対する暴言を悔むものだが、言ってしまったことはもうどうにもならない。

だが、私が大声で怒鳴ると、そのときは憮然としているが、あとで私の部屋に来て、まあ、怒るな怒るな、といかにもやさしい。お前は気狂いだな、と言うと、そうならもっとすてきだろうが、と涼しい顔で言ってのけるイギリス人なのだ。セイロンで園芸に携わっていたというのだが、パーリ語をほとんど独学でマスターして、仏典研究に励む。詩作にも専念して、仏教詩集を二冊出している。私はその一冊にある詩句の一つに、「ああ、ニルヴァーナよ、ああ、ミロクよ来よ。」と結んだ句を見出して、カンティパーロの心を想ったことがある。妙にリアリティのある句だった。カンティパーロの内部には何ものかを必死に耐えているところがある。

また三週間しかいなかった新入り僧の招待で、トンブリの彼の家に招ばれたとき途中に立ち寄ったその僧の師である呪術師の家で、呪術師が大威張りで現今の仏僧をこき下ろし、われはスゴタイ期の僧の化身だぞといって、それこれをみよ、と太いろうそく四本を束にして火を点し、弟子たちよ、とりかかれ、とかわるがわる弟子たちがその火の上に掌をかざして少しも熱くないとやってみせる。呪術を修得すれば火熱も怖れなくなるというデモンストレーションだ。それが終って、まだまだ呪術師の説教が続くというのに、並びにいるタイ人僧と日本人僧は恐縮して呪術師に聴き入っているのを横にみて、カンティパーロは、こんないい加減なものに付き合わせられるのはかなわん、邪教だとばかりぷいと席を立って帰ってしまった。あっという間の出来事だった。鮮やかというべきなのか。私はこの種の呪術や邪教には興味があるから、一時間以上も質問をしたりして、大いに愉しみ、呪術師をして、「白人《ファラン》の坊主はだめだが、日本人《プラ・ジープン》は見どころがある。よいぞ、スックしたら来い。弟子にしてやろう。なに、一週間ほどこの二階に泊ってゆけば大丈夫だ。待っているぞ。」といわしめたものである。事実、スックしてからいく度か訪ねたけれども、悪魔の弟子にはついになりかねた。こういうタイプの民間の呪術師のことを、チャォ・ポーといって、最近かなり目立つ存在になりつつある。各地に数も多い。

連れていってくれた海軍の軍人であるというタイ人僧の場合には、仏僧が悪魔の弟子になったのではなく、もともと悪魔の弟子であった者が、ちょっくら僧になってこようかと僧院入りしたというべきであろう。他のタイ人僧たちは別に奇異にも感じていないようである。考えてみれば、それが当然であって、驚くほうがおかしいのである。少なくとも、私はそう考えるようになっていた。

　カンティパーロをみていると、どうしてもドミニコ会かヤソ会の修道士を連想してしまう。リゴリズムにこり固まったような言動は、仏教をキリスト教のように信仰していると思わずにはいられないのだ。これは西欧の人々が「信仰」するとき必然的にそうなる形の問題なのかもしれないが、タイ人僧とあまりにもちがいすぎる。若いタイ人僧たちは、「カンティパーロか。」と吐き棄てるように言う。けれども、彼の行なっている信仰実践の厳しさは認めざるをえないようであった。ソムデットとカンティパーロとはお互いに認め合っていた。カンティパーロはソムデットにだけは頭が上がらない。見事に押え込まれていた。

　ソムデットの話を聞く会（ダンマ学級）が毎週水曜日夕六時から僧も俗人も入り交って主としてバンコク在住の外人のために開かれている。その会の主導権をめぐって、カンティパーロと前述のスタントン夫人の間にながく続いた争いがあって、ジェートーやスソーバナの顰蹙《ひんしゅく》をかっていた。両雄並び立たずである。スタントン夫人も堂々たる体格と風格をもった旧いタイプの米婦人であって、カンティパーロに対してひけをとらない。この二人の競合には、西欧人のエゴ丸出しの観があった。東洋の仏教徒にはまずみられないあからさまなエゴイズムである。私には興味深い光景であった。感情的にはこの二人のようなはしたない振舞はしたくないし、嫌である。

　だが反面、あまりに外的に形式主義にすぎるタイの僧たちの間にいると、カンティパーロのやり方が「人間的」と感じられるようになってくることがあるのも事実なのだ。エゴイズムのむき出しこそブッダの説いた克服すべき人間の業苦の一つであるにはちがいないが、それは露わなものとなってこそその克服の意味も明らかとなる。

形式性を重んずるばかりに、外面的にきれいごとばかりにすべてが流れてゆくことは、かえってエゴを直視することを避ける面があろう。このように考えること自体が、これは私が知らず知らずの裡に身につけている「大乗」仏教的な考え方というものなのだろうか、とも思った。明らかに、ジェートーやスソーバナ、またタイ人僧には、このような自問の余地はみられないからである。みられない方が、よりテラワーダ仏教的であり、より東南アジア的というべきであろう。

私のような「東南アジア型」人間を自認する者でも、こうした自問が生まれざるをえないところがあった。あまりの形式主義についてゆけないのである。形式性の仮面の下の〝生〟の人間の声が聞きたくなるのだ。あからさまな苦悩の表出に接したいと思うのだ。僧の生の人間があらわになるような肉声に接したくなるのである。

しかし、こうした私の願望は、テラワーダの途というものをよく理解していないところに由来するものかもしれない。〝生〟の苦悩の表出などといったら、それこそパーティモッカによる〝自力〟の達成ができないことにはならないか。自分の裡に〝生〟の人間のうごめきを許してしまったならば、それはもう森の中に隠棲する世を出た修行者としての生活は成立しなくなろう。そうなれば人間を求めて社会に下るという図式が出てこざるをえないことになろうか。

テラワーダとして、俗世間と縁を切りワットの中にこもる生活を続けてゆくためには、この形式主義は絶対に必要なものなのかもしれない。それに徹していることがいまでも形を崩していないことの大きな原因なのかもしれない。制御すべきは己れの内面、決してそれを表面に露わにするなかれ。

だが、形式主義の陥穽もまたそこにある。何ごともワイ（合掌しての拝礼）を深々としてすますことができる。形式に流れてゆくことになる。内面での達成は置き去りにされる。

だが、と私は私自身の身に起っていることも考える。確かに形式主義のあまりな尊重は偽善と直結している。けれども、私のようなものにとってもテラワーダの修行が意味をもってくるのは、まさにこの形式に他ならない。パーティモッカを守ろうと徹すること、黄衣に身を固め、ピンタバートとスワットモンに明け暮れ、そして、ワイから始まりワイにおわるワットでの生活。理屈は一切なし。ひたすら形を得ることに徹するばかりだ。

そして、この形がいつしか自分を変えてゆくことを感じないではいられないことも事実なのである。本を読み勉学を重ねることで体内の雑念・妄念をなくすことはむずかしい。しかし、形を守ろうとすることはこれを可能にする。日を追うごとに、形が決まってくる。それは単に黄衣をまとうのが巧みになり、正坐がきちんとできるようになり、スワットモンを暗誦するといった面だけのことではない。思考や感情においても形が決まってくるのである。俗念は私などの修行の仕方では決してなくなりはしないが、それでも、僧としての言動がそれとなく現われるようになろう。金銭には触れないし、いつしか触れることを嫌忌するようにさえなっている。そして、女性についても、これはもう次元の異なる存在としてみえてくる。

僧修行を送るというと、誰しもその禁欲生活について好奇心を示す。「大丈夫かい。」とからかう友人たちばかりだとは、私も嘆かわしい存在だが、仕方ない。それこそカールマというものである。

　友人たちの危惧を感じている間に、私もかなり自分自身心配になってさえいた。普通、私は決して禁欲タイプの人間ではない。もっとも、性欲人間というよりも食欲人間であることは事実であって、友人たちの思惑とは別に私は己が食欲を抑えられるかどうか心配だった。だが、案に相違してこちらの方はあまり心配なく過ごしてきた。ではもう一つの方は、というと、これもまさに形を守っていれば難がないのであって、まず問題とならないのである。金銭に触れるのがどうにも汚らわしくなってくるのと同じように、女性もまたどうにも近づくことのできぬ存在に感じられてくるのである。きれいなタイ女性がワットに訪ねてくるのをみて、美しいとは思うのだが、それ以上の妄念を喚ぶことはまずない。

　それにしても、僧の修行には辛いところもあるのは仕方ない。ワットに入ってしばらくしてから気づいたことだが、朝起きるとデクが掃除をしに部屋の中に入ってきてはごみ箱を片づけてゆく。そのとき、いつも私が鼻をかんで捨てておいた塵紙の丸めたのを嗅いでいくのである。私は鼻が悪いので、よく鼻をかむ。塵紙の使用量は普通の人より多い。デクがその使用して丸めてあるのを嗅ぐのは、明らかに私がオナニーをしてはいないか調べているのである。まあ、ご念のいったことだと感心した。このようにピク・ナワカに対する監視は厳しいのである。この当時、私は前にも記したように、毎食後下痢ばかりの生活で十数キロ体重が減った時期にあたっていたから、とうていそのような快楽に耽る余裕は体力的になかったのである。といって、下痢が治って体力が回復してからも、己れの欲望を抑えかねることはついぞなかった。これはきれいごとを申しているわけではない。パーティモッカを守り、僧の形式を〝生きる〟だけで精一杯であり、それに徹しようとしているると、いつしか欲望を想い起す余地はなくなってくる。形式が存在を決定してくるのである。僧の性的乱れがないとはいわないが、私のみるかぎり、ワット内でそのようなことはなかった。何事か行なおうとしても、デクその他の一般人の監視もある。とうてい余分なことはできるものではなかろう。チャオクンや先輩僧から性のことで注意を受けたことはない。心の内部でいかに姦淫を犯していようが、行動に形として現われなければよい。形を守ることがいずれ解決してしまうということなのだろうか。

しかし、私にとって新たな驚きは、通常ではまず見逃してしまうようなタイのまったき庶民の女性たちが、実にきれいに映ってきたことだ。薄汚れたサロンに身をまとって働く(日雇いの肉体労働の大部分を女性が行なっている)タイの着飾らぬ女性たちの美しかったことよ。ワットの補修工事に来ていた女性労働者たちだが、汗まみれの泥で汚れた彼女たちの中にも〝美〟があることをはじめて感じた次第だ。ミニ・スカートにすてきなブラウスのタイの現代女性が美しいのは誰でもわかる。しかしながら、そうした衣裳に手の届かない庶民の女性たちの何気ないサロン姿も実に美しいのだ。これは僧修行の賜物とでもいうべき発見であった。

もっとも、そう思いつつ、彼女らの姿をつい眺めすぎて、鬼のような顔をした男の現場監督から嫉妬と憎悪をこめたすごい眼で睨まれたことがあった。自戒! 自戒だ。僧であっても、女性のからむ嫉妬と憎悪によっては殺されかねないのである。それもタイ社会の現実である。

さて、ジュティンダロ一のスックの日がきた。

朝、五時半に彼のクティのヴェランダでスックの儀礼が行なわれる。儀礼の間中、ジュティンダローは平然としている。それに反して対照的なのは、スタントン夫人が大泣きに泣いていたことである。感きわまって泣くその気持は私にも伝わった。しかし、ジュティンダローの平然とした冷血ぶりの方が、テラワーダの本懐というべきものかもしれない。

ジュティンダローは儀式がおわると、すっきりとした身なりになって、もうカフェにでも行く感じである。けろりとしていた。十一年の修行の跡はどうみてもない。何だか、あっけらかんとしていて、かえって物足らない。ここまでくる間には相当な内心の葛藤があったはずだから、いまや、すべてそれを清算して新しい出発が始まった、そう身心を固めた姿だというべきであろう。その上で何くわぬ顔をして形式に身を固める。そこにジュティンダローの性格が現われていた。タイ人僧のように涙することはなかったが、形は決まっていた。

スックの後、ジュティンダローは私に豪華なトワイニング・ティーのセットを贈物として捧げてくれた。僧として一緒に午後のティーを飲むことはもうないのである。

ジュティンダローが僧院を去り、ジェートーはインドネシアに里帰りしていった。ショーティナンドーやワンドゥームなど親しいタイ人僧たちも旅に出たり故郷に帰っていった。

年も迫ってきた。そろそろスックしたらどうか、とヨームが心配していってきた。チャオクンも会うと、「クッタチットー、スックをどうするのだ。」ときく。ヨームが私のことを心配する理由が面白い。あまり長くいると、タイ仏教の悪い面を見ることになるから、というのである。こういう心配は、タイの有識者に共通したものである。仏教に呪術とか占いが併合されていることを、近代国家タイの〝恥部〟として隠そうとする。私にはそういう併合性があるからこそタイ仏教がすばらしい可能性をもつものに思えるのだが。といって、口でそういう彼らが、この種の要素を切り捨てたいと本心から願っているかとなると、決してそうではないのだから、複雑である。彼らはそうした要素を、そっと人眼にさらすことなく彼らだけのものとして遺しておきたいのである。近代化への憧れと土着的なものへの愛《いつく》しみと、その二つの極の間に、タイの知識人たちの心は微妙に漂っているのである。

私もこの心の動きが肯定できる。近代性と土着性、この二つはどちらも必要なものなのだ。どちらを欠いても、人々の生活はバランスを失してしまう。精神と肉体のバランスを失うこと、これをタイの人々は秘かに怖れている。科学と呪術とを両方とも活用したい。科学万能主義がもたらす人間性の荒廃についての本能的な怖れであるといってもよいであろう。

チャイニミトーがよく、「だって、日本の例があるだろう。」と、このバランスを喪失した社会の例として日本をもち出して言った。近代科学の提供するメリットとデメリットを慎重に計算しなければうかつに行動はできない。チャイニミトーがいつも言っていた。しかるに、そう言いながらも近代化の要請は焦眉の急であって、それをメリットだけに限るというわけにはゆかないのは当然である。その行く末を思って、チャイニミトーの表情は沈むのだった。

チャオクンが私に対していう「スック」には、多分に私のソムデット一辺倒を牽制するものが含まれているように感じられた。だが、内実は私にとっても「チーオン」が少々「熱く」なってきていたことも事実としてあったことは否定できない。あるいは、ピク・ナワカを長年扱ってきた独特の眼力で私のそうした「チーオンの熱」をみてとっていたのかもしれない。おそらくその両方であったろう。

私は僧生活をまだ続けるつもりでいた。当初は一ヵ月もてばと思っていたのに、もう五ヵ月目が過ぎようとしていた。弁護士の友人サングァンが来てまだやっているのか、といっていたのが、いまではよくやっているな、に変わっていた。私の修行も「一時修行」としてはタイの人々の標準からすれば、「やり過ぎ」になろうとしていた。

私にはまたようやく「成人」の儀礼をおえようとしているのだという感慨もあった。何となく過ごしてきた三十三年の人生だが、いま、タイの僧院で一人前の人間になるべく「通過儀礼」を受けているのだという思いである。それは人類学者として「一人前」になるための通過儀礼であることも意味していよう。私は自分がはじめて充実した生を生きているのではないか、と思った。言葉ではいまもってうまく言い表わせない「充実」が形を守ることを通して私の内部に出てきていた。

私がタイの僧院での修行生活を通して感じていたことを、一口で言うならば、そこには人間の生活があったということになる。テラワーダ仏教の世界が、まぎれもない人間の世界であるという発見につきる。

確かに過剰な形式主義は存在する。温帯のドストエフスキーを愛読するような風土に育った私には、もっと強烈な心情、厳しい生の葛藤、深刻な苦悩の表出といった面を期待するものがある。タイ人僧の泰然さ、形式を守って事足れりとする態度に、あき足りないものを感じてしまうことは事実であった。

しかし、そうした不満以上に私が身心ともに学んだことは、存在に対する自然さ、ともいうべき人間の態度である。力まず肩に力を入れず踏んばらず、大海に川の流れが注ぐが如く、自然とともに一体化しようと黙々と生きてゆく。議論をしない。観念で頭を一杯にしない。空理空論をもてあそばない。実践によって、形を守ることによって、それだけによってすべてを表現する。それを自然であると私は感じたのだ。修行生活を通してこういうテラワーダ僧の行き方が、何よりも人間の自然な姿であると考えるようになったのだ。それを理解した。理解したときから、しかし、自然でいることは何と至難なことに思えてきたことであろうか。

　そう思ったときから、「チーオンは熱くなった」のであろうか。

　年が明けた。淡々とした年末年始である。元旦の朝はワットの前に人々が集まってきて食物を捧げる。ピンタバートは門のところ以上に進まない。たちまちのうちにバアツは一杯になる。二度、三度とクティとの間を往復する僧もいる。私も二回目に出ようとしたところで、スクム君がご馳走を一杯もってやってくるのに出会った。そのご馳走で元旦の楽しい食事をおえた。

　私がスックをする条件は意外なところからやってきた。ながい間、私は歯痛に悩まされていた。痛み止めを飲んだり、アクロマイシンを用いたりしてやりくりをしてきたのだが、どうにもならなくなって、スクム君に連れて行ってもらって病院に赴いた。新しい大学病院である。

　アメリカ帰りの若い歯科医はよく調べてから、奥歯を二本抜かなくてはならないと宣告した。しょうがない、お願いします、といって、抜いてもらった。かねてから悩んでいた親知らずが、アメリカ式らしく痛くない方法で麻酔を注射しつつようやく抜けてほっとした。処置を丹念にしてもらってからワットに帰ったが、そのあとがいけなかった。帰ってから二、三時間もすれば止りますといわれたのに、翌朝になっても、抜いた跡から血が止らないのである。それに抜いたあとがうずいて痛く、仕方なくて午後再び病院に行った。

歯科医は首をかしげて、そんなことはないはずだが、と言いながらも、止血注射を打ってくれて、止血薬もくれた。治療費は無料である。薬代は別に払う。しかし、その日も血が洩れてきて止らない。止るまでに数日かかってしまった。

若い歯医者は、「お坊さん、どれくらい修行をしていますか。」と聞く。もう六ヵ月目だというと、あなたはどうもかなり栄養失調にかかっていて身体のバランスが崩れているから、血も止らないのではないかと思います、もうスックされたら如何ですか、と最後の部分は余計なことを言う。このまま修行生活を続けていたら本格的な栄養失調になってしまい、取り返しがつかなくなるとの見立てだった。歯医者のいう見立てがあたっているのかどうか分からなかったが、私の肉体はその診断に対応していた。私の意志よりも身体がそれを物語っていた。

にわか修行もここまで、ということなのだろうか。怠惰な意志の弱い私が、よくここまでもったというべきか。

いまや、私の修行生活も限度まできていた。そこは日本人らしく、いや、タイ人らしくスマートに不様なことにならない間に、程よいところで切り上げるべきであるということになるだろう。

所詮、私には出来すぎたことであったのだ。足かけ六ヵ月というもの、このワットで、あのソムデットの導きによって、そして、わがチャオクンの庇護の下に、まことに幸せな僧としての生活を送れたのだ。よき友人たちにも恵まれた。タイの人々の厚意にも甘えた。私はそれらすべての善き力のお蔭で、ここまでやってこられた。よきカンマを授かったものだと思わずにいられなかった。

思い切って、夜、チャオクンのクティを訪ねる。スックの日時を決めてもらうためである。

「コー、カパチャーオ、コー……」

パーリ語文の請願を申し上げる。スックの許しと、スックの日取りをお願いするわけである。チャオクンはいつもの調子だが、おもむろにうなずいて、

「クッタチットー、日曜日朝の生れか、ふーむ。」と分厚い書物を広げて検討し、

「よし、一月二十二日はどうか、よい日だから、そう決めなさい。」

「はい、よろしくお願い致します。」

では、と十分足らずの間に、私のスックは決まってしまった。チャオクンは普段と変わらず、当たり前といった表情だ。深いワイを三度して、私はチャオクンの前を辞した。

チャオクンのクティを出て、そのまま向かいにあるマハー・ニベーのクティを訪ねる。マハー・ニベーは寝転んでラジオを聞いていたが、さっと起き上がって、「どうした。」と聞く。

「いま、タン・チャオクンにスックの許しをもらってきた。日も決めてもらった。」というと、

「そうか、それはよい。」といったまま、考え込んでしまったような様子だ。

「タン、どうしたのですか。」ときくと、

「君はスックが決まって、うれしそうだけど、ぼくはまだ決まらない。何にも決まっていない。どうしたらよいか、困っているのだ。」と悩み深そうな表情である。私は黙っていた。それから、

スックしてからもどうかいつまでもよい師であって下さいと頼むと、はっと気がついたように、しっかりと両手で私の両手を摑んで、

「クッタチットー、もちろん、クッタチットー。お互いにしっかり頑張ろう。日本へも必ず行きたい。どうか、今度はぼくにいろいろ教えてくれたまえ。君と知り合って実によかった。」といった。私も、タンに教えられてとても幸せだった、心から感謝します、と答えた。そのときのマハー・ニベーの黒っぽい顔によく光る丸い眼球が記憶に鮮やかである。

スックの前夜は、夜のスワットモンの後でワットの長老たちのクティを訪ねて、パワラナを捧げることになっている。長老たちにお礼を申し上げ、重ねて僧籍離脱による一時のお別れを述べる。パワラナは、小盆の上に一束のろうそく、一束の線香、それに花を添えて持って上がり、受け取ってもらうのである。訪ねる長老は六人である。

マハー・ニベーに連れられて、チャオクンたちのクティを訪ねてゆく。ワイを三拝の後、パーリ語文による請願、その後は、チャオクンたちが思い思いのはなむけの言葉をかけてくれる。チャオクン・ラート、チャオクン・シー、チャオクン・タム……。みんなこれ以上はないと思われるほどやさしい表情でむかえてくれる。日本へ帰ってもよきウパシカ（仏教徒）であれ、君はサ・マネーラにも好かれていて、とてもよい僧であったといってくれるチャオクンもいる。ねぎらいの言葉、これからの生活においてもダンマ（仏法）を忘れないようにとの説教、すべてが実にやさしさに満ちている。

私はもう言葉もない。思わず胸に熱いものがこみ上げてきて息が詰まる。ありがたいことだと心

から思う。まさにふらりと来た日本人である私をこのように温かく送り出してくれるとは。タイで僧となって本当によかった。私にとってタイはもはや異社会ではない。人類学の研究対象でも「東南アジア」でもない。それは同じ人間の住むところなのだ。この「同じ人間の住むところ」であるという自然な認識を実感として虚勢をはらずに持てるまでにどんなに長くかかったことであったろうか。同じ人間の世界に属することを空気のように自然に感じるまでには、どれほどの努力が必要であったのか。僧修行は私に人間の世界を理解させてくれた。文化や民族は異なっても同じ人間の世界があることを抵抗なく、頭でなく、言葉でなく、現実として与えてくれた。

チャオクンのところをみなまわって、いよいよ最後はチャオ・アオ・ワットのところだけである。チャオ・アオ・ワットのクティにゆくと、来客中とのことで待たされる。斜め左横にあるジュティンダローがいたクティの下で待つ。タイ語の先生であるスクム君は専ら写真を撮ってくれる。三十分待ち、一時間待ってもチャオ・アオ・ワットの来客は去らない。いつしか時間は過ぎていって、マハー・ニベーもおかしいな、という待ちかねた顔だ。とうとう十二時近くなる。これを果さなければ明早朝のスックはできない。仕方なく、マハー・ニベーが来客中のところを頼みに行く。では入れ、とのことでようやくソムデットにパワラナを捧げることとなった。

私が来客の前を進み出て、彼の前でワイを三度額を床につけて深々とし、パーリ語文をとなえて、パワラナを差し上げる。ソムデットはそれをさっと受け取って、無表情のまま、もう行けとばかりまことに素気ない。

その無言の表情は、もう去らねばならぬほどお前は弱いのか、という批難がこめられているようでもあり、また、私のもとから出てゆくのか、という詰問のようでもあり、いずれにせよ、ソムデットがはなむけの言葉など口に出すとは考えられない、という意味では私には千鈞《せんきん》の重みのある沈黙であった。クティを早々に辞去して外に出ると、

「ソムデットは君がスックするのが嫌らしい。」とマハー・ニベーがぽつりと言った。私は急に全身が冷えてゆくような気持を味わった。もうワットは灯が消えて、クティでは僧が床に就いている。暗い小道をクティ・カナ・スーンへ向かって歩きながら、私は否応なく身を包みはじめた寂しさを耐えようとしていた。

朝、まんじりともしなかった夜が明けて、掌がほんのりと明るみに照らされると起き上がった。五時少し前だ。スックの儀礼は五時半からチャオクンのクティで行なわれる。

私は念入りに冷たい水でアプ・ナム（水浴び）をし、きちんと黄衣をまとって、机の前に坐って、静かに待った。扉に音がして、ムックとスクム君が顔をみせる。いよいよ最後である。僧として修行生活を送ったこの部屋ともお別れだ。すでに昨夜、整理はしてある。

時間が来て、静寂が破られる。ムックもスクム君もじっとしていて、私が立ち上がったのに気づいて、慌てて立ち上がる。

マハー・ニベーが迎えにきた。昨夜と同じくパワラナを持って、チャオクンのクティに向かう。もうピンタバートにゆく僧たちがいる。眼で挨拶を送る。無言のなかに心をこめる。チャオクンのクティではパイチューン夫妻が待っている。

七人の僧が集まってきて、チャオクンが正面の位置につく。ショーティナンドーもワンドゥーム

も眼を瞑《つむ》って神妙な顔っきだ。私は前に進み出て、深く額を床につけてのワイを三拝し、パワラナを差し出す。チャオクンはそれを受け取ってから、私にブッダルーパの前へ行けと示す。

ブッダルーパの前のろうそくに左から火を点ける。

ナモータッサ、パガワトー、アラハトー、サンマサンブッタッサの三誦。

それからチャオクンの前に戻って三拝。次に夜のスワットモンで慣れ親しんだ誦文をとなえることになる。これは、アティータパチャヴェカーナとよばれる経文であり、僧生活に必要なものを使った後でそれについて反省することである。

チャオクンの始めよという合図で、私は経文を誦みはじめる……。

アチャ　マヤー　アパチャベキトワァ　ヤム
チワラム　パリブッタム
タム　ヤーワデーワ　シータッサ　パティガーターヤ　ウンハッサ　パティガーターヤ
ダムサマカサワータータパシリムサパサムパーサナム　パティガーターヤ

これまでいかなる黄衣が私に用いられたことがあるにせよ、今日、それはもう想い起すこともなく、ただ
それが寒さを防ぐためだけのもの、熱を防ぐだけのもの、蝿や蚊、風や太陽やヘビを防ぐためのもの、であったことのみを

ヤーワデーワ　ヒリコピーナ
パティチャーダナタム……

急に絶句してしまって、続けられなくなってしまう。胸が詰まり身体が小刻みに震えて止まらない。続けなくては……。
だが、あっと詰まってしまって、どうしてもこの先が想い起せない。七人の僧に、ヨームの夫妻、スクム君とムックが見守る中で、どうにもならない……。

ヤーワデーワ……

うまくゆかない。声が詰まってしまう。一体、どうしたのだろうか。しっかりしなくては、クッタチットー、どうしたのだ、何ということなのだ、もっと冷静に、そうだ、冷血にならなければ。立往生する私を見ていたチャオクンが、静かに助け舟を出してくれる、アチャ、マヤー……。そうだ、また前と同じフレーズに戻って、

アチャ　マヤー　アパチャベキトワァ　ヨ　ピンタバート　パリブトー
ソー　ネーワ　ダワーヤ　ナ　マダーヤ　ナ

マムダナーヤ　ナ　ヴィブーサナーヤ
ヤーワデーワ　イマサ　カーヤッサ　ティティヤ
ヤーパナーヤ　ヴィヒムスパラティヤ　ブラマチャリヤーヌガハーヤ

これまでどのようなバアツが私に用いられたことがあるにせよ、今日、それはもう想い起すことはなく、ただ
それが遊びのためでなく、酔うためのものでなく、太るためのものでなく、美化するためのものでなく
ひとえにこの身体を生き続けさせ、養うためだけのもの、身体を傷つけず、知の向上を助けるためのものである、と

イティ　プラーニャンチャ　ウェーダナム　パティハムカーミ　ナーワンチャ　ウェーダナムナウパデサーミ
ヤートラ　チャ　メ　バビーサティ　アナワチター
チャ　パスヴィハーロ　チャーティ
私は古い気持（空腹の）を捨て、決して（満腹したいという）新しい気持を起さないようにしよう

かくして私には肉体の起す災いから逃れ、安らかに生きることができる

アチャ　マャー　アパチャベキトワァ　ヤム　セナーサナム　パリブッタム
タム　ヤーワデーワ　シータッサ　パティガーターヤ　ウンハッサ　パティガーターヤ
ダムサマカサワータータパシリムサパサムパーサナム　パティガーターヤ
ヤーワデーワ　ウトゥパリサヤ　ヴィノダーナム　パティサラーナーラーマタム

これまでいかなる宿所が私に用いられたにせよ、今日、それをもはや想い起すことはなく、ただそれが寒さを防ぎ、熱を防ぎ、蝿や蚊、風と太陽、そしてヘビを防ぐためのものであることを天候による危難を防ぐ目的のみのためにだけ、そして、隠遁して暮すためにのみ

アチャ　マヤー　アパチャベキトワァ　ヨ　ギラーナパチャヤベサチャパリカーロ　パリブトー
ソー　ヤーワデーワ　ウパニャーナム
ウェイヤバーディカーナム　ウェダニャーナム
パティガーターヤ
アパヤパチャーパラマターヤーティ

これまでどのような病に対する助け——病薬や器具——が私によって用いられたとしても

今日、もはやそれを想い起すことはなく、ただ
それらが身体に生じた痛みをとりさり、病からのもっとも解放された状態をもたらすためだけの
ものであることを

途切れ、とぎれ、どうしようもなく震えてくる身体を扱いかねながら、ようやくおわりまで辿りついた。ほっとして思わず身体がゆれてしまう。ウパサンパダのときには一句も乱れることなく堂々と唱えたのに、これはどうしたことであろうか。私はタイ人僧と同じタイプに属するようだ。僧修行と、そして私自身のまことに遅まきながらの成人式の通過儀礼を、ここにようやく了えるという感慨の二重の重みがどっと身にふりかかり、それを抑えようとするいま、いい知れぬ感動が身体を充たす。

この経文を唱えおえてから、七人の僧に向かって三拝し、今度は忘れることなく、はっきりと言う。

シッカム　パッチャカーミ
ギーヒィティ　マム　タレタ
私はここに修行を断念します
どうか俗人としての私をお受け取り下さい

三回この経句を唱えると、ショーティナンドーが立ち上がって近寄り、私を別室へ連れてゆく。そこでチーオンもスヴォンも脱いで、白衣に着換える。またもとの「非存在」の姿である。白衣のまま僧たちの前に戻ると、チャオクンの前で三拝。

ブッダン　サラナン　ガーチャーミー……
ダンマン　サラナン　ガーチャーミー……
サンカン　サラナン　ガーチャーミー……

これを三回となえてから、私はあらためて、自分の生の依り処を、かのさとりを得し者ブッダとダンマとヒク・サンガに求めますと誓う。

そこでチャオクンがパンチャ・シーラ（五戒）を授ける。その後、クティの外にしつらえた小台に坐ると、チャオクンを先頭に列席の僧たちが出て来て、一人ずつ頭から水を浴びせる。その水は全身に雫《しずく》を垂らして流れる。私は身体を伝って流れる水の中で眼をつむり、不思議な快感を味わっていた。至福の境地というべきだろうか。緊張と解放の感覚が交互に彩っては消えてゆく。ただ、やみくもにうれしくもあり悲しくもあって、顔を流れる水だけが冷たい。

これがすむと、アプ・ナムをしてズボンとシャツの俗人の服装に戻って、再び僧の居並ぶクティに戻って、三拝する。

チャオクンはもうタバコを喫っており、一座は緊張の解けたうちとけた雰囲気に変わっていた。さあ、食事を僧たちに差し上げるのだ、俗人に戻って最初のタン・ブンである。

チャオクンは別室に待っている。おかゆの入った器をもってチャオクンのところへ入ってゆく。ひざまずいて三拝して、食事を差し上げる、チャオクンが笑っている。

「クッタチットー、いや、何というのか、アオキか、よかった《ディー》、よかった《ディー》。」

チャオクンは私を見つめている。その眼の何とやさしいことだろう。かつてみせたことのないやさしさ。慈愛がにじみ出るとはこのことをいうのだろうか。チャオクンが笑っている。ひざまずく私の肩を手で抱いて、「よかった、よかった」、その眼、その手のあたたかいこと、いまにして、チャオクンのやさしさが身に沁みる。私はもう言葉もない。黙ってただうなずくだけである。あの恐ろしいチャオクンのこの限りのないやさしさ。私は「ありがとうございます、ありがとうございます。」と声にならなく、口の中でもぐもぐというだけだ。チャオクンの眼、そのやさしさ、それだけが私の身体を一杯にしてしまっていた。

食事がおわり、ヨーム夫妻にうながされて、僧たちにお礼をいって、クティを辞した。パイチューンさんの大きなシボレーに乗って彼の家へ向かう。朝日を浴びてバンコクの街は金色に光っていた。

心づくしのお祝いの朝食をいただき、仮の宿のバンコク市の外れにある下宿に落着く。スックをしたのだ。

ひとり部屋に落着く。ほっとするよりも想い出すのは、チャオクンの眼のやさしさばかりだ。いつの間にか、涙が頬を伝っている。頬をぬぐう間もあらばこそ涙はあふれてくる。いくらでもいくらでも涙は尽きなかった。私はいい知れぬ感動の中で全身で泣いていた。それは説明しようにも理由のつかぬ、表現しようにも言葉のない感動であった。私のこれまでの生の中で、物心ついてからあのような訳のわからない涙に泣きぬれたことはない。これが、僧修行のもたらした最大のものであった。

『タイの僧院にて』用語集

（あくまでも本文で記したように、私個人が修行の中で体得した用語であり辞書的なものではない。私なりに日本語で理解しようとしたタイの僧院での日本語的な用語である。）

アサイラム　保護領域
アニチャ　無常
アヌサーサナ　訓戒
ウパサンパダ　得度式
ウパチャーヤ　僧に任ずる者
オク・パンサーワイ　合掌しての拝礼
カマタン　瞑想
カンマ（カールマ）　業
クティ　庫裡
クル・スワット　経導師
サーサナ　教え
サイ・バート　施し
サマネーラ　二十歳未満の見習い修行僧
サンガ　仏教の僧組織
サンガーラーチャ　タイ仏教界の最高位
ジャラーダームモヒィ　人が年を経る（朽ちてゆく）のはその定めである。
スック　還俗
スワットモン　読経
タム・クワン　僧になるための儀礼
ダーナ　寄進
ダールマ　業
タン・ブン　徳を得る

チーオン　黄衣
チェディ　仏塔、パゴダ
チャオクン　タイの高位僧の階位名
テラワーダ　小乗仏教
デク　僧の身の回りの世話をする小僧
ナーガ　蛇
ニーモン　僧へのおもてなし
ニッパン　涅槃
バアツ　鉢
パーティモッカ　僧の守るべき二二七条の戒律
パリタ　呪経
パワラナ　重要な高僧への捧げもの
パンサー　僧修行
ピク・ナワカ　新入り僧
ピンタバート　托鉢
ブアット　僧になること
ブッダルーパ　仏像
ブン　徳
ヨーム　僧入りのためのパトロン
ワイ　両掌を顔の前に合わせて深く頭を下げる礼拝
ワット　タイ式の仏教寺院

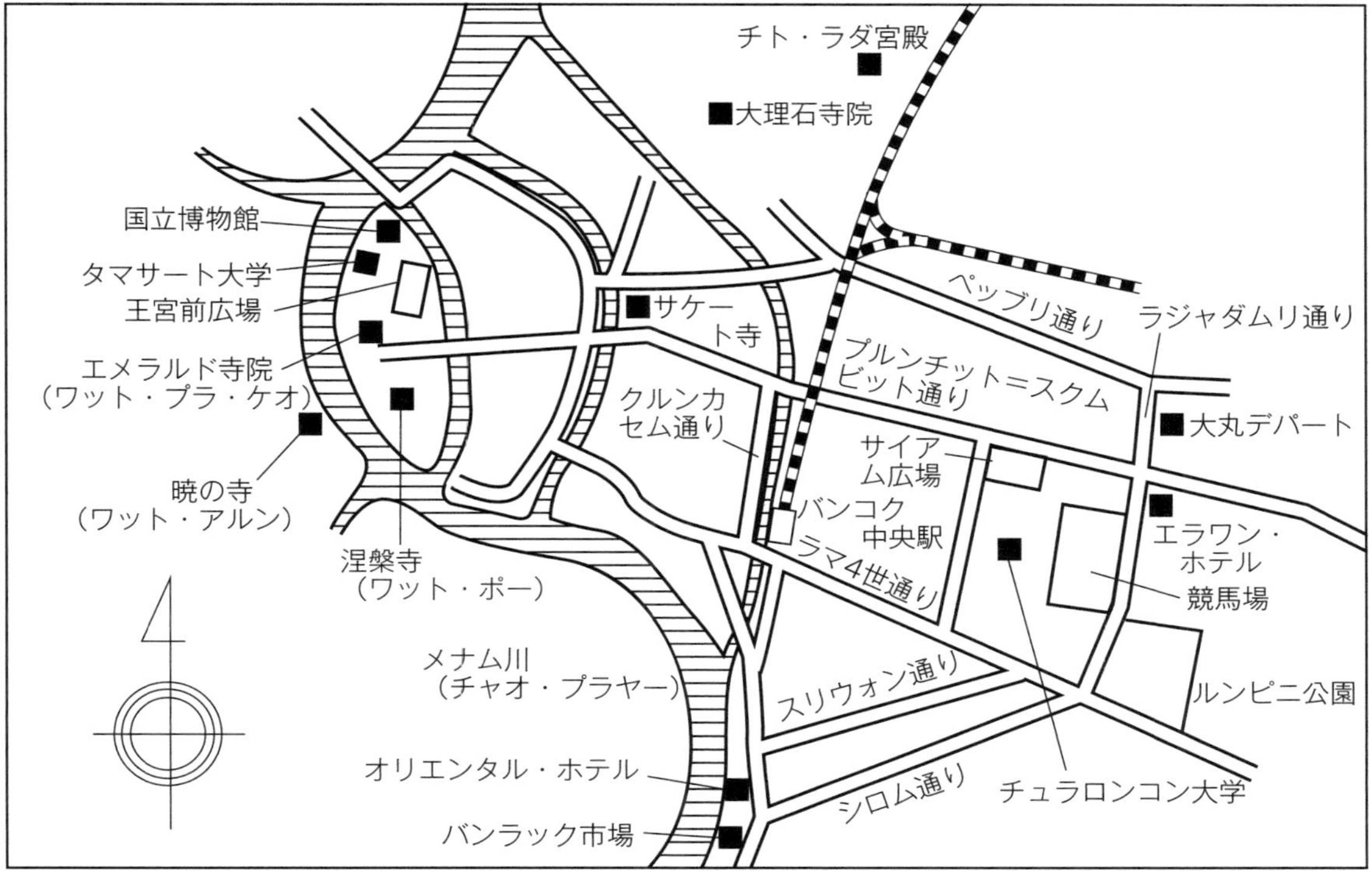
チト・ラダ宮殿
大理石寺院
国立博物館
タマサート大学
王宮前広場
サケート寺
エメラルド寺院
（ワット・プラ・ケオ）
ペッブリ通り
ラジャダムリ通り
プルンチット＝スクムビット通り
クルンカセム通り
大丸デパート
サイアム広場
暁の寺
（ワット・アルン）
バンコク中央駅
ラマ4世通り
エラワン・ホテル
涅槃寺
（ワット・ポー）
競馬場
メナム川
（チャオ・プラヤー）
スリウォン通り
ルンピニ公園
オリエンタル・ホテル
シロム通り
チュラロンコン大学
バンラック市場

バンコク市街地

あとがき（一九七六年初版）

私は、一九七二年三月から七三年十二月まで、文部省アジア諸国派遣留学生として、タイ国バンコク市のチュラロンコン大学政治学部に留学した。その期間中七二年八月七日から翌七三年一月二十二日までの約六ヵ月を仏教寺院でテラワーダ（小乗）仏教僧として修行生活を送った。

本書は修行生活の中で私が出会ったさまざまな出来事を断片的に綴ったものである。もとよりこれはテラワーダ仏教（そして、タイ仏教）に関する入門書でも研究書でもない。ごく普通の、平均的な現代日本の人間が、生活の過程で遭遇した経験を記したもの、といったらよいであろうか。

たまたまそれがタイ文化であり、テラワーダ仏教であったわけで、私にとっては、自分自身の生の過程で、そこに辿りつくには紆余曲折があったとはいえ、日常生活における一つの経験を行なったことになる。といっても、その経験は、人の生において、あるものを画する象徴的な経験の一つに属するものであったことは事実である。それは私にとっての文字通りの通過儀礼の経験であり、とくに「成人式《イニシエーション》」を意味していた。だから、タイの僧院で修行を行なうことは、私にとって、単なる仏教研究のためだけでも、また仏僧になるだけでもなく、それは二重の意味での「加入式《イニシエーション》」を意味していた。すなわち、タイ仏教を中核とするタイ人の世界への加入と、私自身の生の過程において一つの新しい段階への加入との、二重の意味があったのである。

タイでの修行生活について何かまとめることは、一九七三年十一月末に修行寺のワット・ボヴォニベーへ師のソムデットにお別れの御挨拶に伺ったとき、私が「日本に帰ったら、私はテラワーダ仏教についてどうしたらよろしいのでしょうか。」とたずねたのに対し、ソムデットは「ただ、あなたがここで得、経験したことを伝えなさい。それだけでよい。」と答えられたときから私の心に決めた約束事である。ここにおぼつかない形ではあっても、その一端を果すことができた。

結局いま三年の時間が経った後で考えると、私が僧修行を通して見出したものは、形容詞の付かない「人間の世界」であった。そこはもう東南アジアでもタイでもない世界なのである。私自身も含めて、その世界に参入することによって、「裸の人間」の世界が展けるところなのだ。だから、私はタイの僧院でごくあたりまえの人間生活、ごく普通の日常生活を過したということになる。「裸の人間」の世界を視、経験したことによって、もはや「私は地球上のいずこたりともエキゾチズムを見出すことはないであろう。人間しか見ないであろう。このような確信が初めて抽象や観念でなく肉体になったと感じている。

私個人としては、少なくともあと二回はテラワーダ僧の修行生活を行ないたいと思っている。

人類学をはじめてから、本書をまとめることができるまでには多くの方々から御指導を賜わり、計り知れぬ御援助を受けた。それらの方々に対してこの一つの区切りの機会に、深甚なる感謝の気持を表したい。なかでも、故泉靖一先生には、まっさきに本書を見ていただきたかった。いまは亡き先生に対する私の気持は言葉にはならない。そして、中根千枝先生に特別の感謝を捧げたい。およそわがまま勝手な野蛮《ナーガ》な存在であった私が、僧修行をして人間になれたのも、ひとえに両先生の稀にみる人間的幅の広さと御理解によるものである。この感謝の気持は尽きるものではない。

ユネスコ東アジア研究センターと生田滋氏、国際文化会館アジア知的協力委員会、そして文部省(アジア諸国派遣留学生課)の御理解ある御援助に対して心からお礼を申し上げたい。また、僧修行に際して、私のヨームとなって下さったバンコクのパイチューンおよびノリコ・ロチャナセナ御夫妻に、心からの感謝を捧げる。

私がタイから帰って間もなく、その経験の一部を発表するように勧められ、また、本にまとめるように示唆された「中央公論」編集長の粕谷一希氏と当時同誌の編集部員だった松代洋一氏に対して感謝したい。本書がこうした形で出版されるについては、書籍編集部の下川雅枝氏の御尽力によるものである。下川氏の熱心なお勧めと適切な助言とは、ともすれば停滞気味になりやすい私にとって、実に貴重なものであった。

一九七六年秋

青木　保

新版あとがき

本書『タイの僧院にて』は、今やもう半世紀も過ぎようかという若い時の私が体験した、バンコクのタイ仏教の僧院で修行僧として送った日々を綴ったものである。

この体験の動機や経過は本文に記したとおりであるが、それらが、私自身にその後生きていく上で強く影響を及ぼしたことは事実である。必ずしも敬虔な仏教徒となったというような意味ではない。ただ確かに私が生きてゆくための基盤のようなものを与えられた気が強くする。その点、タイの僧院での修行は私にとって唯一無二の得難い経験であった。それは私の内部に深く染み通った。

しかし、タイ仏教では僧修行をしたといっても、還俗して俗身に戻れば関係がなくなる。あくまでも守るべき戒律を守っての僧侶なのである。修行した同期の僧侶とも関係がなくなる。敬愛する僧侶や親しくなった僧侶がいれば関係があるといっても、それはあくまでも個人の関係である。少し誇張して言えば、仏教徒かそうでないかも問われない。宗教一般で通常課される信徒や信者の義務や強制的な務めなどはない。後はすべてが個人の「自力」次第なのである。

このさっぱりとした後を引かない関係こそタイ仏教で私が最も素晴らしいと感じてきたことである。ただ、とは言ってもタイ社会では僧修行をしたことがあるというのは、それなりに評価されることもある。何も特権が付くわけではないが、僧侶になったと言うと「そうなのか」と初めて会ったタイの人たちに、外国人の私にも親しみを示されることがある。

私は二〇一九年三月まで美術館で仕事をしていたのだが、その美術館で開催した展覧会の国際巡回展をタイ・バンコクのナショナル・ギャラリーでも開催することになった。その交渉に幾度もバンコクを訪れ美術館や文化省の関係者と会ったのだが、ナショナル・ギャラリーがある場所は私の修行した僧院に近い旧市街に位置していたこともあって、タイの関係者に以前あの寺院で修行をしたと言うと、皆さん一様に「それは、それは」という顔をされ親しみを示されるのだった。

開会式には文化省の大臣や次官なども喜んで出席してくれて祝意を示された。もちろん、展覧会そのもの、日本の国立美術館の海外巡回展であることが大きな意味を持つものであるのは当然であるが、その日本の美術館の当事者がタイ仏教寺院で修行をし、それも展示会場近くの国王の寺院で修行しているというのはある種の感慨をもたらしたのではないかという、あくまでも私個人の感じではあるが、その感触は開会式での挨拶の時にも感じたものだった。

あとどれくらいワット・バヴォーンへ行けるか分からないが、死ぬまでのお付き合いになると思っている。本当に得難い経験をさせてくれた、そのことには感謝しきれない。

いまこの本を新版として上梓するにあたって希望することは、若い世代の人たちに読んで頂きたいということ。僧修行を皆にしてほしいなどとは思わないが、若い時に異文化・異社会にある程度深く参与する経験を持つことは、とくに今日の世界で生きていく上で決して軽くない意味を持つ。実経験がとかく軽視されがちな現在、その後の生きる上で、必ず役に立つものがあると私は信じるからだ。

最後になったが、この『タイの僧院にて』新版を刊行するにあたり、青土社編集部の西館一郎氏のご尽力に心から感謝したい。西館氏はこの本を今の時点で出すにあたり用語集を作るなど、読者への案内役もして下さった。この新版刊行にあたっては本文の変更などはしていないが、若干の字句の修正は行った。現在から見ての修正である。

改めて『タイの僧院にて』新版をここに出せることを、著者として喜びたい。皆様、有難うございます。

二〇二一年七月

青木 保

タイの僧院にて（新版）

2021年9月10日　第1刷印刷
2021年9月15日　第1刷発行

著者――青木 保

発行者――清水一人
発行所――青土社
東京都千代田区神田神保町1-29　市瀬ビル　〒101-0051
（電話）03-3291-9831［編集］ 03-3294-7829［営業］

印刷・製本――シナノ印刷
組版――フレックスアート

装幀――中島かほる

ISBN978-4-7917-7405-0　Printed in Japan

青木 保の本

エドワード・ホッパー　静寂と距離

見る者に「物語」を呼び込む絵画とは何か――。
光と影の交錯する夜の都会に、人影ない岬に、下町の裏窓に、
喧噪と孤立、犯罪めいた雰囲気、滲みでるエロティックな想念・・・。
ノスタルジーとハードボイルド、サスペンスを想起させつつ、
現代人の喪失感・孤独・疎外感を描くエドワード・ホッパー。
その魅力の源泉を、大胆自由に探究する――。
A5判上製　216ページ

青土社